Basiswissen Grundschule

Band 27

Praxisbuch Grundschulprojekte

von

Astrid Kaiser

Schneider Verlag Hohengehren GmbH

Basiswissen Grundschule

Herausgegeben von:
Band 1 bis 18: Jürgen Bennack
Ab Band 19: Astrid Kaiser

Die Reihe „Basiswissen Grundschule" ist einem schüler- und handlungsorientierten, offenen Unterricht verpflichtet, der auf die Stärkung einer selbstständigen, sozial verantwortlichen Schülerpersönlichkeit zielt.

Umschlagfoto: © Lucky-Dragon – Fotolia.com

Gedruckt auf umweltfreundlichem Papier (chlor- und säurefrei hergestellt).

Bibliografische Information der Deutschen Nationalbibliothek

Die Deutsche Nationalbibliothek verzeichnet diese Publikation in der Deutschen Nationalbibliografie; detaillierte bibliografische Daten sind im Internet über ›http://dnb.d-nb.de‹ abrufbar.

ISBN 978-3-8340-0983-8

Schneider Verlag Hohengehren, Wilhelmstr. 13, 73666 Baltmannsweiler

Homepage: www.paedagogik.de

Printed in Germany – Druck: Djurcic, Schorndorf

Inhaltsverzeichnis

Vorwort

Dieses Buch soll Mut machen zu Projekten. Das wird auch im Schulalltag mit als praktikabel geltenden Strukturen wie Projekttag oder Projektwoche versucht. Dabei werden aber oft die konzeptionellen Besonderheiten von Projekten reduziert. Es wird beispielsweise nur das Handeln in den Vordergrund gestellt und den Kindern etwas zum Basteln angeboten, ohne die gesellschaftliche Praxisrelevanz als Anspruch umzusetzen.

Hier sollen dagegen nicht die Ansprüche an ein Projekt, wie sie in Anlehnung an John Dewey mit seinem Demokratie-Erziehungskonzept zu formulieren sind, reduziert werden. Unter Praxisnähe wird hier nicht verstanden, dass die Ansprüche an Projekte abgeschliffen werden. Deshalb sollen in diesem Buch Beispiele gezeigt werden, die belegen, dass auch in der Grundschule anspruchsvolle Projekte durchgeführt werden können, die den Namen Projekt verdienen. Gleichzeitig soll auch die Messlatte, was ein Projekt sein kann, möglichst hoch gehängt werden. Es werden aus der Vielzahl an Kriterien für Projekte diejenigen ausgewählt, die sich deutlich vom regulären Unterricht unterscheiden. Der permanenten Verwässerung des Projektbegriffs soll somit Einhalt geboten werden. Zudem werden die Ansprüche der Praxis nach Praktikabilität aufrechterhalten. Deshalb sollen konkret umsetzbare Beispiele im 3. Kapitel vorgestellt werden, um Mut zu machen, auch anspruchsvollen Projektunterricht in der Grundschule umzusetzen.

Ich danke allen Masterstudierenden, die für dieses Buch ihre Projektberichte zur Verfügung gestellt haben. Namentlich danke ich für die gründlichen Reflexionen zu ihren Projekten: Wiebke Albers, Lina Lea Beeskow, Lukas Blatt, Marlen Brüggemann, Anne Marleen Julie Goblet, Nadine Goetz, Kristina Groen, Svenja de Groot, Yvonne Grünker, Franziska Grube, Julia Hänßler, Melanie Heitz, Mareike Janssen, Dorothea Kaufeld, Stefanie Karnowsky, Caroline Knips, Carolin Knorr-Hahnenfeld, Sabrina Mensching, Alexandra Müller, Carina Neumann, Marlen Poelmann, Marlene Kaja Post, Anika Preukschas, Solveigh Raabe, Hauke Rohloff, Malin Schalla, Svenja Schlobohm, Petra Frauke Spekker, Eike-Thea Strodthoff-Schneider und Carolin Würtz. Ohne deren Reflexionen und Problemauseinandersetzungen wäre dieses Buch nur ein weiterer theoretischer Baustein ohne praxisanleitende Substanz.

Auch Melanie Simon danke ich für die außerordentlich sorgfältigen Korrektur- und Recherchearbeiten zu diesem Buch. Weiterhin hat Mareike Zuttermeister das Manuskript kritisch durchgesehen. Auch ihr sei hiermit gedankt.

Oldenburg, im August 2011

1 Was ist ein Projekt und wie wird es geplant?

1.1 Verschiedene Vorstellungen zum Projektbegriff

1.1.1 Geschichte des Projektbegriffs

Der Projektbegriff kommt ursprünglich nicht aus der pädagogischen Diskussion, sondern wurde bereits im 16. Jahrhundert in Italien für die Architektenausbildung entwickelt (vgl. Pietsch 2009, 5), bei der es darauf ankam, einen Entwurf zu planen und eigenständig in seiner Komplexität selbstständig zu lösen (vgl. Hänsel 1999, 55). Die erstmals in Rom an der Academia San Luca erwähnte Lernform sollte dazu beitragen, die Distanz zwischen Theorie und Praxis zu verringern und die Studierenden befähigen, an Architektenwettbewerben – erstmals 1596 – erfolgreich teilzunehmen (vgl. Pietsch 2009, 5). Diese Lernform wurde 1602 institutionalisiert (vgl. Pietsch 2009, 5). Sie wurde nach der Verbreitung in mehreren europäischen Ländern Mitte des 19. Jahrhunderts auch in Illinois, Vereinigte Staaten, von Stillman H. Robinson auf die Ingenieursausbildung übertragen (vgl. Pietsch 2009, 6). „Das Lernen am Projekt blieb nicht lange ein Privileg der Architekten. Mit der Professionalisierung der – berufsverwandten – Ingenieure Ende des 18. Jahrhunderts verbreitete es sich auch an die neuen Hochschulen für Technik und Industrie: zunächst in Frankreich, dann in Deutschland, Österreich und der Schweiz, schließlich – Mitte des 19. Jahrhunderts – im Sprung über den Atlantik auch in den Vereinigten Staaten“ (Knoll 1993, 59). Es ging dabei nach Knoll darum, dass Studierende der Architektur, später auch Ingenieursstudierende, „schon in Studium und Ausbildung lernten, selbstständig zu arbeiten und Problemsituationen zu bewältigen, denen sie später im Atelier, in der Werkstatt, auf der Baustelle begegneten“ (Knoll 2011, 23). **Problembewältigung** zählt also schon zu den ursprünglichen Merkmalen des Projektgedankens. Als eine weitere geistige Wurzel der Projektidee kann nach Knoll der Beitrag dieser Lernform zur **Demokratisierung** gezählt werden. „Dass Demokratie und Projekt zusammengehörten, hatten die Ingenieure in Frankreich schon um 1830 gesehen. Robinson und seine amerikanischen Kollegen gingen nun einen Schritt weiter. Für sie war das Projekt nicht bloß eine demokratische Methode, sondern auch eine Methode der Demokratisierung. Es sollte dazu beitragen, Lern- und Bildungsbarrieren abzubauen, und dem Studenten Fähigkeiten vermitteln, die ihn zum praktischen Ingenieur und zugleich zum demokratischen Bürger machten“ (Knoll 2011, 33). Nach dieser Interpretation leistet das Projektlernen nicht nur die Befähigung zum demokratischen Handeln durch das Erfahren einer demokratischen Lernform, sondern auch den Ausgleich von Bildungschancen. Eine derart weite Interpretation wird allerdings nicht durchgehend vertreten. Verstärkt tauchten Ende des 19. Jahrhunderts Gedanken auf, stärker das manuelle Lernen zu betonen. Ein exponiertes Beispiel dafür war die „Manual Training School“ von Calvin M. Woodward, in der Schüler bereits Handwerkstechniken wie Schreinerei, Drechselei oder Gießerei lernen sollten (vgl. Pietsch 2009, 7).

Hier wurde der Fokus des schulischen Projektlernens auf **manuelles Lernen** gelegt. Aber es wurde auch ein weiteres Merkmal, das schon in der frühen italienischen Projektentstehungsphase von Bedeutung war, hervorgehoben, nämlich die **Selbsttätigkeit**. Denn „Woodward ließ keinen Zweifel (daran), dass die Konstruktions- und Projektphase eine Phase der freien Selbsttätigkeit war“ (Knoll 2011, 40). Doch als Praktiker hat Woodward die Selbsttätigkeit auch relativiert. „Woodward geht von zwei Phasen der Projektarbeit aus: Instruktion und Konstruktion: zuerst müssen den Lernenden Kenntnisse und Fertigkeiten vermittelt werden, danach können sie sich einen Plan machen und diesen eigenständig ausführen bzw. umsetzen (Lehrgang, Übung und Projekt). Im Projekt selbst wird der Lehrer zum Helfer und Berater. Woodward sieht die Konstruktions- oder Projektphase zweifelsfrei als eine Phase der freien Selbsttätigkeit an. Er hebt aber hervor, dass auch bei der Projektarbeit die Freiheit der Schüler nicht unbeschränkt ist“ (Traub 2011, 98). Für Woodward waren danach die Zeitdauer von Projekten und die Angemessenheit zu den Lernvoraussetzungen wichtige Kriterien. Diese meist mehrdimensionalen Definitionen von Projektlernen machen es nicht einfach, Projektunterricht klar zu umreißen.

Es scheint aber so zu sein, dass sich die Idee des praktischen Problemlösens durch alle Projektideen mehr oder weniger stark ausgeprägt zieht. Der Projektbegriff des problemlösenden Lernens wird aber noch heute in der künstlerischen Ausbildung verwendet. Die Übernahme dieses Begriffs auf schulische Aufgaben wurde zunächst durch Kilpatrick und Dewey geleistet. Doch sie waren nicht – wie Knoll (2011) und Pietsch (2009) deutlich belegen – die Erfinder des Projektlernens. „Es waren Robinson und seine Hochschulkollegen, die lange vor Kilpatrick herausfanden, dass das Projekt als ein Instrument der „Erziehung zur Demokratie“ verstanden werden konnte (Knoll 2011, 33). Die Verbreitung der Projektidee war anfangs ebenfalls nicht allein ein Verdienst von Dewey und Kilpatrick, sie sind in diesem Feld erst später aktiv geworden. Denn schon „seit der Jahrhundertwende hatte die Projektmethode einen festen Platz an der – amerikanischen – Schule. Sie war theoretisch begründet und praktisch erprobt. Bemerkenswert ist, dass die Schulpädagogen – ohne sich dessen immer bewusst zu sein – die Ansätze variierten, die zuvor von den Hochschulpädagogen entwickelt worden waren. Wie die Professoren der Architektur und des Ingenieurwesens legten die Lehrer des technischen Werkens den Schwerpunkt auf Handwerk, Kunst und Wissenschaft und wie diese bezeichneten sie nur die Vorhaben als Projekte, die sich an Schüler, Wirklichkeit und Produkt orientierten“ (Knoll 1993, 60).

Es ist auch nicht das Verdienst von Dewey und Kilpatrick, ein konsistentes Projektkonzept entworfen zu haben, denn selbst diese beiden eng zusammen arbeitenden Wissenschaftler vertraten sehr unterschiedliche Deutungen des Projektbegriffs. Allerdings trugen beide – und insbesondere Kilpatrick (1935) – wesentlich dazu bei, dass der Gedanke des Projektlernens weltweit Beachtung fand.

„Für die Erziehungshistoriker ist Kilpatrick der Projektklassiker par excellence: er gab der Projektmethode die verbindliche Definition, er machte sie zum Kernstück des modernen Unterrichts, er verbreitete sie über den ganzen Erdkreis" (Knoll 2011, 83). Doch einschränkend muss hinzugefügt werden, dass diese Definition bei näherem Hinsehen nicht so klar und eindeutig ist, wie sie auf den ersten Blick scheinen mag. Schon allein die primäre reformpädagogische Motivation Kilpatricks, sich vom bisherigen rezeptiven Unterricht abzugrenzen, macht deutlich, dass das Ziel, der Projektunterricht, nicht klar genug von Anfang an definiert war. „Wie sich Kilpatrick später erinnerte, wollte er schon als Junglehrer den herkömmlichen, d. h. präskriptiven, lehrerdominierten, von ihm auch 'preußisch' genannten Unterricht überwinden und eine Methode finden, durch die Drill, Zucht und Zwang beseitigt und Demokratie, Selbsttätigkeit und Selbstverantwortung gefördert wurden" (Knoll 2011, 88). Dieser Fokus auf die Lernenden führte dazu, dass Kilpatrick sich von dem Ansatz Deweys, der lernenden Demokratieerfahrung, absetzte und die Kindorientierung zum alleinigen Kriterium auswählte: „Was auch immer das Kind unternahm, solange es 'absichtsvoll' geschah, handelte es sich um ein Projekt. Mit dieser Bestimmung setzte sich Kilpatrick über die Tradition hinweg. Er erweiterte den alten Projektbegriff, indem er die ganze Palette der herkömmlichen Methoden einbezog, und er psychologisierte ihn, indem er die 'objektiven' Bedingungen des Lernens – Lehrer, Lehrplan und Instruktion – außer Acht ließ. Aus der 'speziellen' Methode war bei Kilpatrick eine 'generelle' Methode geworden und von den ursprünglich drei Kriterien der Projektmethode reichte nun ein Kriterium, nämlich die Schülerorientierung, zur Definition aus" (Knoll 1993, 61).

Für Kilpatrick stand also der Schüler bzw. die Schülerin im Mittelpunkt des Projektverständnisses. Für ihn waren vor allem die selbstbestimmten Aktivitäten der Lernenden das Kriterium, Unterricht mit dem Etikett Projektunterricht zu bezeichnen. „Kilpatrick definiert das Projekt daher als absichtsvolles Handeln aus ganzem Herzen, das in einer sozialen Umgebung stattfindet. Die Einstellung des Lernenden ist ihm besonders wichtig. [...] Dabei soll alles in der Hand des Schülers liegen, damit sie Selbstsicherheit, Entscheidungskraft und Lebensfreude entwickeln" (Traub 2011, 98).

Dewey betonte dagegen im Vergleich zu den zur damaligen Zeit in den USA verbreiteten, nur auf Effektivität des Lernens ausgerichteten Projektideen, ein politisches Projektverständnis, das „auf Demokratisierung und Humanisierung der Gesellschaft gerichtet" (Gudjons 2008b, 7) war. „Ein Projekt bedeutet für Dewey die tätige Auseinandersetzung mit einem Gegenstand über einen längeren Zeitraum hinweg, einem Gegenstand der von bleibendem Interesse für den Schüler und die Gesellschaft ist, der über sich hinausweist und weitergehende Probleme aufzeigt, mit dem Ziel, Erfahrungsprozesse bei den Schülern zu initiieren" (Traub 2011, 99).

Diese Vielschichtigkeit der Entstehungsgeschichte ist bis heute geblieben. Denn insgesamt kann aus der Geschichte des Projektlernens bereits ein breites inhaltliches Spektrum identifiziert werden, das den Projektgedanken charakterisiert hat, nämlich Problemlösung, Demokratisierung und manuelles Lernen. Im Spannungsfeld dieser Aspekte muss auch das gegenwärtige Projektverständnis gesehen werden.

Gleichzeitig gab es auch schon früh eine Geschichte des Abflachens der Projektidee.

Diem-Wille beklagt bereits für die Nachfolger Deweys, dass vielfach Projektinhalte kanonisiert wurden, anstelle zu offenen dynamischen Prozessen der Problemlösung zu werden: „Die sorgfältig ausgedachte und in didaktische Unterrichtsformen umgesetzte Idee des 'Lernens am Projekt' wurde von den Nachfolgern Deweys in einen sterilen Lehrstoffkanon umgewandelt. Sie verdarben dadurch das, was ein Projekt zu einem pro-jektum, einem vorausgeworfenen Wagnis, macht. Die Initiative von Kindern und Lehrern, die ihre eigene Sache verantworten müssten; die unkalkulierbaren Schwierigkeiten, an denen Phantasie, Mut und Kooperation oder vernünftige Zurücknahme geübt werden könnten, die Offenheit des Ausgangs, der wie nichts anderes in der Schule an das Leben erinnern würde" (Diem-Wille 1982, 471) gerieten aus dem Blickfeld.

1.1.2 Projektunterricht in der neueren Reformdiskussion

Projektstudium und Projektunterricht war in den 1970er Jahren noch ein Kampfbegriff für eine progressive Wende in der institutionalisierten Bildung. „Man setzte in den 70er Jahren große Hoffnung in das Projektprinzip, die kapitalistische Gesellschaft mit ihren Herrschafts- und Ausbeutungsfunktionen zu entlarven und ihr Reproduktionssystem Schule zu zerschlagen" (Gudjons 2008b, 8). In programmatischen Schriften der Studentenbewegung[1] wurde Projektorientierung des Studiums zum zentralen inhaltlichen Kampfbegriff gegen die herrschende Wissenschaft erklärt. Projektunterricht an Schulen wurde mit systemkritischen Inhalten gleichgesetzt, um über diese neuen Inhalte zu einer neuen Gesellschaft zu gelangen (vgl. Gudjons 2008b, 8).

Projektunterricht hat seinen systemkritischen Status verloren und ist heutzutage im Mainstream pädagogischer Diskussion angekommen. Allein mit dem Suchbegriff „Projektunterricht" stößt man im Internet auf 292 000 Einträge[2]. Ein „Verein für Projektdidaktik"[3] versucht, diesen Ansatz zu verbreiten. Mittlerweile ist der Name 'Projekt' auch in den schulischen Alltag eingekehrt. „Aktuelle Auseinandersetzungen um den Projektunterricht unterscheiden sich deutlich von zurückliegenden. Der Projektunterricht ist heute selbstverständlicher ge-

[1] Verband deutscher Studentenschaften (1973): Plattform für eine demokratische Studienreform. Bonn.

[2] Aufruf am 14.5.2011 bei google.de

[3] http://www.projektdidaktik.de/

worden“ (Emer/Lenzen 2005, 1). Allerdings ist nicht immer ein präzises Verständnis von Projektunterricht vorzufinden. Oft wird der ursprüngliche Projektbegriff und Anspruch an Demokratisierung über Projektlernen durch alltägliche Verflachungen zur Unkenntlichkeit erdrückt. „Die Ausbreitung ist verbunden mit der Gefahr der Verwässerung und Begriffsinflation (jeder Bio-Kochkurs wird schon Projekt genannt); die politisch auf Demokratisierung von Schule und Gesellschaft zielenden Intentionen werden zugunsten eines sozialtechnologisch verkürzten Verständnisses beiseite geschoben; verbreitet ist auch die Verkürzung der Projektidee auf handwerklich-praktisches Tun oder lediglich eine Strategie zur Problemlösung“ (Gudjons 2008b, 8).

Gerade die inflationäre Verwendung der Bezeichnung „Projektunterricht“ kann zu seiner Entwertung beitragen. „In vielen Schulen ist Projektlernen (zumindest als Projektwoche) Alltag und selbstverständliches Element des Schulprofils. Man verfügt über reichhaltige Erfahrungen mit Projekten, aber empfindet gerade deshalb zunehmend eine Unsicherheit, was denn nun ‘echte’ Projektarbeit (vor allem unter methodischen Gesichtspunkten) sei. Projektunterricht – also ein Thema zwischen Begriffsinflation und Hilflosigkeit (oder auch Ignoranz)“ (Gudjons 2008b, 6). Genau diese Unsicherheiten beim Verständnis von Projektunterricht schaden ihm, weil oft beliebige Formen – gerade bei Projektwochen – mit dem Begriff verbunden werden. Insbesondere durch Projektwochen hat die Projektbezeichnung Eingang in die Schulen gefunden. Dirk Lange bemerkt angesichts dieser Praktiken, dass „Projekt und Lehrgang als zwei gleichberechtigte Konzeptionen betrachtet [werden], die sich in einer gelungenen Unterrichtsplanung ergänzen“ (Lange 2008, 113).

Ein derartiges Verständnis von Projekt als Gegenpol zum strukturiert geplanten Lehrgangs-Unterricht finden wir selten. Projektunterricht wird insgesamt gesehen sehr unterschiedlich definiert. Manche denken nur daran, dass es sich um eine Umorganisation des schulischen Stundenplans handelt, betonen das Kriterium Interdisziplinarität und sehen den Projektunterricht als vorfachliche oder überfachliche Unterrichtsform. Wiederum andere betonen den Problembezug, für den von der Inhaltsseite ein Problem zu lösen versucht wird.

Manche Schulen betonen den Eventcharakter von Projektorientierung und sehen diese Unterrichtsform dann für gegeben an, wenn eine Entwicklung des Schullebens möglich ist. Dabei sind vor allem neue Gestaltungen des Schulgeländes, der Klassenräume und Flure angedacht oder bestimmte Feste und Feiern (vgl. Goetze-Emer u. a. 2000, 1–16).

Im Alltag wird Projektunterricht oft so aufgefasst, als sei dies ein Gegenpol zum Lernen. Gudjons (2005) charakterisiert diese Fehlvorstellung treffend mit dem Kinderausspruch: „Der Unterricht fällt aus – wir haben Projektwoche!“ (Gudjons 2005, 4). Ein derartiges Verständnis leitet sich von den verflachenden Praktiken ab, bei denen nur manuelles Tun im Sinne der Bastelpädagogik oder ästhetisches Handeln wie Theaterspielen oder Märchengestalten als Projekt bezeichnet werden. Selbst in reflektierten Büchern zur Projektthematik wird eine Märchentheateraufführung als Projekt bezeichnet (vgl. Goetze-Emer u. a. 2000, 1–16).

In der fachdidaktischen Literatur verflacht der Projektbegriff zunehmend. So wird er für Unterrichtskonzepte, die ein wenig flexibler als Frontalunterricht sind, verwendet. Beispielsweise wird in der angesehenen Zeitschrift „Geschichte lernen“ in einem Basisartikel von einem „projektorientierten Lernzirkel“ (Henke-Bockschatz 2010, 3) geredet. Gemeint ist, dass verschiede Unterrichtsvorschläge zu verschiedenen Epochen der historischen Piraterie gleichzeitig als Stationenlernen angeboten werden. Diese Arbeit mit vorstrukturierten Unterrichtsanregungen entspricht gerade nicht dem forschend-entdeckenden Projektgedanken.

Im Wesentlichen fungieren mehrere Vorstellungen von Projektunterricht, die nicht mit dem ursprünglichen Gedanken eines pädagogischen Projekts vereinbar sind und sich auch nicht mit der gegenwärtigen didaktischen Debatte decken. Diese Fehlvorstellungen kann man stichwortartig folgendermaßen benennen:

- Projekt als Event (Theateraufführung, Schulhofbegrünung)
- Projekt als Bastelzeit („Wir machen Stockblumen.“)
- Projekt als Produktion von Werkstücken („Wir bauen ein Gewächshaus für die Schule.“)
- Projekt als Freizeit vom Lernen.

Darüber hinaus gibt es noch vielfältige Varianten der Engdefinition von Projektlernen oder des Versuches, die eigenen als positiv bewerteten didaktischen Prinzipien oder Ziele mit der Weihe des Wortes „Projekt“ aufzuwerten. Böcker beispielsweise plädiert für stärker bewegten Unterricht und bringt dies mit Projektunterricht in Verbindung: „Projektunterricht ist gekennzeichnet durch ein ‘Mehr’ an Bewegung im Sinne eines bewegten Lernens [...]: [...] Es findet nicht der klassische Sitzunterricht statt, sondern die Schülerinnen und Schüler bearbeiten ihr Projekt, und das bedeutet in der Regel: recherchieren, erkunden, etwas gemeinsam erarbeiten, evtl. etwas herstellen“ (Böcker 2010, 23).

Derartige Verkürzungen des Projektverständnisses haben sich weit von den ursprünglichen Reformgedanken entfernt, mit denen höchst anspruchsvolles Lernen mit einer komplexen forschenden und gesellschaftlich relevanten Inhalts- und Prozessstruktur gemeint war. Selbst die frühen Vertreter des praktischen Lernens wie Woodward haben das praktische Herstellen immer auch als Basis für kognitive Denkprozesse gesehen. „Nur durch einen Unterricht, der systematisch und logisch vorgehe, könne der Schüler analytisches Denken entwickeln. Diese Fähigkeit schien Woodward zur Meisterung des Lebens unentbehrlich“ (Knoll 2011, 42).

Doch trotz aller theoretischen Differenziertheit früher Projektkonzepte wurde sie in der Rezeption oft verkürzt. Dies kommt besonders in der Formel „learning by doing“ zum Tragen, mit der Dewey kolportiert wird.

Aber nicht nur die Rezeption, auch die theoretische Debatte um Projektunterricht ist ähnlich gespalten. Sogar innerhalb einzelner Konzeptionen zum Projektunterricht gibt es schwankende Aussagen. Da vertreten einige Wissenschaftler die Position, es handele sich um eine Methode (vgl. Frey 1982; Knoll 2011, 11). Knoll ordnet dieser Methode Merkmale wie praktisches Problemlösen und eigenständig konstruktives Arbeiten zu (vgl. Knoll 2011, 11), die eigentlich für viele Formen von Unterricht gelten können.

An anderer Stelle sieht Knoll den Projektunterricht nur noch als Unterform des handlungsorientierten Unterrichts an: „Die Projektmethode, auch als Projektunterricht, Projektarbeit, Projektlernen bekannt und oft in besonderen Projektwochen oder Projekttagen verwirklicht, ist eine Unterform des handlungsorientierten Lernens und gilt als ein hervorragendes Mittel, um intrinsische Motivation zu fördern, selbstständiges Denken zu entwickeln, erworbenes Wissen anzuwenden, Selbstbewusstsein zu erzeugen und soziale Verantwortung einzuüben" (Knoll 2011, 11).

Andere haben Projektunterricht als „eine besondere Form praktischer pädagogischer Tätigkeit von Lehrern und Schülern verstanden oder als eine besondere Unterrichtsform bezeichnet, in der die Projektmethode ihren didaktisch-konsequentesten Ausdruck findet" (Hänsel 1986, 31). Emer und Lenzen strukturieren zusätzlich die Kriterien für Projektunterricht, indem sie Ausgangspunkte (Gesellschaftsbezug, Lebenspraxisbezug), Arbeitsformen (Selbstbestimmtes Lernen, Ganzheitliches Arbeiten, Fächerübergreifendes Arbeiten) und Zielhorizonte (Produktorientierung, Kommunikative Vermittlung) unterscheiden (vgl. Emer/Lenzen 1997, 217).

Trotz aller Heterogenität und Reduzierung der Inhalte ist der Begriff des Projektunterrichts immer noch ein Symbol für Veränderung des bisherigen lehrgangsmäßigen Unterrichts. „Darüber hinaus hat die Projektpraxis an vielen Orten auch den übrigen Unterricht in Schulen verändert: Abbau der starren Zeitrhythmik, Schülerbeteiligung an der Unterrichtsplanung, Ansätze zu Freiarbeit, Selbstorganisation und kooperative Lernformen, fächerübergreifendes Arbeiten, Einbindung des Projektunterrichtes in den Stundenplan [...]" (Gudjons 2008b, 8). So gesehen sind einzelne Momente des Projektunterrichts als alternatives Muster für Unterricht auch in den gesamten Unterricht eingedrungen und haben zur Schulentwicklung positiv beigetragen: „Gerade weil er (Projektunterricht) quer zu den eingrenzenden Organisationsformen des klassischen Schulbetriebes steht, kann man seine „Sprengkraft" auch positiv fruchtbar machen, indem Projektprinzipien die innere (und äußere) Schulreform vorantreiben" (Gudjons 2008b, 10).

1.1.3 Theorie der Projektidee

Die wissenschaftlichen Projektkonzeptionen sind ähnlich vielfältig wie die Rezeption in der Praxis, so dass sich daraus keine eindeutigen Maßstäbe ablesen lassen. Gudjons betont deshalb zu Recht: „Das Projektkonzept, die Projekttheorie unter den Theorien gibt es nicht!“ (Gudjons 2008b, 10). Aber es ist möglich, eine eigene theoretische Positionierung aus der Auseinandersetzung mit den gegebenen zu leisten. Dies soll dieses Buch entwickeln. Deshalb werden jetzt zur theoretischen Positionierung die verschiedenen gängigen Projektkonzeptionen vorgestellt und diskutiert.

Dagmar Hänsel (Hänsel 1999, 54) sieht vier verschiedene Konzepte vor, die schulische Praxis und Theorie von Projektunterricht gegenwärtig charakterisieren, nämlich das Konzept:

1. des praktischen Problemlösens
2. der idealen Methode
3. des kindorientierten Unterrichtsideals
4. des pädagogischen Experiments mit der Wirklichkeit.

Sie selbst definiert Projektunterricht sehr anspruchsvoll dadurch, dass Lehrerinnen und Lehrer zusammen mit Schülerinnen und Schülern ein „echtes Problem in gemeinsamer Anstrengung und in handelnder Auseinandersetzung mit der Wirklichkeit zu lösen suchen, und zwar besser als dies in Schule und Gesellschaft üblicherweise geschieht“ (Hänsel 1999, 75).

Walter (2008) dagegen definiert in Anlehnung an Frey weniger anspruchsvoll: „Die Projektmethode ist eine dem Lehrgang entgegengesetzte Form des Lernens, verbunden mit einer Erziehung zum demokratischen Handeln an diskursiv ausgewählten Inhalten. Projekte im Sachunterricht gehen von einer realitätsbezogenen und problemhaltigen Thematik mit praktischem Ziel aus“ (Walter 2008, 163).

1.2 Kerngedanken eines Projektes

Nach Dagmar Hänsel ist Projektunterricht im Anschluss an Dewey als pädagogisches Experiment zu verstehen, bei dem versucht wird, durch Unterricht „Mensch und Welt höher zu entwickeln“ (Hänsel 1999, 87). Dieser Gedanke bedeutet, dass Projektunterricht niemals affirmativ die bestehenden Verhältnisse bestätigen darf, sondern immer eine kritisch-verändernde Zielrichtung hat, die sich auf eine Veränderung von Schule und Gesellschaft richtet und gleichzeitig die Schüler in ihren Aktivitäten und ihrem Denken zu verändern anstrebt (vgl. Hänsel 1999, 87).

Gudjons verfolgt einen anderen, mehr pragmatischen Weg. Er will Schulen zum Projektunterricht animieren und nennt zwar die mittlerweile als Klassiker bekannten 10 Merkmale des Projektunterrichts:

- Situationsbezug
- Orientierung an den Interessen der Beteiligten
- Selbstorganisation und Selbstverantwortung
- Gesellschaftliche Praxisrelevanz

- Zielgerichtete Projektplanung
- Produktorientierung
- Einbeziehen vieler Sinne
- Soziales Lernen im Projekt
- Interdisziplinarität
- Grenzen des Projektunterrichts (Gudjons 1989, 57 ff.).

Er setzt sie aber nicht als Dogma, sondern versteht den Umgang mit ihnen in der Schulpraxis als „einkreisende Beschreibung“ (Gudjons 1994, 15). Für ihn kann mit Projektunterricht auch dann ein Unterricht genannt werden, wenn nur wenige Merkmale erfüllt sind. Bei keinem setzt er eine absolute Priorität, wenn er die Qualitätsmaßstäbe derart vage formuliert: „Projektunterricht ist nicht an die exakte Einhaltung aller zehn Merkmale gebunden, aber umgekehrt kann ein Unterricht, in welchem sich diese Merkmale gar nicht finden, nicht Projektunterricht genannt werden“ (Gudjons 1994, 15). Hier wird deutlich, wie widersprüchlich in sich auch manche Projektkonzeptionen sind.

So vertritt Gudjons generell 10 Kriterien für ein Projekt, doch dann relativiert er sie selbst. Allerdings gibt er einem Kriterium doch die bestimmende Bedeutung, nämlich der gesellschaftlichen Relevanz, um Projektunterricht „nicht der völligen Beliebigkeit und Zufälligkeit“ (Gudjons 1994, 20) preiszugeben. Damit schließt er aus, dass nur allein ästhetische und handwerklich-praktische Vorhaben als Projekte deklariert werden. Projekte und Vorhaben sind deutlich voneinander abzugrenzen und nicht als identisch anzusehen wie bei Reinhardt: „Unterrichtsprojekte sind von ihrem Ursprung und ihrem Begriff her eigentlich große Unterrichtsvorhaben“ (Reinhardt 2007, 95). Auch dokumentarische Endprodukte sind nicht mit einem Projektthema gleich zu setzen, wie die von Reinhardt (vgl. 2007, 95) als typische Unterrichtsprojektthemen genannten Dokumentationsformen, nämlich Herstellung einer thematischen Ausstellung, Sammlung eines Modells, einer Dokumentation (vgl. Reinhardt 2007, 95). Für ein Projekt muss die Qualität des Problems und seiner gesellschaftlichen Bedeutung sowie die Orientierungsfunktion des Problems für die Auseinandersetzung der Lernenden das zentrale Kriterium bleiben und nicht nur die konkreten Arbeitsformen gesehen werden.

Herauszustellende Merkmale von Projektunterricht:

1. Projektunterricht fokussiert ein inhaltliches Problem.

Beim Projektunterricht geht es zuerst einmal um einen bestimmten Inhalt. Der Kern dessen ist das Problem, an dem ein Projekt ansetzt. Dieser Inhalt bleibt während des ganzen Projekts Gegenstand der Untersuchungen. Von daher unterscheidet sich das hier vertretene Projektverständnis fundamental von dem von Karl Frey, der nur den formalen Prozessablauf betont (vgl. Frey 2002, 57) und an das Thema keine besonderen Auswahlkriterien stellt. Frey behauptet, es „kann jeder Ausgangspunkt zu einem Projekt werden“ (Frey 1982, 63).

In diesem Buch wird dagegen die Auffassung vertreten, dass ohne einen problemhaltigen Inhaltskern kein wirkliches Projekt erwachsen kann. Die Betonung der Inhaltsauswahl als wichtiges Projektmerkmal finden wir auch bei Gudjons, der als den ersten Projektschritt die Auswahl einer geeigneten problemhaltigen Sachlage betrachtet (vgl. Gudjons 2008, 79).

2. Projekte haben eine forschende Struktur.

Gleichzeitig ist ein Projekt in der Schule auch ein methodisch angeleiteter Prozess der Problemlösung. Es gibt also immer gleichzeitig *inhaltsbezogene* und *methodenbezogene* Aufgaben. Hänsel unterscheidet diese beiden Seiten der einen Medaille des Projektunterrichtes wie folgt:

„Inhaltsbezogene Aufgaben (Projektunterricht als Unterricht von bestimmter Form):

1. Eine wirkliche Sachlage auswählen, die für die Schüler ein echtes Problem darstellt.
2. Einen gemeinsamen Plan zur Problemlösung entwickeln.
3. Eine handlungsbezogene Auseinandersetzung mit dem Problem herstellen.
4. Die gefundene Problemlösung an der Wirklichkeit überprüfen.

Methodenbezogene Aufgaben (Projektunterricht als pädagogisches Experiment):

1. Die Voraussetzungen des Experiments klären.
2. Das Ziel des Experiments bestimmen.
3. Versuchsbedingungen herstellen.
4. Das Ergebnis des Experiments überprüfen.“ (Hänsel 1999, 82)

Aus der forschenden Struktur ergibt sich, dass Projekte nicht einzelfachlich verortet sein können. Das Kriterium der Interdisziplinarität darf aber auch nicht künstlich angewendet werden im Sinne des Gesamtunterrichts des frühen 20. Jahrhunderts, wo zu einem Thema ein Lied, ein Gedicht, ein Rätsel, eine Mathematikaufgabe etc. hinzugefügt wurde (vgl. zur Kritik am Gesamtunterricht: Kaiser 2008, 48). Vielmehr muss sich die Interdisziplinarität in Projekten aus der konkreten Problemstellung ergeben. „Projektunterricht überschreitet Fächergrenzen, obwohl er auch im Fachunterricht möglich ist. Oft wird gerade das Merkmal der Interdisziplinarität insofern missverstanden, als diese nur möglich erscheint in einer Projektwoche, in der sämtlicher Fachunterricht ausfällt. Es geht beim interdisziplinären Arbeiten aber darum, ein Problem, eine Aufgabe in ihrem komplexen Lebenszusammenhang zu begreifen und sie sich im Schnittpunkt verschiedener Fachdisziplinen vorzustellen“ (Gudjons 2005, 8). So kann einerseits bei dem in diesem Buch beschriebenen Projekt zur Ölpest vor Amrum verwaltungswissenschaftliches Wissen bei der Suche nach Zuständigkeiten, chemisches Wissen bei der Wasseranalyse, biologisches Wissen beim Zählen der verendeten Vogelarten, juristisches Wissen bei der Bewertung der Schuldfrage oder politisches Wissen beim Versuch, Unterstützung zu bekommen, von Bedeutung sein. Nicht nur die forschende Struktur von Projekten, ein bestimmtes Problem zu lösen, sondern auch die lebensnahe Struktur des Projektthemas verlangt interdisziplinäres Arbeiten: „Projekte sollen Methoden, Inhalte und Perspektiven verschiedener Fächer integrieren, um Probleme und Themen der ungefächerten Realität angemessen zu bearbeiten“ (Emer/Lenzen 2008, 16).

3. Ein Projekt zielt auf Veränderung.

Damit ist nicht bloß eine Veränderung des Denkens gemeint, dies muss schließlich auch „traditioneller“ Unterricht leisten. Vielmehr geht es beim Projekt um die Veränderung der Wirklichkeit. Dazu gehört nicht nur das Erkennen des Problems, sondern auch die gesamte Projektführung in Richtung auf das Verändern der Situation. Duncker und Götz formulieren dementsprechend das Projektziel so: „Eine zuvor als mangelhaft erkannte Situation in ihren Defiziten aufzuklären, daraus Handlungsperspektiven zu entwickeln, die in konkrete Handlungspläne umgesetzt werden, um so zu einer konstruktiven Verbesserung der Situation beitragen zu können“ (Duncker/Götz 1984, 121). Eine derartige Verbesserung muss nicht weltbewegend groß sein, wie die Abschaffung aller Atomkraftwerke oder die Verhinderung des Aussterbens aller Arten. Es genügt, viele Menschen aufzuklären und das Umsteigen auf Stromanbieter mit erneuerbaren Energien zu forcieren oder einen naturbelassenen Bach zu erhalten. Wesentlich ist, dass es sich um einen sichtbaren oder spürbaren Effekt in der Realität handelt, der dadurch erreicht wird. Gleichzeitig muss eine derartige Veränderung auch für Grundschulkinder angemessen sein und die Kinder nicht überfordern, sondern leistbar für sie sein. Ein klassisches Beispiel einer Überforderung ist das durch verschiedene Zitierfehler transportierte Typusprojekt, das auch heute noch als typisch für Deweys Projektmethode angesehen wird (vgl. Knoll 2011, 193–234). Die Recherche vor Ort in einer von einer infektiösen Krankheit betroffenen Region ist weder ethisch noch pädagogisch zu rechtfertigen. Glücklicherweise hat es auch nicht stattgefunden, sondern wurde aus einer problematischen Dissertationsschrift nachträglich herausgelesen (vgl. Knoll 2011, 193–234).

4. Ein Projekt hat ein die Wirklichkeit veränderndes Ergebnis.

Dass ein Projekt ein spezielles Produkt haben soll, scheint fast so etwas wie ein Konsens in der Projektliteratur zu sein. Meist wird das Produkt als Ausstellung vorgestellt. Beispielhaft werden Plakate, Poster oder Collagen als besondere Ausstellungsprodukte genannt (vgl. Gudjons 2008, 87). Allerdings sind derartige Ausstellungen nur dann echte Projektprodukte, wenn sie auch tatsächlich über den dokumentarischen Charakter hinaus gekommen sind und appellativ auf die Besuchenden wirken. Auffordernd kann etwas jedoch nur wirken, wenn vorher die Problematik von den Kindern so ergründet worden ist, dass sie jetzt wissen, wohin sich etwas entwickeln soll. Deshalb betont auch Gudjons, dass es nicht allein darauf ankommt, ein Produkt gegenständlich am Ende des Projekts herzustellen, „sondern die Qualität des Prozesses, der zum Produkt geführt hat" (Gudjons 2008, 88) wesentlich zu beachten. Dieser Prozess wird bei der Präsentation sichtbar, wenn Schülerinnen und Schüler genau planen, wer bei der Ausstellung welche Aufgabe übernimmt. So werden die Erkenntnisse beim handelnden Untersuchen in den Gruppen auch an eine breitere Öffentlichkeit getragen. Es muss überlegt werden, wer etwa beim Interview mit der Lokalpresse am Präsentationstag aktiv dabei ist, wer eine Presseerklärung schreibt, wer die Besuchenden durch die Ausstellung führt und wer ein einzelnes Poster erklärt.

An dieser Frage des Projektproduktes scheiden sich die Vorstellungen. Frey hält ein Endprodukt eines Projekts nicht für erforderlich (vgl. Frey 2005, 63). Damit verliert sich aber auch das zielgerichtete Arbeiten im Projekt. Hier wird dagegen – ähnlich wie bei Hänsel und Gudjons oder Emer/Lenzen – ein Produkt für unerlässlich gehalten. Dieses muss nicht materiell sichtbar sein, beim ökologischen Waschen und Putzen könnte auch die schadstofffreie Reinigung der Schule als Produkt gezählt werden.

Bei dieser Planung werden auch wieder im Sinne des Monitoring (vgl. Kaiser 2007) die einzelnen Phasen der Projektarbeit gedanklich vergegenwärtigt. In den meisten Projektkonzeptionen wird für ein Projekt ein konkreter Abschluss in der Präsentationsphase gesehen. Emer und Lenzen (1997) sprechen dagegen von einer „Weiterführungsphase" eines Projektes, was darauf hinweist, dass Projekte auch nachhaltig sein können und nach der ersten unterrichtlichen Untersuchung auch wieder in weitere Aktivitäten oder Prozesse münden können.

5. Ein Projekt verändert das Lernen.

Gerade weil ein Projekt an die praktische Lebenswirklichkeit gebunden ist, viele handelnde Schritte enthält und mit hoher Motivation der Lernenden verbunden ist, schließlich ist es „ihr" Problem, das sie lösen wollen, verändert sich der Lernprozess fundamental gegenüber dem tradierten rezeptiven schulischen Wissensvermitteln. Heusler und Xylander sehen sogar eine Verbindung darin, dass schulisches Lernen weniger nachhaltig ist und umgekehrt weniger schultypisches Lernen auch stärker nachhaltig: „Die Erfahrung zeigt: je weiter von der Schule weg, umso ernster wird die Aufgabe angegangen, umso nachhaltiger wirkt die Erfahrung" (Heusler/Xylander 2008, 15).

Gudjons erwartet, dass das in Projekten erworbene Wissen deutlich nachhaltiger ist: „Das an der Produkterstellung gewonnene Wissen hat eine andere Qualität: Es ist im Aufbau anders konstruiert (Wissenskonstruktion), ist multimedial gespeichert, gedächtniswirksamer, nicht träges Wissen, es ist in vielfältige Bezüge einer [...] Sache vernetzt, es ist nicht nur enzyklopädisches oder assoziatives Wissen, sondern oft handlungsrelevantes Wissen, das den Transfer zu weiterem Handeln erleichtert, es ist arbeitendes Wissen, dessen Sinn und Wert von den Schülern erfahren wird und vor allem gewollt wird" (Gudjons 2005, 8). So gesehen kann das Projektlernen auch – anknüpfend an Kilpatricks stärkere lernpsychologische Orientierung des Projektgedankens (Kilpatrick 1935) – als eine Form veränderten Lernens betrachtet werden. Dies ist allerdings nur ein sekundärer Faktor, primär ist die sinnvolle Auseinandersetzung um ein gesellschaftliches Problem.

6. Ein Projekt motiviert Kinder und intensiviert das Lernen.

Projekte gehen von den Fragen der Kinder aus, von daher sollte angenommen werden, dass sie auch das Lernen intensivieren. Diese Erwartung wird durch die Interviewstudie zum Projektthema „Bach" von Bieberbach und Killermann (2005) untermauert. Es wurde dabei festgestellt, „dass 77 Prozent der interviewten Schüler angaben, außerhalb des Unterrichts am Bach gewesen zu sein, um weitere Erkundungen vorzunehmen und damit das Wissen zu festigen oder zu erweitern. Die Persistenz, d.h. der Bezug zum Interessengegenstand, könnte auch auf die Entwicklung eines individuellen Interesses hinweisen, wobei die Weiterverfolgung der Interessen häufig von Erfolg und Anerkennung abhängt, was auch gegeben sein könnte, weil die Kinder oft angaben, dass die Familie in die Exkursion mit eingeschlossen war" (Bieberbach/Killermann 2005, 36).

In dieser Untersuchung wurden zwei Faktoren interpretatorisch herausgearbeitet, die die Motivation der Lernenden verstärken können, nämlich eine positive Lernatmosphäre und die räumliche Nähe des Projektinhalts. „Unter denjenigen Faktoren, die besondere Aufmerksamkeit verdienen und mehrmals durch signifikante Korrelation bestätigt wurden, ist die positive Beurteilung des Projektunterrichts, d. h. je positiver die Lernsituation von den Schülern erlebt wurde, desto größer war der Wissenserwerb. Der andere Einflussfaktor, der hier ausdrücklich erwähnt werden soll, ist die örtliche Nähe des zu untersuchenden Baches. Diese Variable ist ein wichtiger Faktor für das kurz- und langfristige Wissen, vermutlich auch aufgrund wiederholter Auseinandersetzungen der Schüler mit den von ihnen durch den Projektunterricht positiv emotional besetzten Lebewesen. [...] Aufgrund dieses Zusammenhanges ist zu fordern, einen Lerngegenstand nur dann als Projektschwerpunkt zu wählen, wenn er in der unmittelbaren Lebensumwelt der Grundschüler zu finden ist" (Bieberbach/Killermann 2005, 36). Allerdings ist es problematisch, im Umkehrschluss zu folgern, dass Projektthemen auf jeden Fall aus der unmittelbaren Lebenswelt entstammen müssen. Dies erleichtert zwar die Untersuchungen und das Abwägen, aber auch Projektthemen, die nicht in der unmittelbaren Lebenswelt verankert sind, wie das des Schokoladenanbaus, können in hohem Maße motivierend wirken. Aktivierend ist wohl eher das Zusammenspiel verschiedener Faktoren, wie Interesse der Kinder, gute soziale Strukturierung und positive Atmosphäre, handelnde Auseinandersetzung mit der Thematik, der Bedeutungszuwachs für die kindliche Identität, wenn Kinder sich mit „echten" gesellschaftlich bedeutsamen Fragen beschäftigen dürfen.

7. Ein Projekt verlangt überzeugte Lehrerinnen und Lehrer.

Viele Lehrpersonen glauben, Theorie sei zwar im Studium von Bedeutung, wirke sich aber nicht in der Praxis aus. Dagmar Hänsel vertritt dagegen die Position, dass es vor allem auf die Einstellungen von Lehrerinnen und Lehrern ankommt, ob ein Projekt gelingt. Sie hält es für entscheidend, ob man als Lehrperson wirklich eine offene Erziehungsphilosophie vertritt und persönlich hinter den Grundgedanken des Projektunterrichts steht (vgl. Hänsel 1999, 77). Wir wissen, wie wichtig Erwartungshaltungen im pädagogischen Prozess sind. Deshalb werden im folgenden Kapitel die wichtigsten Maßstäbe von Projektunterricht vorgestellt, um so ganz präzise nachprüfen zu können, ob man selbst tatsächlich hinter den fundamentalen Projektideen steht. Nur dann ist es sinnvoll, ein Projekt zu starten und nicht weil die Konferenz beschlossen hat, eine Projektwoche in der Schule einzuführen.

Noch wichtiger ist die Einstellung der Lehrperson für den konkreten Projektablauf. Professionell neigen Lehrerinnen und Lehrer dazu, ihre Position einzubringen, zu bewerten und zu lenken. Diese Haltungen zurückzunehmen und den Kindern Entscheidungsräume und Irrwege bei der Lösung des Projektproblems zuzugestehen, verlangt ein hohes Maß an persönlicher Stabilität, Selbstreflexion und Wertschätzung der Kinder. „Die Mindestvoraussetzung auf Seiten der Lehrer ist die Bereitschaft und auch die Neugier, sich auf Lernsituationen einzulassen, in denen Schüler zu aktiv handelnden Subjekten werden“ (Vaupel 2008, 24). Doch ein Projekt, das immer wieder an Brüche und Schwierigkeiten stößt, braucht starke Unterstützung. Die Erwartungshaltung der Lehrperson ist dabei eine wichtige Kraftquelle. Von daher ist ihre Überzeugung, dass Projektlernen wertvoll und wünschenswert ist, ein wichtiges Fundament für gelingende Projektarbeit. Allerdings ist es wichtig, dass dies auch von der Lehrperson angenommen wird. So formuliert Steinhart als Norm: „Ein innovativer, motivierter Lehrer sollte Projektarbeit als eine Herausforderung in seinem Beruf anerkennen!“ (Steinhart 2010, 58). Aber diese Norm ist nur wirksam, wenn die Lehrperson damit eigene positive Motive verbindet und eine positive Einstellung zu Projekten in der Schule aktiv praktiziert. Eine empirische qualitative Studie zur Praxis des Projektunterrichts, der in Sachsen-Anhalt zu einem verbindlichen Bestandteil im Rahmen einer zentral gesteuerten Innovation werden sollte, zeigt, dass bei Pflichtprojekten die eigentlichen Intentionen des Projektgedankens nicht realisiert werden: „So gab es Projekte, die sich ganz eng an den inhaltlichen Vorgaben orientierten. Dies hatte den Effekt, dass der eigentliche Projektcharakter kaum zum Tragen kam und maßgeblich an einem engen, vom Klassenlehrer bestimmten, zeitlichen und inhaltlichen Raster entlang gearbeitet wurde. Dadurch wurde zwar ansatzweise ein fächerverbindender Unterricht praktiziert, jedoch systematisch wichtige Planungs- und Aushandlungsprozesse auf Schülerseite ausgeblendet“ (Kastner 2008, 236). Es gab aber in diesem landesweiten Reformversuch auch das andere Modell von Projektunterricht, das wiederum die Inhaltsseite im Projekt vernachlässigte und der Schülerkooperation den Vorrang ließ, aber hinterher unterrichtliche Nacharbeitsphasen praktizierte: „Eine andere Strategie bestand darin, den Schülern unter dem Dach der vorgegebenen Thematik durch kooperative Planungsprozesse möglichst viel Handlungsspielraum für eigene Ideen innerhalb der Projekte einzuräumen. [...] Dadurch mussten die Lehrer jedoch mit der Gefahr umgehen lernen, dass die verbindlichen Inhalte in den Projekten zu kurz kommen könnten. Gelöst wurde das oftmals durch gezielte Nacharbeit im normalen Unterricht“ (Kastner 2008, 237).

Kastner fordert aus diesem Dilemma, dass bei der obligatorischen Einführung von Projekten mehr Zeit zur Entwicklung der „Kommunikations- und Kooperationsbeziehungen im Kollegium, denen ein hoher Stellenwert für erfolgreichen Projektunterricht zuzuschreiben war“ (Kastner 2008, 240) einzuräumen ist, um überhaupt die Reflexionsfähigkeit der Lehrpersonen bei der Projektplanung und -entwicklung zu ermöglichen. Er sieht „die Entwicklung einer Problemlösekompetenz, die durch eine Professionalisierung der Kollegiumsarbeit die Transformation schulinterner Spannungsverhältnisse in gemeinsame pädagogische Entwicklungsaufgaben ermöglicht“ (Kastner 2008, 241), für eine zentrale Qualifizierungsvoraussetzung an, um Projektunterricht tatsächlich umzusetzen. Enge curriculare Vorgaben hält er dagegen für Barrieren, die guten Projektunterricht beeinträchtigen (vgl. Kastner 2008, 242).

Aber nicht nur die allgemeine positive Einstellung von Lehrpersonen ist wichtig für das Gelingen schulischer Projektarbeit. Auch die Fähigkeit, flexibel auf unerwartete Situationen zu reagieren und die geeigneten Impulse zu geben, um die Planung des Projektes „nicht aus dem Ruder laufen zu lassen“, sondern immer wieder auf die ursprünglichen Ziele zu steuern, ohne den Kindern die führende Rolle bei der Lösung der Projektprobleme aus der Hand zu nehmen, ist von außerordentlicher Bedeutung. „Nicht die Spontaneität eines Einfalls, die Suche nach Lösungen für überraschend aufgetauchte Probleme und die Übertragung des Projektes auf die Lernenden, sondern die verantwortungsbewusste, zielgerichtete und der fachlichen Kompetenz verpflichtete Planung der Lehrenden ist zentraler Punkt jeder Projektarbeit“ (Beinke 2005, 33).

8. Projekte verlangen eine veränderte Lehrerrolle.

Spekker (2010) nennt verschiedene Tätigkeiten, die eine den Prozess begleitende Lehrperson auszuführen hat. Danach „kommt der Lehrkraft im Projektverlauf eine strukturierende, organisierende und beratende Funktion zu. So gilt es z. B. Elternbriefe zu schreiben, Experten einzuladen, Termine für eine Exkursion abzustimmen, die Lerngruppen in ihrem Vorgehen zu beraten, Material und Medien zu beschaffen, sich einen Überblick über das Fortkommen in den einzelnen Arbeitsgruppen zu verschaffen usw. Die Rolle der Lehrkraft bleibt im Projektunterricht daher nicht auf das Bereitstellen von Lernarrangements beschränkt. Die Lehrenden müssen in den problembezogenen, handlungsorientierten Auseinandersetzungen der Kinder den Bildungswert für den Sachunterricht im Fokus haben“ (Spekker 2010). Dies zeigt, dass das Organisieren eines Projektes hohe Ansprüche an Lehrpersonen stellt, die nur erfüllt werden können, wenn eine Lehrperson auch selbst hinter diesem Konzept steht. Das ist umso wichtiger, weil es für Projekte keine Patentrezepte gibt. Ihr Verlauf ist immer schwer vorher einzukalkulieren – jedenfalls solange es sich um echte Projekte mit zunehmender Eigenaktivität der Kinder handelt. Gudjons drückte diese Unwägbarkeit ganz klar aus: „Ein Wagnis bleiben Projekte allemal“ (Gudjons 2005, 9). Dies heißt aber auch, dass Lehrpersonen ihr Sicherheitsdenken ein Stück hintan stellen können und sich offen auf Neues und Veränderungen einstellen dürfen.

Die Umstellung von der Rolle des Agenten der Wissensvermittlung hin zur Beratung und Begleitung ist vermutlich eine sehr schwer zu bewältigende. Denn „im traditionellen Unterricht als Lehrer wirken heißt als Fachmann auftreten, der Probleme aufwirft, die er selbst lösen kann – er kennt die Lösung zu allen Fragen. Zur Absicherung dieses uneinlösbaren Allwissenheitanspruchs dient dem Lehrer der Rahmen des Lehrplanes und im engen Sinn das Lehrbuch. Beim Projektunterricht ist diese Trennung von Lehren und Forschen nicht aufrechtzuerhalten. Niemand – weder der Lehrer noch der Schüler – kennt das genaue Ende, ahnt die auftretenden Probleme und Schwierigkeiten, die gelöst werden müssen. Der Lehrer wird zum Koordinator der Entscheidungen der Gruppe, der zwischen seiner ‘alten’ Rolle als Wissensvermittler und ‘neuen’ Rolle pendelt“ (Diem-Wille 1982, 473). Diese Offenheit gegenüber dem Prozess des Projekts und gegenüber den Ergebnissen gilt es herzustellen, wenn ein Projekt tatsächlich ein offenes Forschen sein soll. „Damit ein neu zu entwickelndes Projektkonzept auch umgesetzt werden kann, müssen Lehrende das Konzept aufnehmen und es verinnerlichen, so dass sie auf dieses dann auch zurückgreifen. Dies ist ein langwieriger Prozess, der einer besonderen Art der Fortbildung und Betreuung bedarf“ (Traub 2011, 111). Intensive Lehrerfortbildung, die hilft, vom Wiederholungszwang der Belehrung (vgl. Kaiser 1999) hin zu differenzierter Projektarbeit zu kommen, ist unabdingbar, wenn wirkliche Projektarbeit mehr Platz in den Schulen einnehmen soll.

Aber nicht nur die Lehrpersonen mit ihren Kompetenzen und Motivationen sind wichtig für das Gelingen von Projekten, sondern auch die äußeren Rahmenbedingungen. „Je anspruchsvoller die Methode ist, desto günstiger müssen die Bedingungen sein, unter denen sie angewendet wird“ (Reinhardt 2007, 93). So ist für eine produktive Recherche der freie Zugang zu Informationen unerlässlich, eine breit ausgestattete Schulbibliothek, erreichbare andere Bibliotheken, guter und schneller Zugang zum Internet in den Klassenräumen sind nur einige dieser äußeren Rahmenbedingungen, die für erfolgreiche Projektarbeit gegeben sein müssen.

1.3 Projektunterricht und Lernen

In vielen Schriften zum Projektunterricht findet man immer wieder die Annahme, dass dieses Lernkonzept, das ja von den Interessen der Kinder ausgehen soll und die Inhalte in einem sinnvollen Zusammenhang zu erarbeiten beansprucht, auch bedeutsame Wirkungen für das Lernen hat. Selbst Lernauswirkungen für die Persönlichkeitsentwicklung werden angenommen. So heißt es bei Traub: „Durch die Lösung des Problems und die Bearbeitung entsteht ein höheres Selbstwirksamkeitskonzept und die Persönlichkeit des Einzelnen wird gestärkt“ (Traub 2011, 104).

In den Theorien zum Projektunterricht wird dieser Form schon immer ein hohes Potential für die Förderung und Intensivierung von Lernprozessen der Schülerinnen und Schüler zugeordnet. Besonders Kilpatrick hat diesen Gedankengang mit der Analogsetzung des Projektlernens mit produktivem Lernen forciert. In neueren Schriften wird dem Projektlernen mehr den Schülerinnen und Schüler aktivierendes Potential zugesprochen: „Projektunterricht hebt sich durch die hohe Motivation von „herkömmlichen“ Unterrichtsformen ab“ (Traub 2011, 105). Doch ob diese – durchaus plausiblen – Annahmen auch tatsächlich in der Realität eintreten, ist bislang kaum untersucht worden.

„Einerseits werden euphorische Erwartungen mit dem Projektunterricht verbunden, andererseits wird beklagt, dass empirische Untersuchungen in breiterem Umfang fehlen, die die Effizienz von Projektunterricht bestätigen“ (Bieberbach/Killermann 2005, 33). Tatsächlich liegen bislang kaum empirische Ergebnisse vor, um diesen erwarteten Effekt zu belegen.

Dies ist auch deshalb schwierig, weil sehr unterschiedliche Definitionen von Projektunterricht vorliegen. So sind die wenigen empirischen Untersuchungen auch dahingehend zu hinterfragen, ob sie tatsächlich das messen, was sie vorgeben, also die Effekte auf Wissenszuwachs durch Projektunterricht. Eine der wenigen Untersuchungen, die sich das Ziel gestellt haben, mit qualitativen und quantitativen Methoden in einem anspruchsvollen Design die Wirksamkeit dieser Form des Lehrens und Lernens zu überprüfen, wurde zur Thematik „Lebensraum Bach“ im 3. Schuljahr durchgeführt (vgl. Bieberbach/Killermann 2005). In dieser Studie wurden Daten zu drei Zeitpunkten erhoben, nämlich in der Prä-, Post- und follow-up Phase ein Jahr nach Durchführung des Projektes. Der Fokus der Untersuchung lag beim Wissenszuwachs. Die Ergebnisse sind vielschichtig: „Während des Projektunterrichts zum Thema „Bach“ nahmen die biologischen Kenntnisse stark zu. [...] Überraschend war der unmittelbar nach Abschluss des Projektunterrichts bei den Schülern festgestellte große Umfang an Artenkenntnissen von Tieren und Pflanzen. Die vereinzelt geäußerten Zweifel, ob Schüler im Projektunterricht überhaupt etwas lernen, konnten durch die erreichten kognitiven Lernergebnisse weitgehend beseitigt werden“ (Bieberbach/Killermann 2005, 35). Dies entspricht durchaus den Praxiserfahrungen mit projektähnlichem Unterricht, dass das Detailwissen beobachtbar zu steigen scheint.

Doch die Autoren zeigen, dass ein Jahr nach Durchführung des Projekts nicht mehr das große Ausmaß an Kenntniszuwachs feststellbar war. „Die Erwartungen allerdings, dass im Projektunterricht Gelerntes lange im Gedächtnis haftet, wurde nicht grundsätzlich bestätigt und muss differenziert betrachtet werden. Während die Formenkenntnisse von Tieren nur in etwa 17 Prozent in einem Jahr zurückgingen, unterlagen die Formenkenntnisse von Pflanzen im gleichen Zeitraum einer signifikanten Vergessensquote und sanken um etwa 50 Prozent" (Bieberbach/Killermann 2005, 35).

Für die Grundschule liegen keine weiteren empirischen Untersuchungen vor, allerdings gibt es eine empirische Studie für das 6. Schuljahr (Wasmann-Frahm 2008). Am Themenfeld Boden wurde in einer Stichprobe von 170 Schülerinnen und Schülern einer kooperativen Gesamtschule in Schleswig-Holstein (Wasmann-Frahm 2008, 86) ein als Projektunterricht bezeichnetes Treatment von 10 Stunden durchgeführt. Für diese Stichprobe wurden die Effekte auf Faktenwissen, integriertes Wissen, Bewertungskompetenz und Handlungskompetenz (vgl. Wasmann-Frahm 2008, 98ff.) nach dem Projektunterricht durch eine Fragebogenstudie gemessen. Das Design bestand aus einem Prätest, einem Posttest und einer follow-up Befragung (vgl. Wasmann-Frahm 2008, 92). Beim Prätest und Posttest wurde auch eine Kontrollklasse hinzu genommen (vgl. Wasmann-Frahm 2008, 93). Bei einer derartigen Untersuchung kommt es vor allem darauf an, dass wirklich Projektunterricht gemessen wird. In dieser Untersuchung wurde ein Konstrukt von Projektunterricht angenommen, das sich aus den Kriterien Handlungsorientierung, Interesse, Selbstbestimmung und Kooperation zusammensetzt (vgl. Wasmann-Frahm 2008, 202). Dieses Kriteriengefüge kann auch im traditionell problemorientierten, naturwissenschaftlichen Unterricht umgesetzt werden. Die hier in diesem Buch favorisierten Kriterien der gesellschaftlichen Praxisrelevanz wurden nicht umgesetzt, sondern eher ein Minimalplan, der auch zum Projektunterricht zählt.

Relativierend muss weiterhin hinzugefügt werden, dass in sieben Parallelklassen nicht derselbe Projektverlauf zu erwarten ist. Umgekehrt sind 10 Unterrichtsstunden im Vergleich zum Gesamtvolumen von Unterricht nicht sehr viel.

Gleichwohl sind die Ergebnisse beeindruckend: „Als wichtigstes Ergebnis der Evaluation erwies sich der kognitive Lernzuwachs durch den Projektunterricht. Es konnte statistisch belegt werden, dass SchülerInnen Kompetenzen im Faktenwissen und im vernetzten Wissen erwarben. Auf allen Schulniveaus wurden Lernzuwächse in ähnlicher Höhe registriert. Die Lernentwicklungen erwiesen sich als langfristig stabil. Der Lernerfolg des vernetzten Wissens stieg noch nach der eigentlichen Unterrichtseinheit an" (Wasmann-Frahm 2008, 203). Auch hinsichtlich selbstbestimmten Lernens hat diese Studie erwartungsgemäß Fortschritte nach dem Projektlernen erwirkt. Lediglich für kooperatives Lernen konnte kein Zusammenhang mit den Lernergebnissen empirisch belegt werden.

Dagegen hat sich eine Interessensentwicklung der Schülerinnen und Schüler deutlich nachweisbar gezeigt (vgl. Wasmann-Frahm 2008, 204).

In dieser Untersuchung wurden auch Korrelations- und Regressionsberechnungen vorgenommen. „Dabei zeigte sich, dass bereichsspezifisches Wissen, vernetztes Denken, Motivation und Handlungsorientierung die Einflussfaktoren der Problemlösekompetenz bilden. Weitere statistische Berechnungen im Hinblick auf den Zusammenhang zwischen Kompetenzentwicklung und Projektlerndimensionen ergaben, dass die Ausprägungen aller Kompetenzen vor allem von einer Einflussgröße, der Handlungsorientierung, abhängen“ (Wasmann-Frahm 2008, 204). Diese Ergebnisse machen deutlich, dass das Handeln im Projektunterricht der zentrale Faktor ist, der auch positive Effekte für das Lernen hervorbringt. Deshalb sollten gerade die Merkmale verändernden Handelns besonders stark bei der Konzipierung von Projektunterricht bewertet werden.

1.4 Projekte in der Grundschule

Wir wissen, dass die Grundschule im Alltag andere Methoden des Lehrens und Lernens aufweist als die Sekundarstufe. Bislang ist aber in der Projektfrage noch nicht überlegt worden, worin das Spezifische von Grundschulprojekten liegt. Sicherlich kann das Unterscheidungskriterium nicht an bestimmten Inhalten festgemacht werden wie bei Knoll (2011), der bestimmte Themen für Grundschulprojekte benennt: „Das Lernen am Projekt kam also dann zum Einsatz, wenn in der Primarstufe Themen wie das Leben von Robinson Crusoe und King Arthur, aber auch von den Eskimos, Wikinger und Kolonisten konkretisiert, oder wenn in höheren Klassen, Lerninhalte wie ‘Transportwesen’, ‘Druckkunst’, ‘Kommunikation’ anhand von Gegenständen erarbeitet wurden, die sie selbst hergestellt haben“ (Knoll 2011, 58). Ganz abgesehen davon, dass diese Themen wie „Eskimos“ oder „Robinson Crusoe“ eher Themen klassisch informierenden Unterrichts sind und kaum Raum geben, gesellschaftlich verändernd zu handeln, also gar keine Projektthemen sind, ist es problematisch angesichts der Lernvoraussetzungsforschung (Seitz 2005, Schomaker 2007, Becher 2009, Menger 2010) davon auszugehen, dass Grundschulkinder nicht auch von den wesentlichen Fragen der Gesellschaft betroffen sind. Wenn wir dies annehmen, dass Grundschulkinder – und auch schon Kinder im Kindergartenalter – wesentlich von den Inhalten und Problemen ihrer Welt betroffen sind, darf Schule ihnen nicht Inhaltsleeres anbieten[4]. Vielmehr muss Schule und Unterricht zunehmend Partizipation in der Welt ermöglichen. An dieser Zielperspektive sind die Projektkriterien zu überprüfen. Ein sehr komplexer Ansatz dazu wird von Emer und

[4] Zur Kritik der bloßen Materialdifferenzierung vgl.: Kaiser, Astrid (1992): Das Konzept „Freie Arbeit“ im Spannungsfeld zwischen Materialdifferenzierung und Projektlernen – kritische Anmerkungen zu Problemen neuerer grundschulpädagogischer Bestrebungen. In: Die deutsche Schule 84 (1), S. 42–49.

Lenzen (2009) geboten. Sie verbinden gleichzeitig Projektkriterien mit der konzeptionellen Diskussion im Sachunterricht.

Überblicksmäßig lassen sich die Projektkriterien als Innenkreis, der von verschiedenen sachunterrichtsdidaktischen und schulpädagogischen konzeptionellen Ansätzen gespeist wird, in einer Grafik von Emer und Lenzen (2009) gut erkennen:

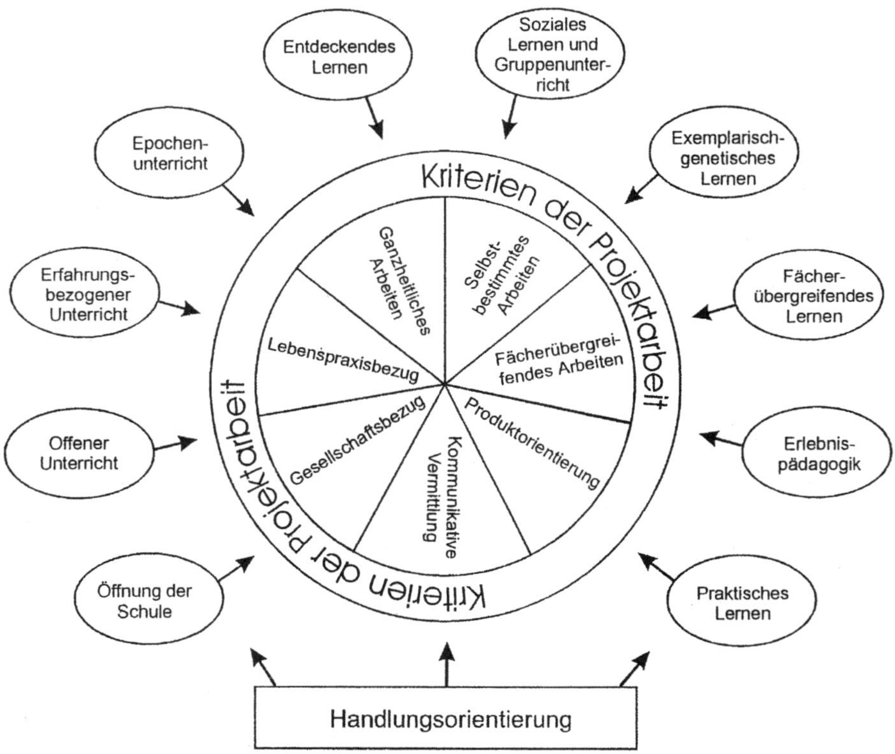

Abb. 1 Emer/Lenzen 2009, 211

Projektunterricht ist so gesehen auf Handlungsorientierung basierend, kann aber je nach Gewichtung der verschiedenen Kriterien auch in vielfältigen konzeptionellen Formen stattfinden.

2 Qualitätsmaßstäbe von Projektunterricht

Trotz vielfältiger konzeptioneller Gestaltung von Projektunterricht gibt es auch m. E. einige essentielle Qualitätsmaßstäbe, die erfüllt sein müssen, wenn es sich um wirklichen Projektunterricht handeln soll. Diese essentiellen Projektkriterien werden im folgenden Abschnitt aufgeschlüsselt.

2.1 Echtes Problem

Problemzentrierung oder Problemorientierung wird in vielen Projektkonzepten als wichtiger Maßstab genannt. Aber was das genau bedeutet, wird selten geklärt. Doch genau an diesem zentralen Kern, aus dem ein Projekt sich entwickeln soll, entscheidet es sich, ob ein Projekt seinen Namen verdient oder nicht. Dagmar Hänsel hat dafür einen sehr strengen Maßstab formuliert. Sie verbindet ein echtes Problem im Projektunterricht mit einer klaren gesellschaftlichen Bedeutung, indem sie definiert: „Unterricht, in dem Lehrer und Schüler ein echtes Problem in gemeinsamer Anstrengung und in handelnder Auseinandersetzung mit der Wirklichkeit zu lösen suchen, und zwar besser als dies in Schule und Gesellschaft üblicherweise geschieht“ (Hänsel 1999, 75). In anderen Projektdefinitionen wird auch die wirkliche Lösung und Verbesserung der Problemsituation in den Vordergrund gestellt, aber nicht ganz so stark auf die gesellschaftliche Relevanz verwiesen. So heißt es bei Duncker, ein Projekt sei dadurch gekennzeichnet, dass „eine problemhaltige Situation, die aufgegriffen, bearbeitet und verbessert, das heißt ein Stück weit auch ‘gelöst’ werden soll“ (Duncker 2004, 150). Die echte Problemsituation, die ansatzweise gelöst werden soll, ist in vielen Konzepten zum Projektlernen der Angelpunkt. Emer und Lenzen (1997) verlangen nicht nur, dass ein Projekt mit einer unabgeschlossenen konflikthaften Situation beginnt, sondern auch, dass diese exemplarisch für weitere ist, wenn sie sagen, die Projektidee knüpfe „an eine konflikthafte, in sich unabgeschlossene Situation an, in der strukturelle Zusammenhänge erfahrbar gemacht werden können“ (Emer/Lenzen 1997, 221).

Walter betont dagegen nur die Vereinbarungsseite beim projektorientierten Lernen, wenn er hervorhebt: Die „Inhaltsauswahl bzw. die Themen bestimmen sich nicht nur durch den Lehrplan, sondern entstehen durch eine Vereinbarung von SchülerInnen und LehrerInnen im Erleben und Erfahren ihrer Lebenswirklichkeit“ (Walter 2008, 163).

Ohne ein **echtes Problem, das aus der Wirklichkeit stammt**, ist es für die Lernenden nicht möglich, am Beispiel der gemeinsamen Konfliktbearbeitung und Konfliktlösung zu lernen, was es heißt, Demokratie zu gestalten und herzustellen. Die Perspektive demokratischen Lernens in Projekten verlangt es, dass Kinder nicht mit pädagogisch aufbereiteten Lernhäppchen, sondern mit echten Problemen konfrontiert werden, um dabei die Auseinandersetzung mit der Wirklichkeit zu leisten. „Schon am Anfang sollte bei der thematischen Ideenfindung eine projektspezifische Akzentuierung geschehen, d.h. das Thema in der gesellschaftlichen und lebensweltlichen Realität der Schüler und Lehrer seinen Ausgangspunkt finden und nicht etwa in einer Stoffsystematik“ (Emer/Rengstorf 2008, 20). In diesem Punkt grenzt sich das hier vertretene Verständnis von Projektunterricht deutlich von dem von Frey ab (vgl. Frey 2005, 62). Frey sieht jedes beliebige Thema für machbar an, hier werden dagegen nur echte und problemhaltige Ausgangssituationen für projektspezifisch angesehen. Dies entspricht der Position von Gudjons und Hänsel. Denn „im Gegensatz zu Frey verwenden Gudjons und Hänsel vorrangig den Begriff ‘Projektunterricht’. Der wesentlichste Unterschied zu Freys Projektmethode besteht darin, dass nicht jeder beliebige Inhalt im Projektunterricht thematisiert werden kann sowie dass die Projektinitiative ein Problem für die Schüler darstellen muss“ (Lang 2009, 573). In der Praxis überwiegen allerdings Vorschläge für Projektunterricht, die eine weite Definition der Ausgangssituation vornehmen. So heißt es bei Schneider zur Frage des Einstiegs in ein Projekt: „Am Anfang steht eine Idee. Dies kann ein besonderer Lernort, den der Lehrer einbeziehen möchte, ein aktuelles Thema, über das besonders ausführlich in den Medien berichtet wird, ein Themengebiet, das sich aus dem Unterricht heraus entwickelt hat oder einfach ein fächerübergreifendes Thema sein“ (Schneider 2005, 35). Diese weit gefassten Vorstellungen geben die qualitative Grenze zwischen Projektunterricht und alltäglichem Unterricht auf. Denn aktuell und fächerübergreifend und in außerschulischen Lernorten sollte guter Unterricht generell sein. Das Wesentliche des Projektunterrichts sollte in der **forschenden Herangehensweise an ein echtes Problem**, das für die Lernenden zu einem subjektiven Problem geworden ist, liegen.

Die Forderung nach „echten Problemen“ führt das Projektlernen in die didaktische Forderung des lebensnahen Lernens. Denn „es kommt im Projektunterricht [...] darauf an, das Leben wieder am Leben zu lernen“ (Gudjons 2005, 5). So betrachtet bietet Projektunterricht auch eine Annäherung an andere reformpädagogische Qualitätskriterien wie Lebensnähe. Es geht darum, in Projekten „eine Sachlage [...], wie sie in der Wirklichkeit vorkommt“, (Gudjons 2008, 79) in den Mittelpunkt zu stellen. Hier schließt sich ein weiteres zentrales Kriterium an, denn bei einer echten authentischen Situation ist in den meisten Fällen auch ein konkreter regionaler Bezug gegeben. Gudjons nennt dies „Situationsbezug“. Damit ist gemeint, dass Projekte sich von konserviertem Lernen deutlich unterscheiden. Sie „haben [...] einen anderen ‘Ernstcharakter’ als manche, der bloßen Stoffvermittlung dienende Unterrichtsstunde; sie greifen bisweilen sogar direkt in die lokale Entwicklung ein, verändern praktisch etwas“ (Gudjons 2008, 81). Eine problemhaltige Ausgangssituation ist in der Regel auch situativ oder zumindest regional in der Erfahrungswelt der Kinder verankert.

2.2 Gesellschaftliche Praxisrelevanz

Projekte sollen etwas in der Realität bewirken, sie sind nicht primär auf das lernende Erschließen der Welt ausgerichtet. Natürlich kann jedes Lernen selbst auch ein wenig die Welt verändern, wenn daraus Konsequenzen gezogen werden. Jede Alphabetisierungskampagne in Südamerika kann auch die Folge haben, dass Menschen Pachtverträge besser lesen können und ihre Rechte besser durchsetzen können. Aber derartige Auswirkungen von Lernen sind auf langfristige Perspektiven ausgerichtet. Anders sieht es beim Projekt aus. Das Projekt soll unmittelbar am Ende auf eine **gesellschaftliche Veränderung** hinwirken. Dagmar Hänsel formuliert sogar einen Wertmaßstab für diese Veränderungen, nämlich in Richtung auf Humanisierung von Schule und Welt (vgl. Hänsel 1999, 76). Sie schränkt ein, dass dies wenigstens das Ziel schulischer Projektarbeit sein solle: „Auch wenn diese Utopie mit dem Abschluss des geplanten Veränderungsversuchs wieder zerfällt, schafft sie doch für das Handeln in der Praxis eine neue Perspektive" (Hänsel 1999, 76). Die gesellschaftliche Praxisrelevanz als Kriterium ist deutlich weiter gehend als der allgemeine Begriff Gesellschaft, den Emer/ Lenzen (2008) verwenden. Nach ihrer Meinung soll „das Projekt an reale, gesellschaftlich relevante Probleme und Bedürfnisse anknüpfen" (Emer/Lenzen 2008, 16). Eine bloße Anknüpfung wäre im Sinne der gesellschaftlichen Praxisrelevanz zu wenig spezifisch. Mit gesellschaftlicher Praxisrelevanz sind auch das Konflikthafte eines Problems und die Möglichkeit gesellschaftlicher Veränderung gemeint. Dieses erweiterte Projektverständnis wird auch im vorliegenden Buch vertreten.

Hier kann leicht der Einwand erhoben werden, dadurch geschehe eine Überforderung der Kinder. Doch in ihrer Entwicklung als Auseinandersetzung mit der Umwelt haben Kinder immer den Wunsch, etwas bewirken zu wollen. Oft glauben sie allerdings, dass die Welt entweder durch autoritäre Systeme gesteuert ist oder sich technisch-funktional entwickelt. Diese unrealistischen Modelle von Welt verbauen die Möglichkeiten einer Weltsicht, die auf demokratische Veränderung und menschliche Gestaltung gerichtet ist. „Wenn unsere Kinder langsam zu der Überzeugung gelangen, dass die Welt per Knopfdruck oder per Mausklick funktioniert, tut die Schule gut daran, ihnen zu zeigen, dass sie selbst verantwortlich für ihr Leben sind und Dinge selbst in die Hand nehmen müssen, wenn sie sie verändern wollen. Der Projektunterricht ermöglicht diese Erfahrung" (Heimlich 1992, 26). Gesellschaftliche Praxisrelevanz in Projekten macht das Leben der Lernenden nicht schwieriger, sondern eröffnet ihnen die Möglichkeit, diese Welt und sich selbst auch aktiv zu verändern.

Die **gesellschaftliche Praxisrelevanz** gilt nicht nur für den Anfang eines Projekts bei der Auswahl des Projektproblems, sondern **durchzieht auch den gesamten Prozess**. Das Recherchieren und Erkunden in der Hauptphase des Projekts kann und darf sich nicht auf schulisch reduzierte Lernmedien und Lernmaterialien beschränken. Vielmehr geht es ja darum, etwas Neues zu erkunden und zu finden.

Von daher muss die Hauptphase eines Projekts den Blick nach draußen in die gesellschaftliche Wirklichkeit werfen. Es müssen Beobachtungen, fotografische und filmische Aufnahmen, Messungen oder Versuche vor Ort vorgenommen werden. Es müssen Interviews mit den betroffenen Menschen geführt werden. Mit anderen Worten: Ein Projekt muss in der Erhebungsphase in großen Teilen vor Ort passieren und kann sich nicht auf das Klassenzimmer reduzieren. Diem-Wille erklärt die außerschulische Wirklichkeit sogar zu einem zentralen Kriterium für ein Projekt: „Ein Projekt hat einen Zusammenhang mit der Realität außerhalb der Schule. Es stammt aus der Erlebniswelt des Schülers und ist nicht eine für den vorgeschriebenen Unterricht arrangierte Schein- oder Ersatzrealität" (Diem-Wille 1982, 473).

Aber auch der Abschluss eines Projekts muss gesellschaftliche Praxisrelevanz zeigen, die Ergebnisse können nicht in der Sachunterrichtsmappe verschwinden, sondern müssen auf die Wirklichkeit stoßen. Das Kriterium der Produktorientierung (vgl. Gudjons 2008, 86–89) muss immer auch auf die gesellschaftliche Wirklichkeit bezogen verstanden und an ihr überprüft werden. Am Ende eines Projekts muss immer untersucht werden, ob die Ergebnisse „nicht nur einen Lern- und Entwicklungszuwachs bedeuten, sondern auch eine Veränderung ihrer Umwelt mit sich bringen" (Hänsel, 1999, S. 86). Gerade in diesem **Merkmal einer wirklichen gesellschaftlichen Bedeutung, die über das singuläre Schülerinteresse hinausgeht**, liegt ein wesentlicher qualitativer Sprung gegenüber klassischem Unterricht, der „nur" die Aufgabe hat, vorhandenes Wissen zu reproduzieren. „Projektunterricht dreht sich also nicht nur um die SchülerInneninteressen, sondern hat eine Relevanz für die Gesamtgesellschaft und dient somit einer Höherentwicklung aller: Projekte greifen im besten Fall in das gesellschaftliche Leben direkt ein, entwickeln Handlungspläne und wirken nachhaltig" (Lang 2009, 574). Genau im Kriterium des Öffnens des Unterrichts in die gesellschaftliche Wirklichkeit liegt das zentrale Merkmal von Projektunterricht. Projektunterricht findet zu großen Teilen **im Feld der gesellschaftlichen Realität** statt und hat als Ziel, dort zumindest einen Schritt realer Veränderung zu bewirken. Allerdings ist auch Schule als gesellschaftliche Institution ein Teil der gesellschaftlichen Wirklichkeit und kann in bestimmten Aspekten auch Gegenstand von Projekten sein, wie die Beispiele im 3. Kapitel unter 3.3. zeigen. Schon bei Dewey kann man diese Sichtweise von Schule finden: „Dewey betrachtet [..] Schule als Teil der realen Lebenswelt der Kinder, keineswegs als einen vom Leben abgetrennten Schonraum" (Fournés 2005, 39). Es muss also unterschieden werden zwischen Schule als Gegenstand von Projektaktivitäten und Schule als Ort systematischer Wissensvermittlung.

2.3 Gemeinsame Problemlösung

Projektunterricht wird als Prototyp partnerschaftlichen Lernens gesehen, bei dem beide, Lehrpersonen sowie Schülerinnen und Schüler, gleichermaßen an der Lösung des ihnen unbekannten Problemausgangs arbeiten. **Lehrpersonen kommen aus der aktiv führenden Rolle hin zur beratenden Rolle**. Soweit stimmen alle Autoren und Autorinnen überein. Doch dieses ideale Modell muss auch realistisch betrachtet werden, denn die Lehrpersonen haben qua Position und Aufgabe immer auch eine führende Rolle, weil „nur sie die Macht haben, die Problemauseinandersetzung wieder abzubrechen" (Hänsel 1999, 85). Unrealistisch wäre es, wenn Projekte als rein von Schülerinnen und Schülern kreiert verstanden werden. Denn „auch eine Verständigung über die Lehrer- und Schülerinteressen ist erforderlich, wäre es doch ein fataler Irrtum zu meinen, alle Projektvorschläge dürften nur von Schüler/innen kommen" (Gudjons 2005, 5). Eine gemeinsame Problemlösung verlangt ein **ausgewogenes Verhältnis zwischen den Interessen und Zielen von Lehrpersonen und Kindern** einer Grundschulklasse.

Eine wichtige Voraussetzung für die Gemeinsamkeit der Lösung ist es, dass die **gesamte Klasse an diesem einen Projektproblem** auch arbeiten will. „Wichtigstes Ziel ist es (dabei), dass sich alle Teilnehmenden mit dem Projektthema identifizieren" (Gudjons 2005, 5). Dies ist nicht immer einfach, denn Schülerinnen und Schüler aus heterogenen Grundschulklassen kommen aus unterschiedlichen sozialen Bedingungen. Während die einen Familien ökologisch orientiert sind und die Lärmbelastung eines neu geplanten Flughafens vor Ort ablehnen, besteht in anderen Familien die Hoffnung auf neue Arbeitsplätze. Diese Balance zwischen unterschiedlichen Vorerfahrungen, vorherigen Einstellungen und Orientierungen muss vor Beginn eines Projekts geleistet werden, sonst kann kein gemeinsames Projektlernen gestartet werden.

Die gemeinsame Problemlösung kann sich nicht nur auf Lehrpersonen und Kinder beschränken. **Auch andere Personen** sind in einen solchen anspruchsvollen Problemlösungsprozess einzubeziehen. Dagmar Hänsel nennt explizit Eltern, Großeltern, Referendare oder Wissenschaftler (vgl. Hänsel 1999, 88). In den in diesem Buch beschriebenen Projekten kommen auch lokale Umweltschutzgruppen, Tierschutzverbände, der Naturschutzbund, die örtliche Feuerwehr, überregionale Anti-AKW-Initiativen, Opferverbände, Interessensverbände wie Pro Asyl, die örtliche Polizei und viele andere als Partner der gemeinsamen Problemlösung infrage. Aber auch der Realitätscharakter eines Projekts wird durch Kontakte mit diesen Expertinnen und Experten vor Ort erweitert: „Der Kontakt zur außerschulischen Realität erhöht den Ernstcharakter der Projektarbeit" (Emer/Lenzen 2008, 16).

Organisatorisch muss die **gemeinsame Projektplanung auch materialisiert sichtbar** sein. Eine besonders einfache Form ist ein Projektordner, auf dessen Rückenschild die Projektfrage deutlich sichtbar aufgeschrieben wird. Innerhalb des Ordners können verschiedene Rubriken eingeteilt werden, wie „Fragen und Ergebnisse", „Was wir tun?" etc. Anstelle eines Ordners kann die Dokumentation des Projektfortschritts auch auf einer großen Wandtafel geleistet werden. Es sind noch weitere Dokumentationsformen des Projektfortschritts denkbar. Sie müssen nur sehr flexibel sein, damit das Projekt „immer wieder neu als gemeinsamer Plan begründet, hinterfragt und verändert werden“ (Hänsel, 1999, 85) kann.

Praktikabel neben der Ordnerform ist auch die Wandzeitung als Dokumentation des Projekts. Sie ist besonders übersichtlich und kann auch grafisch durch Bilder und Skizzen übersichtlich gestaltet werden. Das Ziel des Projektes sollte auf beiden Plänen stehen, wie: „Wir wollen, dass wir eine Streuobstwiese haben, auf der wir auch spielen können“. Auf dieses Ziel hin hat sich die Planung flexibel auszurichten. König nennt das Projektziel „Projektauftrag“ und fordert ebenfalls schriftliche Festlegungen: „Der Projektauftrag sollte schriftlich formuliert werden. In Industrieprojekten wird der Projektauftrag in der Regel von Auftraggeber und Projektleiter unterschrieben, das schafft Verbindlichkeit“ (König 2006, 93).

Ein gutes Projekt steht und fällt mit der **Möglichkeit der Kommunikation untereinander**. Nur wenn die Ergebnisse der verschiedenen Gruppen, die Erkundungsergebnisse einzelner Schülerinnen oder Schüler immer wieder gemeinsam geprüft, verglichen, diskutiert und ausgelotet werden, kann gemeinsame Problemlösung gelingen. Denn bereits in der Kommunikation kann aus verschiedenen Aktivitäten der Lernenden ein neuer Erkenntnisprozess entstehen. „Erst wenn das Beobachtete im gemeinsamen Gespräch auf seine Bedeutung hin ausgelotet worden ist, können wir vom Bildungsprozess sprechen“ (Kaiser 2004b, 49). Aber auch wegen der vielfältigen Lösungsmöglichkeiten bei Projekten ist es sinnvoll, dass Projektarbeit vor allem in Gruppen geschieht. Das einzelne Kind könnte Wichtiges übersehen oder einen zu engen Lösungsweg gehen. Hier hilft die Gruppe als Korrektiv. Denn „ein Lernprojekt ist grundsätzlich ein weites, unsicheres Terrain für Lernende mit möglichen Irrungen und Überforderungen des Einzelnen. Deshalb ist Lernen im Projekt regelmäßig Arbeit in Kleingruppen. Jedes Gruppenmitglied bringt seine Kräfte und Einsichten ein, so dass Erfolge zustande kommen können, die dem Einzelnen kaum möglich wären“ (Reinhardt 2007, 94).

In Projekten wird immer wieder betont, wie wichtig das eigenaktive Handeln der Kinder ist. Dies ist auch ein zentrales Ziel. Aber gleichzeitig ist Projektarbeit ein gemeinsames Handeln, bei dem auch die Lehrperson eine wichtige Funktion hat. Die **Selbstständigkeit und Selbstorganisation der Kinder** ist kein Selbstläufer – gerade im Grundschulalter. Auch bei den Planungsprozessen sollte die Lehrperson immer wieder beratend eingreifen. Eine Lehrperson muss an allen Rechercheorten, sei es Bibliothek, Computerraum, Fotoarchiv, Kartenraum im Schulkeller, immer wieder präsent sein und für Hilfestellungen bereit stehen und bei Fragen der Kinder unterstützend antworten, ohne bevormundend zu sein oder Ergebnisse vorwegzunehmen.

Noch wichtiger als diese ständige Bereitschaft zur Unterstützung ist die vorbereitende Planung. Sobald ein Projekt in der Klasse geplant wird, ist es wichtig, dass die Lehrperson sich fachlich kundig macht und auf mögliche inhaltliche Schwerpunkte vorbereitet (vgl. Gudjons 2008, 83). Je besser eine Lehrperson inhaltlich vorbereitet ist, umso erfolgreicher erfolgt auch die Selbstorganisation der Kinder, weil sie nicht ständig in Sackgassen laufen, sondern eher zu Erfolgen bei der Recherche, Beobachtung oder Literatursuche kommen. So ist es beispielsweise beim Projekt zur Bewahrung einer Streuobstwiese fundamental bedeutsam, dass die Lehrperson über die Fragen der natürlichen Schädlingsbekämpfung informiert ist, damit überhaupt eine schützende Pflanz-Umgebung für die Bäume errichtet werden kann. Die Ergebnisse der Vorplanung der Lehrperson dürfen aber nicht Geheimwissen bleiben, sondern müssen offen und klar in die gemeinsame Projektplanung eingebracht werden. Wenn alle offen und ehrlich ihren jeweiligen Wissensstand einbringen, kann gemeinsame Planung gelingen und damit ein nach Gudjons wichtiges Projektkriterium erfüllt werden (vgl. Gudjons 2008, 83).

Zur gemeinsamen Projektplanung gehört auch die Institutionalisierung des Gemeinsamen. Das sind Gesprächskreise über das schon Erreichte in den Gruppen, das Versammeln vor einer Wandtafel, einer Pinnwand oder einem White board, wo der gemeinsame Arbeitsprozess dokumentiert wird. So können immer wieder neue Planungsschritte gemeinsam beschlossen und die bisherigen Ergebnisse ausgewertet werden. In solchen Phasen der Sammlung besteht auch die Möglichkeit, dass die Kinder sich wechselseitig Tipps und Hilfestellungen geben und so die kooperativen Arbeitsprozesse intensivieren. So vertiefen sich auch in diesen Phasen des Sammelns Möglichkeiten des sozialen Lernens, die Gudjons nicht nur für die Gruppenarbeit als besonders wichtige Merkmale von Projekten betrachtet (vgl. Gudjons 2008, 85 f.).

Es geht aber nicht nur um das inhaltliche Zusammentragen im Sinne von Gaudigs Gedanken zur Arbeitsvereinigung nach der arbeitsteiligen Gruppenarbeit (Gaudig 1917), sondern auch um die metakognitive Reflexion des bisherigen Prozesses. Hierfür hat Frey (1982, 53) einen sehr brauchbaren Begriff gewählt. Er nennt dieses Monitoring des bisherigen Prozesses und die mögliche Umorganisation der weiteren Arbeit **„Fixpunkt“** und fordert, in Projekten mehrere Fixpunkte einzuplanen und zuzulassen. Nach seiner Vorstellung kann Selbststeuerung und Eigeninitiative der Lernenden gerade durch solche Fixpunkte der rückschauenden Selbstreflexion besonders gefördert werden.

Um den Prozess der gemeinsamen Problemlösung in einer sehr komplexen Situation produktiv zu gestalten, gehört es, eine Vielzahl an Steuerungsformen zu ermöglichen. Es bedarf einer Visualisierung, etwa in Form eines Projektplakates, um die Projektfrage und das Problem nicht aus dem Auge zu verlieren. Aber auch die Wahl von Kindern als Moderatorinnen und Moderatoren der Gruppen dient diesem Zweck, denn „eine wichtige Rolle spielt zu Beginn die Aufgabe, die Kommunikation innerhalb der Gruppe möglich zu machen, z. B. durch die Bestimmung eines Moderators“ (Emer/ Rengstorf 2008, 21).

Alle strukturierenden Formen des Projektprozesses wie „Fixpunkte“ sollten für alle Kinder klar erkennbar sein. Besonders fruchtbar ist es, wenn diese Besprechungen der Zwischenergebnisse in ritualisierter Form (vgl. Kaiser 2010) geschehen. Ein Gong zur Einleitung, eine Handpuppe, die Fragen stellt oder ein roter Faden, der symbolisch von der Hauptfrage des Projektes an der Pinnwand quer durch die Klasse gespannt wird, sind wichtige Elemente, derartige Rituale sichtbar auszugestalten.

Es geht in Projekten nicht nur um die **gemeinsame Problemlösung** während des Projekts, sondern auch darum, in dieser Lernform eine **Grundlage für zukünftige Demokratisierung** zu legen. Schon Dewey sah es als wesentliche Chance des Projektlernens an, einen Beitrag zur Erziehung für die Demokratie zu bieten. Aus der sozialen Auseinandersetzung im Projektlernen soll also die Befähigung für ein zukünftiges demokratisches Handeln entwickelt werden. „Projekte, die ihren Prozess konsequent am Prinzip der Schülerbeteiligung orientieren, konfrontieren Schülerinnen und Schüler mit Fragen der Gegenwart und der demokratischen Entwicklung. Sie ermöglichen Verhaltensänderungen und den Aufbau demokratischer Werte und Haltungen. Und sie zeigen, dass Schülerbeteiligung Handlungsfelder braucht, in denen das Gespräch und der Meinungsstreit über das Projekt und das Lernen Raum hat“ (Beutel 2009, 31). Die Verbindung von kooperativem Projektlernen zur Stärkung einer demokratischen Kultur erscheint mir ein unabdingbares Merkmal von schulischen Projekten zu sein.

Im Begriff der gemeinsamen Problemlösung steckt allerdings nicht nur die Dimension des Sozialen und Kooperativen, sondern auch, dass ein Problem tatsächlich gelöst wird.

Hier unterscheiden sich viele Projektunterrichtstheoretiker. Hänsel nimmt die Frage der tatsächlichen Problemlösung nicht so wichtig. Für sie sind die pädagogischen Effekte der Projektarbeit, die sich für alle Beteiligten und die Schulentwicklung ergeben, das Primäre (Hänsel 1997, 75). Der Weg ist also wichtiger als das Ziel. Gudjons dagegen will explizit „gemeinsam einen Plan zur Problemlösung entwickeln“ (Gudjons 2008, 82). Da Hänsel selbst sehr anspruchsvolle, gesellschaftlich relevante Themen in den Mittelpunkt der Projektarbeit stellen will, die als Ganzes tatsächlich kaum lösbar sind, wie Naturkatastrophen oder die ungleiche Verteilung in der Welt, legt sie den Wert weniger in die Lösung des Problems und mehr auf den Lern- und Entwicklungsprozess der Beteiligten. Meines Erachtens lässt sich ein Kompromiss aus der Position von Hänsel und Gudjons ziehen. Ich stimme Hänsel zu, besonders anspruchsvolle Projektthemen zu wählen, wenn sie denn für Kinder ein echtes Problem darstellen. Als Problemlösung würde ich aber auch Teilschritte bezeichnen, die hin zur generellen gesellschaftlichen Problemlösung führen. Auch eine Ausstellung samt Podiumsdiskussion zur Frage des Schutzes der Menschen vor Atomkraftgefahren ist m. E. ein wichtiger Schritt zur Mobilisierung von mehr Menschen und ein Schritt hin zu weiterem veränderten Handeln.

Ein wichtiger Effekt des intensiven kooperativen Lernens in Projekten liegt auf der Ebene des sozialen Lernens. Es werden vielfältige Anlässe gegeben, dass Kinder miteinander kooperieren und soziale Erfahrungen mit sich und anderen machen. Dies gibt **Chancen zum Einüben sozialer Handlungsstrategien** und erübrigt manche Kurse im sozialen Lernen. „Dadurch, dass in der Projektwoche Raum für gruppendynamische Prozesse gegeben wird, vielfältige Sozial- und Arbeitsformen praktiziert werden und der Bezug zu einem Adressaten besteht, können sich Fürsorge, Verantwortungsgefühl, Achtung und wissendes Verstehen entwickeln" (Jäger 1998, 99). Derartige soziale Lernprozesse laufen eher informell und sind sachlich begründet, so dass eine nachhaltige Wirkung zu erwarten ist.

2.4 Aktivierung der Kinder

Ein wirkliches Projekt muss in den lebensweltlichen Erfahrungen der Kinder schon bedeutsam gewesen sein, sonst kann der nicht erforderliche Motivationsschub erfolgen, der zum Durchhalten der langen und oft auch mühseligen Projektarbeit beiträgt. Bloße Erfahrung reicht allerdings nicht aus, es muss auch ein Interesse an der Frage bei einem großen Teil der Klasse schon zu Anfang gegeben sein, damit alle Kinder dann schließlich „mitgerissen" werden können (vgl. Gudjons 2008, 80).

Für Kinder ist der eigene Name von hoher Bedeutung, aber sie lieben es auch, Dingen, Puppen oder Tieren einen Namen zu verleihen. Deshalb knüpft es an diesem anthropologischen Motiv an, wenn die Klasse zu Beginn ihres Projekts auch animiert wird, **dem Projekt einen Namen zu geben**. Hauke Rohloff (2011) gibt ein Beispiel dafür, dass auch ein so technisch klingendes Thema wie Atomkraft zu einem Thema der Kinder werden kann und somit besonders aktivierend für alle wirkt. In seinem Beispiel werden alle Namensvorschläge gesammelt und drei Favoriten ausgewählt, diese waren: „Atomkraft", „Atomkraft ist schlecht für Umwelt und Mensch" und „Wir wollen keine Atomkraft". Anschließend fand eine geheime demokratische Abstimmung statt, um das endgültige Thema auszuwählen. Die Lehrperson hatte dabei kein Stimmrecht, sondern fungierte als Wahlleitung. Derartige Schritte schon in der Anfangsphase eines Projekts sind eine gute Basis für den weiteren Projektverlauf. So wird ein Projekt immer mehr zu einem eigenen Projekt der Kinder.

Ein weiteres Moment der Aktivierung ist, dass auf die **speziellen Interessen der Kinder** Rücksicht genommen wird. So ist manchmal der Wunsch von Kindern für eine Arbeitsgruppe aus dem theoretischen Wissen der Lehrperson nicht zielführend genug fürs Projektthema. Es wäre aber fatal, wenn man in einem Projekt „an den Bedürfnissen und Fragen der Schülerinnen und Schüler vorbeigeht" (vgl. Gudjons 2008, 80). Vielmehr ist es entscheidend, dass die Kinder in einem Projekt nicht nur bei der Gesamtfragestellung und dem Herausarbeiten des Zieles, sondern auch im gesamten Forschungsprozess eine aktiv führende Rolle haben: „Im Projektunterricht besteht die Möglichkeit, dass die Schüler von ihren eigenen Erfahrungen ausgehen, Probleme und Interessen in den Unterricht einbringen, sowohl in die Zielformulierung als auch bei der Durchführung“ (Diem-Wille 1982, 475). Dies ist allerdings nicht nur eine Chance, sondern auch eine große Anforderung für diejenigen Schülerinnen und Schüler, die sich eher passiv verhalten. „Viele Schüler haben große Umstellungsschwierigkeiten; sie finden es bequemer, nicht selber nachdenken zu müssen, abprüfbaren Stoff zu reproduzieren, statt einen Bezug zwischen Lernen und Leben herzustellen“ (Diem-Wille 1982, 476). Dies kann dazu führen, dass ein Projekt in seiner Dynamik gebrochen wird. Deshalb ist es wichtig, dass Projektformen allmählich entwickelt werden. Schon in der Kindertagesstätte ist es möglich, kleine Projekte zu entwickeln, um die Aktivitätsfreude aller Kinder zu entfalten. Anspruchsvolle komplexe Projekte sollten erst dann begonnen werden, wenn die Arbeitsmotivation aller Kinder durch vorherige projektorientierte Formen gut entfaltet ist.

In Gruppen kann es schnell passieren, dass sich einzelne Kinder zurückziehen und andere tätig werden lassen. Bei Projekten ist es jedoch erforderlich, dass alle an dieser umfassenden und anspruchsvollen Arbeit mitwirken. Dies kann wesentlich durch die Steuerung der Aufgabenübernahme geleistet werden. „Wichtig ist, dass jeder Projektteilnehmer eine Aufgabe übernimmt, die eine wesentliche Teilaufgabe zur Zielerreichung umfasst“ (Schneider 2005, 35). Deshalb sollten im Projektplan nicht nur die Aufgaben verzeichnet werden, sondern auch die Namen der Verantwortlichen, die zu ihrer Lösung beitragen sollten.

Ein weiterer wesentlicher Faktor der Aktivierung der Kinder ist es, dass Projektinhalte **in ihrem Erfahrungshorizont Bedeutung** haben. Dies wird gemeinhin mit Lebensnähe in der Didaktik und mit Situationsorientierung in der Projekttheorie bezeichnet. Aber auch da gilt es, zwischen zwei extremen Positionen abzuwägen, nämlich dass einerseits das Problem nicht zu sehr vertraut ist und die Kinder mangels Spannung gar nicht aktiviert werden. Andererseits darf das Problem nicht zu fremd sein, was kein Interesse erwachsen lassen kann: „Der Situationsbezug muss vom Lehrer oder der Lehrerin sorgfältig daraufhin überprüft werden, ob er für den Erwerb von Erfahrungen geeignet ist, ob er also von den Erfahrungen der Schüler nicht zu weit weg ist, andererseits aber auch so neuartig ist, dass er ein echtes Problem darstellt“ (Gudjons 2008, 79).

Ein bedeutsames Moment bei Projekten liegt in ihrer **Vielperspektivität der Ziele und des Prozesses**. Projekte sprechen nicht nur die kognitive Seite an, die beim üblichen schulischen Lernen weitgehend dominieren[5]. „Beim Arbeiten an [...] Projekten sind die Lernenden mit ihren Gefühlen, ihrem Denken und ihrem Handeln zugleich beteiligt. (Dies ist eine zentrale) Bedingung für wirksames Lernen junger Menschen“ (Faust-Siel/Ramseger u.a. 2001, 46).

[5] In einer Untersuchung der modernen Sachunterrichtsbücher haben wir herausgefunden, dass die meisten Lernaufgaben lediglich kognitive Dimensionen ansprechen (Kaiser/Albers 2010).

Generell gilt eigenaktives Lernen als der entscheidende Motor für erfolgreiches Lernen und für das Projektlernen generell. Es wird dabei oft idealisierend von einem selbstbestimmten Lernprozess ausgegangen. Hier weist Traub allerdings darauf hin, dass es zwischen diesem Anspruch und der Praxis in Projekten in dieser Dimension deutliche Diskrepanzen gibt: „Die gängige deutschsprachige Projektliteratur benennt Merkmale selbstgesteuerten Lernens als zentrale Bestandteile eines Projektunterrichts. Lernende dagegen schätzen sich selbst im Projektunterricht eher wenig selbstgesteuert ein, und diese Einschätzung wird von Lehrenden bestätigt“ (Traub 2011, 93).

Deshalb wird in diesem Buch die Position vertreten, dass es nicht um Ideale und Normen in Projekten gehen sollte, sondern um Prozesse hin zu einem Ziel. Die Aktivierung der Kinder sollte möglichst weit entwickelt werden, indem sie nicht primär kognitiv angesprochen werden, sondern in ihrem gesamten Erfahrungshorizont den Sinn des Projektlernens verstehen und ihn von ihrer Motivlage her tragen.

Aktivierung im Sinne des Projektansatzes bedeutet also, dass alle Kinder sehr intensiv arbeiten. Dies ist nicht immer im tradierten Unterricht der Fall. Im Gegenteil: es lässt sich vielfach Langeweile auch im Grundschulunterricht (vgl. Lohrmann 2008) belegen. Wenn also der Prozess eines Projektes alle Kinder begeistert und sie verstärkt „echte Lernzeit“ haben, ist dies ein wesentlicher Erfolg. So wertet Gudjons sogar, dass bei Projekten der Weg wichtiger sei als das Ziel: „Letztlich ist nicht das Produkt entscheidend, sondern die Qualität des Prozesses, der zum Produkt geführt hat“ (Gudjons 2005, 7). Allerdings ist das Ziel auch wiederum wichtig, um die Motivation des aktiven Auseinandersetzungsprozesses mit dem Projektproblem aufrecht zu halten. Lang hat das herkömmliche Verständnis, das Ergebnis eines Projekts müsse etwas Gegenständliches sein, etwas relativiert und auch die Einstellungsveränderung als Moment eines Projektprodukts betont: „Die Produkte sind zumeist etwas Gegenständliches, sollen aber auch einschneidende Einstellungsänderungen bei SchülerInnen mit sich bringen (z. B. dem Umweltschutzgedanken gegenüber)“ (Lang 2009, 575). Ein bestimmtes konkretes Projektprodukt ist nicht das Hauptkennzeichen von Projekten. Es ist auch möglich, dass verändertes Denken, Handeln und veränderte Einstellungen die Ergebnisse von Projekten sein können.

Eine aktive Arbeitshaltung stellt sich aber nicht von allein ein, nicht alle Kinder haben zu Anfang ein gleich hohes Niveau an Motivation, die Projektfrage zu lösen. Hier ist vor allem eine kompetente Beratungspraxis, besonders in der Einstiegsphase zu einem Projekt, gefragt (vgl. Jessen 2011). „Zentral sind gezieltes, inhaltliches Strukturieren sowie das sensible Steuern von sozialen Prozessen. Wesentlich ist dabei, dass der Lehrer Überblick über Inhalte und soziale Konstellationen zeigt und selbige nutzt, um einen motivierenden Start in die Erarbeitungsphase zu geben“ (Jessen 2011, 27). Dabei kommt es aber auch darauf an, dass Lehrerinnen und Lehrer gezielt das Prinzip „Kinder lernen von Kindern“

ermöglichen: „Die Kunst der Lernberatung in der Erarbeitungsphase besteht darin, als Lehrer möglichst häufig Prozesse zu etablieren, in denen die Schüler sich gegenseitig unterstützen und weiterbringen" (Jessen 2011, 28).

Insgesamt gilt, dass die vielen Kompetenzen, die Projektunterricht von Schülerinnen und Schülern abverlangen, nicht per se entstehen, sondern schrittweise aufgebaut werden müssen. „Projektunterricht stellt ein sehr anspruchsvolles Unterrichtskonzept dar. Damit dieses Konzept erfolgreich sein kann, müssen die Lernenden über bestimmte Kompetenzen verfügen, sich diese aneignen, um sie dann selbstständig anwenden zu können. Dazu muss Projektunterricht auch als Lernprozess aufgefasst werden" (Traub 2011, 110). Dies heißt, dass im Vorschulalter andere Projekte durchgeführt werden als im 4. Schuljahr. Immer wieder geht es darum, auch den Erwerb der wichtigen Qualifikationen für anspruchsvolle Projektarbeit zu erwerben, wie Recherchestrategien, Interviewtechniken, Dokumentation unterschiedlicher Positionen oder verschiedene Aufnahmetechniken wie Video, Audiomitschnitt oder Protokollführung.

2.5 Handelndes Lernen

Handelndes Lernen klingt zunächst einmal als sehr einfach zu verstehen. Jenes zu erklären ist aber nicht leicht. Oft wird es nur in Abgrenzung gesehen. So sieht Hilbert Meyer im Projektunterricht die Chance, „die gesellschaftlich vorgegebene Trennung von Kopf und Handarbeit ein Stück weit aufzuheben" (Meyer 1987, 143 ff.).

Es reicht nicht, handelndes Lernen dadurch zu charakterisieren, dass die üblichen schulischen Lernformen über das Schreiben und Lesen durch weitere Handlungsmuster erweitert werden. Dagmar Hänsel zählt dazu verschiedene Formen auf wie Rollenspiele, Kaspertheater, Collagen, Diaschau, Film, Fotoserien, Feste, Ausstellungen, Modelle, etc. (vgl. Hänsel 1999, 85). Diese methodischen Handlungsmuster oder Veranschaulichungsmedien allein reichen nicht aus, um Handelndes Lernen im Projektunterricht zu erklären.

Klafki stellt eine Definition handelnden Lernens vor, bei dem es vor allem um das praktische Tun geht. Er fordert für den Unterricht „das Probieren und Experimentieren mit Materialien und gegenständlichen Prozessen; das Montieren und Demontieren; das Beobachten, das Pflegen und den Umgang mit Pflanzen und Tieren; die mimische, gestische, situative und szenische Gestaltung [...]" (Klafki 2005, 8). Wöll (2004) hat zum Verständnis von Handelndem Lernen eine wichtige generelle Bedingung formuliert, nämlich dass Handeln immer durch seine Zielbezogenheit zu verstehen ist.

So gesehen ist **handlungsorientiertes Lernen eine zielorientierte Auseinandersetzung mit einem Problem**, die planvoll abläuft. Der/Die Handelnde benötigt aber auch Vorstellungen, wie er/sie vom Ist-Zustand zum Ziel (gewünscht/vermutet/erwartet) kommt und dazu eine Entscheidungsfreiheit über die Ausführung der Vorstellungen. Dabei wären Nachmachen, das Ausfüllen vorgegebener Schritte oder Tätigkeiten ohne Wahlfreiheit keine Aktionen im Sinne von Handlungsorientierung im Unterricht. Es muss auf jeden Fall die Möglichkeit bestehen, unterschiedliche Wege zum Erreichen eines Ziels zu untersuchen und selbst zu entscheiden, welchen Weg er/sie wählen möchte. So gesehen sind handlungsorientierter Unterricht und Projektunterricht ähnlich strukturiert. „Man könnte sagen, dass Handlungsorientierung so etwas wie die methodische Substruktur von Projektarbeit ist“ (Emer/Lenzen 2008, 17).

Gleichzeitig müssen reduzierte Vorstellungen von Projektprodukten relativiert werden. Vielfach wird das Handeln als manuelles Handeln gesehen und das Produkt eines Projekts als konkreter Gegenstand. Dies muss aber zurückgeführt werden auf den Sinn, den eine Projektarbeit hat. Wenn es nur darum geht, eine Bastelarbeit auszuführen, kann das nicht als Produkt eines Projekts angesehen werden. Handlungsorientierung verlangt, dass das konkrete Produkt auch in einem inhaltlichen Zusammenhang mit dem Thema steht.

Eine weitere Fehldefinition von Projektprodukten bezieht sich darauf, dass unter Produkt ein konkretes fertig gestelltes Objekt zu verstehen ist. Mit einer derartigen Definition wird das Missverständnis nahe gelegt, nur konkrete Gegenstände als Projektprodukt anzuerkennen. Doch Projekte können viel mehr leisten, sie können auch kommunikatives Handeln oder neue Zielvorstellungen als Ergebnis haben. Wenn man Handeln auf das manuelle Tun allein reduziert, läuft man Gefahr, Projekte mit Vorhaben zu verwechseln. Gerade dies ist allerdings in vielen Konzepten der Fall. Zuweilen wird sogar die Identität von Projekt und Vorhaben explizit angestrebt: „Unterrichtsprojekte sind von ihrem Ursprung und ihrem Begriff her eigentlich große Unterrichtsvorhaben“ (Reinhardt 2007, 95).

Derartiger, auf das manuelle Tun fokussierter Unterricht, mündet allzu leicht in bloßem Vorhabenunterricht im Sinne Adolf Reichweins (1993). Reichwein baute etwa mit den Schülerinnen und Schülern ein Gewächshaus. Auch wenn dies die Kinder in ihrer Persönlichkeit verändert haben mag und auch die Gemüseversorgung in der Schulküche, ist dadurch nicht unmittelbar eine gesellschaftliche Veränderung erfolgt und auch kein gedankliches Problem gelöst. Gegen dieses sehr verbreitete Missverständnis, schon dann von Projekten zu reden, wenn bestimmte Handlungsziele verfolgt werden, argumentieren Emer und Rengstorf mit der Notwendigkeit, Projekte immer auch mit einer offenen Forschungsaufgabe zu verbinden: „Für die Projektarbeit reicht es nicht, sich ein bestimmtes Handlungsziel (zu setzen) [...]. Es geht darum mit dem eigenen Handeln etwas zu erforschen“ (Emer/Rengstorf 2008, 21).

2.6 Wege der Inklusion

Die Frage der Inklusion als Projektkriterium ist bislang wenig diskutiert worden. Lediglich bei Heimlich (1992) finden wir eine vage Annäherung an diese Dimension, wenn er definiert: „Mit Projektunterricht werden integrative Lernsituationen bezeichnet, in denen die Erfahrung der **Gemeinsamkeit in der Verschiedenheit** ermöglicht wird und die so zu kooperativen Problemlösungsprozessen (einschließlich der Planung, handelnden Entwicklung und Erprobung) beitragen" (Heimlich 1992, 77).

Ein wesentliches Merkmal von Inklusion ist es, dass ein **gemeinsamer Gegenstand** für alle Kinder gegeben ist. Von daher muss ein Projektthema im Erfahrungsbereich aller Kinder bereits Bedeutung haben. Diese Bedingung trifft sich mit dem Projektkriterium des Situationsbezuges bei Gudjons (vgl. Gudjons 2008, 79). Allerdings ist das Lerninteresse nicht notwendig gegeben, wenn etwas im Erfahrungsbereich von Kindern liegt. Hier gilt es, über die in der Schule üblichen verbalen Herangehensweisen mehrere Zugänge zum Problem bewusst anzubieten. Schon allein ein visueller Impuls, wie das Bild einer Kröte auf einer Asphaltstraße oder ein vergrößert dargestelltes Auto vor dem Gehweg, auf dem ein Schulkind irritiert auf die Straße schaut, wäre eine wichtige Erweiterung, damit das Problem auf verschiedenen Sinneskanälen bei den Kindern ankommt. So kann das von Gudjons geforderte Wecken des Interesses auch bei den anfangs weniger beteiligten Kindern erweitert werden (vgl. Gudjons 2008, 80).

Bisherige Schulsysteme sortieren Kinder vor allem nach der kognitiven Leistungsfähigkeit, für die Übergangsdiagnose in die verschiedenen weiterführenden Schulen werden Intelligenztests herangezogen. Dies kommt nicht den tatsächlichen vielfältigen Fähigkeiten und Potentialen von Kindern entgegen. Im Projektunterricht dagegen sollen **verschiedene Sinne** zum Tragen kommen, so dass Kinder nicht nur auf der kognitiven Dimension angesprochen werden: „Die handlungsbezogene Auseinandersetzung mit der gewählten problemhaltigen, lebensweltbezogenen Sachlage erfolgt durch das Miteinbeziehen des Kopfes, des Gefühls, der Hände, der Füße, der Augen, der Ohren, der Nase, des Mundes, der Zunge" (Lang 2009, 575). Dadurch werden Kinder mit Beeinträchtigungen in einem der Sinne integriert, weil auch andere Sinne von Bedeutung sind. Jede Erweiterung der sinnlichen Zugänge schafft auch neue Zugangsweisen und schließt damit alle Kinder ein, die bei bloß kognitiven Zugängen eher scheitern.

Ein weiteres wichtiges Merkmal von Inklusion ist es, dass der Sinn des Lernens im Vordergrund steht, wie er sich für die Lernenden herstellt. Dies ist der Gegenpol zu einer Auffassung von Lehren, bei der ein zu vermittelnder Kanon im Vordergrund steht. Das wird besonders am einzelfachlichen Lehren sichtbar. Dort wird das Wissen „in passende Dosen aufgeteilt" (Dewey 1931, 85) und nicht das Weltwissen gemeinsam aufgeschlossen. So gesehen bietet die fachübergreifende Struktur eines Projekts die Chance, dass für verschiedene Kinder verschiedene Zugänge möglich sind. Dies ist allerdings nicht automatisch gegeben. So ist Schneiders Aussage keinesfalls gesichert, dass, „bei einem Projekt besonders viel gelernt (wird), wenn ein fächerübergreifendes Thema bearbeitet werden kann, so dass jeder je nach Fähigkeiten eigene Ideen und Taten einbringen kann"

(Schneider 2005, 35). **Ästhetische, praktische, sozial handelnde und emotionale Zugangsweisen** als Gegengewicht zu den schulisch überwiegenden kognitiven Zugangsweisen gilt es bewusst für Projekte zu planen, um eine wirklich inklusive Arbeit für alle zu ermöglichen. Von allein stellt sich dies durch eine interdisziplinäre Inhaltsstruktur noch nicht her.

Ein zentraler „Haken" für Inklusion ist die Notengebung. Vielfach werden dadurch Kinder in Hierarchien gestellt und selegiert. Dieser Gedanke widerspricht aber fundamental dem Inklusionsgedanken. Die Frage, wie die Leistungsrückmeldung bzw. **Leistungsbewertung** gerade in Projekten anders gestaltet werden kann, um für alle Kinder den gemeinsamen Lernrahmen nicht zu stören, ist bislang noch nicht hinreichend gelöst worden. „Eine Möglichkeit, Projektarbeit angemessen und nicht durch bloße Notenvergabe zu bewerten, könnte ein Zertifikat für Projektarbeit sein, das sich am Projektverlauf, z. B. Planung, Gestaltung, Präsentation, aber auch den Projektkompetenzen wie Kreativität, Planung und Kommunikationsfähigkeit orientiert" (Goetsch 2008, 35). Wichtig ist es bei der Leistungsbewertung unter Perspektive des Lernens aller Kinder, dass keine selegierende Normierung gewählt wird, sondern an individuellen Normen oder Gruppennormen gemessen wird. „Die vielfältigen Formen aller gezeigten Leistungen im Projekt, die jenseits normierter Anforderungen liegen, erfordern, dass die Formen der Leistungsrückmeldung und -bewertung vielfältig, prozess- und produktorientiert, individuell und gruppenbezogen sind" (Geist 2009, 17). Die Form des Portfolios scheint neben der Zertifikatsform eine geeignete Möglichkeit zu sein, den Kindern differenziert qualitative Rückmeldung zu geben, ohne sie hierarchisch zu sortieren.

„Nicht jedes Projekt muss ein vorher festgelegtes Ziel haben. Es muss aber am Ende des Projektes jedem Schüler und jeder Schülerin klar sein, was er/sie gelernt hat, im Bereich der Methodenkompetenz ebenso wie in fachlicher Hinsicht" (Heusler/Xylander 2008, 13). Hier besteht die Möglichkeit, dass an Wandtafeln das gesammelte Wissen, die gesammelten Erkenntnisse und die gelernten Arbeitsmethoden übersichtlich dokumentiert werden und auch als ausgedruckte Liste auf einem Blatt Papier zur Verfügung stehen. Jedes Kind kann dann für sich auf dieser Liste die jeweils erworbenen Wissensschritte oder Arbeitsmethoden ankreuzen. Als dritte Möglichkeit der Leistungsbewertung von Projektleistungen bietet sich also auch die Selbstbewertung an. Sie basiert auf den von den Kindern erkannten und akzeptierten Kompetenzen[6].

Dabei ist es auch möglich, dass Kinder ihren Arbeitsstand selbst dokumentieren, denn „im Projektunterricht gibt es viele Aufgaben zur Lösung der Gruppenaufgaben. Einige Aufgaben sind sehr umfangreich, wie in Büchern der Kinder- und Jugendbibliothek zu recherchieren, was da zum Projektthema zu finden ist. Diese Aufgabe werden freiwillig Kinder übernehmen, die hungrig nach mehr Wissen

[6] Vgl. zu alternativen Formen der Leistungsbewertung Winter (2011)

sind. Andere Kinder können dann diese Ergebnisse nach dem Bericht der 'Büchergruppe' in Kurzform aufschreiben. Wiederum andere suchen die dazu passenden Bilder aus" (Kaiser/Pfeiffer 2007, 109).

2.7 Fachliche Fundierung

Ein zentrales Missverständnis des Projektgedankens liegt darin, dass dabei eine Vorstellung dominiert, die Schülerinnen und Schüler gestalten den Prozess und die Lehrkraft steht beratend beiseite. Sicherlich ist es richtig, die Lehrkraft als beratende Person in einem Projekt zu definieren. Aber dies ist es nicht allein. Ganz wichtig ist, dass die Beratung **auf dem Hintergrund hoher fachlicher Kompetenz** basiert. Von daher ist es nötig, dass die Lehrperson sich sofort, wenn ein Problem intensiv in der Klasse diskutiert wird, fachlich kundig macht. Dabei reicht es nicht aus, die Kampagnen-Websites, etwa bei Konflikten um kommunale Bauvorhaben oder bei Kontroversen im Umweltbereich, zu lesen. Diese können ja auf beiden Seiten parteilich sein – und sind es vermutlich auch in den meisten Fällen. Hier ist es wichtig, dass die Lehrerin oder der Lehrer sich intensiv in fachliche Hintergrundliteratur einarbeitet. Grundschulzeitschriften bieten dazu meist Basisartikel zu bestimmten Themenheften an, in denen auch weitere fundamentale Literaturangaben genannt werden. So ist es möglich, sich mit dem geringen Zeitbudget relativ schnell in eine Sache einzuarbeiten. Man muss auch bedenken, dass ein Projekt längere Zeit dauert und dass die Vorbereitungszeit dann in der Anfangsphase besonders intensiv ist.

2.8 Adäquate Arbeitstechniken

Projekte verlangen ein hohes Maß an eigenständigen, selbst gesteuerten Arbeitsschritten der Kinder. Bei der Projektplanung und vor jedem neuen aus der Situation entstandenen Projektschritt gilt es deshalb zu überprüfen, ob die Schülerinnen und Schüler bereits über die erforderlichen Arbeitstechniken verfügen oder ob diese erst noch eingeübt werden müssen.

Als Regel gilt, dass jede Arbeitstechnik am besten durch begrenzte Aufgaben eingeübt werden kann, in denen sich diese Technik als sinnvoll anbietet. Wenn zum Beispiel im Projekt als Arbeitstechnik das Recherchieren im Internet zum Problem der Amphibienwanderung im Frühling vorausgesetzt wird, dann sollte diese Technik bereits vorher an begrenzten Inhalten eingeübt worden sein. Falls dies noch nicht der Fall ist, sollte der Projektverlauf unterbrochen werden und an einem eng begrenzten, aber für das Projekt inhaltlich auch nützlichem Thema, wie z. B. Krötenarten unterscheiden, geübt werden, mit welchen Suchmaschinen und welchen Suchbegriffen recherchiert werden kann.

Wichtig ist, dass eine Lehrperson sich ab der Einschulung eine Übersicht über die Arbeitstechniken der Klasse schafft und diese immer wieder ergänzt, wenn neue Arbeitstechniken im Unterricht eingeübt werden.

Hier wird nur eine beispielhafte – nicht vollständige – Liste projektrelevanter Arbeitstechniken zusammengestellt:

Textarbeit

- Texte durchlesen
- Wichtiges unterstreichen
- wesentliche Aussagen aus Texten entnehmen
- Texte inhaltlich markieren
- Überschriften für Abschnitte finden
- Textabschnitten Stichworte zuordnen können
- Zusammenfassungen erstellen
- Bildern Textpassagen zuordnen
- Textpassagen illustrieren
- Texte kritisch vergleichen

Recherchetechniken

- Sachbücher von Belletristik unterscheiden
- Inhaltsverzeichnisse von Sachbüchern durchsuchen
- mit alphabetischen Wörterbüchern umgehen und Stichwörter finden
- in Lexika verschiedene inhaltsrelevante Schlagwörter suchen
- in Katalogen nach relevanten Medien suchen
- Internetsuchmaschinen nutzen
- Ergebnisse verschiedener Internetsuchmaschinen vergleichen
- Internetseiten auf Informationsgehalt bewerten und selektieren

Gruppenarbeitstechniken

- in Gruppen einander zuhören
- in Gruppen die Arbeit einteilen
- die eigene Aufgabe in der Gruppe als wichtige Aufgabe definieren
- in Gruppen eine Aufgabe lösen
- Gruppenarbeitsprotokolle führen
- Kleingruppenarbeit leiten/moderieren
- Teilergebnisse der Gruppenmitglieder zusammenfassen
- Arbeitsergebnisse formulieren
- Arbeitsergebnisse schriftlich festhalten
- Gruppenarbeitsberichte mündlich vortragen

Interviewtechniken

- das Ziel des Interviews definieren
- die Adressaten des Interviews beschreiben
- Frageaspekte aufgliedern
- Leitfragen formulieren
- die Interviewpartner aufsuchen

- Gesprächsanknüpfung mit Interviewpartnerinnen und -partnern erfolgreich leisten
- Aufnahmegeräte bedienen
- aufgezeichnete Audiodateien speichern
- Interviewantworten schriftlich formulieren
- Interviews durchführen
- Interviewergebnisse auswerten
- Interviewergebnisse dokumentieren

Dokumentationen erstellen

- fotografieren
- Fotos bearbeiten
- Fotos beschriften
- Zeichnungen und Skizzen anfertigen
- Zeichnungen und Skizzen beschriften
- Berichttexte verfassen
- Plakate planen
- Layout für Plakate anfertigen
- Plakate erstellen
- Informationsbriefe schreiben
- Stellwände organisieren und aufstellen

Demokratische Entscheidungen (vgl. Niedersächsiches Kerncurriculum)[7]

- Argumentieren können
- Gegenargumente antizipieren
- andere Positionen identifizieren
- sich in Perspektiven der anderen hineinversetzen
- Kontroversen definieren
- die eigene Position begründen können
- Konsens suchen
- Abstimmungen durchführen
- demokratische Entscheidungen respektieren
- Minderheitenschutz gewährleisten
- Diskussionen führen

Organisieren

- erforderliche Aufgaben formulieren
- Wege der Lösung definieren
- Zuständigkeiten für Entscheidungen recherchieren
- Telefonate mit Behörden und anderen Institutionen führen
- Arbeitspläne erstellen
- To-do-Listen abarbeiten

[7] http://db2.nibis.de/1db/cuvo/datei/kc_gs_sachunterricht_nib.pdf (Abruf:[17.03.2011])

Es bietet sich an, vor der Anwendung von Techniken im Rahmen von Projektarbeit, diese erst einmal separat an ausgewählten relevanten Inhalten zu erarbeiten.

Aber nicht nur die Arbeitstechniken sind wichtig, sondern auch strategische Maßnahmen, um den Projektverlauf immer wieder voran zu bringen. An erster Stelle stehen **veranschaulichende Dokumentationen des Projektstandes**. Das fängt damit an, dass das Projektproblem deutlich sichtbar in der Klasse positioniert wird, sei es als Tafelanschrieb oder Überschrift über einer Wandzeitung. Weiterhin muss der konkrete Projektverlauf mit seinen Zwischenergebnissen für alle sichtbar sein. Wandzeitungen, Ringordnermappen zum Projektverlauf oder auch ein Fries an der Wand, der die einzelnen Stationen sichtbar macht und es ermöglicht, Ergebnisblätter und Bilder zu den einzelnen Stationen auszustellen, sind wichtig.

Projektarbeit hängt auch davon ab, ob alle Kinder motiviert mitmachen. Dies kann nicht immer der Fall sein, z. B. wenn Kinder durch Erfahrungen in der Familie situativ belastet sind. In solch einem Fall muss die Lehrperson ein Gespräch führen und ausloten, ob die Projektarbeit gleich weiter fortgeführt werden kann oder ob das Kind intensivere persönliche Unterstützung braucht. Um überhaupt derartige Probleme wahrzunehmen, gibt es viele Formen räumlicher Rituale (vgl. Kaiser 2010) wie Stimmungsbarometer oder ein Gefühlsbaum, bei denen die Kinder ihren jeweiligen Stimmungsstand sichtbar machen.

Last but not least ist es erforderlich, auch im Rahmen von Projekten Formen der Bewertung zu praktizieren. Es wäre widersinnig, wenn in einer Lernform mit stark kooperativen selbstgesteuerten Strukturen von oben herab Noten verteilt werden. Emer und Lenzen (2009) schlagen vor, dass die angemessenste Form ist, die Schülerinnen und Schüler selbst Portfolios ihrer Leistungen im Rahmen von Projekten erstellen zu lassen (vgl. Emer/Lenzen 2009, 55 ff.). Dazu ist es natürlich auch notwendig, dass die Lehrperson den Kindern Kriterien an die Hand gibt (vgl. Emer/Lenzen 2009, 55 ff.). Ein Beispiel für einen Kriterienkatalog zur Selbstevaluation der eigenen Leistung im Rahmen von Projekten wäre der folgende:

- Ich habe mich im Projekt aktiv an den Diskussionen beteiligt.
- Ich habe neue Ideen eingebracht.
- Das ist eine meiner neuen Ideen:
- Ich habe im Projekt aufgepasst, dass alles glatt ging. Mein Beweisbild:
- Ich habe im Projekt Fotos aufgenommen. Dies ist eines meiner Fotos:
- Ich habe im Projekt viel telefoniert. Eines meiner Telefonate war mit ..., Telefonnummer ...
- Ich habe im Projekt viel im Internet recherchiert. Eine Website, die ich gefunden habe, sieht so aus:
- Ich habe als Neues herausgefunden:

- Ich habe im Projekt Informationen aus Büchern gesammelt. Ein wichtiges Buch war dabei:
- Nun weiß ich dies alles mehr:
- Ich habe im Projekt viel mit anderen zusammen gearbeitet. Meine Hauptpartner waren ...
- Ich habe mich im Projekt mehr getraut etwas zu machen, was ich bisher nicht gemacht habe. Ein Beispiel dafür ist:

Diese Liste an Selbstbewertungskriterien lässt sich je nach Projektverlauf erweitern und vertiefen. Wichtig ist, dass die Kinder ihre Lernaktivitäten möglichst anschaulich in einem Portfolio darstellen können.

2.9 flexible Planungsstrategien

Keine andere Unterrichtsform verlangt derart viele Planungsstrategien wie der Projektunterricht. Heimlich macht deutlich, dass es sich um ein schier unlösbares, fast paradoxes Problem handelt: „Eigentlich stellt uns die Projektdynamik vor eine unlösbare Planungsaufgabe. Gleichwohl ist eine intensive Vorbereitung des Projektunterrichtes erforderlich. Diese erfolgt allerdings nicht immer in linearen Planungsmodellen, sondern vielmehr in alternativen Planungsüberlegungen“ (Heimlich 1992, 184).

Kinder müssen in mehrerer Hinsicht zwischen der aktuellen Situation und der kommenden Entwicklung des Projekts Antizipationen und Entscheidungen treffen und diese auch noch umsetzen.

Emer und Lenzen (1997, 222 ff.) unterscheiden sechs Ebenen, auf denen Planungen festgelegt werden müssen:

Ebene 1: Präzisierung des Themas (Emer/Lenzen 1997, 222)
Ebene 2: „Produkt und Adressaten festlegen“ (Emer/Lenzen 1997, 222)
Ebene 3: „Arbeitsmethoden und -orte bestimmen“ (Emer/Lenzen 1997, 223)
Ebene 4: „Rollen bestimmen und übernehmen“ (Emer/Lenzen 1997, 223)
Ebene 5: Zeitrahmen erstellen und eine Sammlung der Hilfsmittel vornehmen
Ebene 6: einen flexiblen Projektplan erstellen (vgl. Emer/Lenzen 1997, 222 f.)

Die Ebenen der Planung und Strukturierung sind vor allem von der Lehrperson zu berücksichtigen. Die Lehrerin/der Lehrer muss darauf achten, dass die Kinder nicht vergessen, ihre Arbeitsmethoden vorher zu klären oder die jeweilige Zielgruppe von Interviews oder Beobachtungen genau festzulegen.

Eine derartige komplexe Vorausschau ist nicht einfach zu treffen und bedarf gerade im Grundschulalter immer wieder der strukturierenden Anleitung durch die Lehrperson, damit Kinder in die Lage versetzt werden, mehr und mehr selbstständig die Planungsschritte durchzuführen.

Neben dieser Ebenenstrukturierung muss auch eine Zeitstrukturierung der aufeinanderfolgenden Phasen erfolgen, damit die Kinder einen klaren Überblick haben. Für die zeitliche Reihenfolge, gerade bei Grundschulprojekten, eignet sich das Modell der Projektschritte nach Gudjons:

Projektschritt I: Eine für den Erwerb von Erfahrungen geeignete, problemhaltige Sachlage auswählen (vgl. Gudjons 2008, 79 ff.)

Projektschritt II: Gemeinsam einen Plan zur Problemlösung entwickeln (vgl. Gudjons 2008, 79 ff.)

1. Einführung der neuen Unterrichtsform
2. Vorbereitende Projektplanung der Lehrkraft
3. Kooperative Planungsphase mit der Klasse (vgl. Gudjons 2008, 93)

Projektschritt III: Sich mit dem Problem handlungsorientiert auseinandersetzen (vgl. Gudjons 2008, 84 ff.)

Projektschritt IV: Die erarbeitete Problemlösung an der Wirklichkeit überprüfen (vgl. Gudjons 2008, 86 ff.)

Ein Projekt ist also nicht mit laissez faire zu vergleichen. Vielmehr gelten auch für Projekte die Bedingungen guten Unterrichts (Meyer 2004) und damit an erster Stelle eine klare Strukturierung dessen.

Das Hauptproblem bei der Projektplanung ist, dass es nicht einmal fixierte Planungen gibt, die für die gesamte Laufzeit gültig sind, sondern dass sich die Planungen je nach Entwicklungsstand ändern und modifiziert werden müssen. Dadurch müssen im Laufe von Projekten immer wieder neue Planungsgespräche stattfinden, wenn etwa neue Hilfsmittel entdeckt werden, um deren Bearbeitung neu abzustimmen, oder wenn bestimmte Erkenntnisse neue Schritte verlangen und den Zeitrahmen modifizieren. Diese Prozesshaftigkeit von Projekten ist einerseits eine große Herausforderung und Chance, andererseits aber auch der Grund, dass manche Lehrpersonen sich vor wirklichen Projekten scheuen.

Ein Hilfsmittel, um die Projektarbeit zu gestalten, ist es, dass die besonderen Regeln der Projektarbeit auch den Schülerinnen und Schülern bekannt sind und dass sie diese zu den üblichen Regeln des Verhaltens ergänzend hinzufügen. Derartige „Projektregeln“ der Klasse könnten z. B. lauten:

„Wir informieren uns gegenseitig über neue Erkenntnisse“, „Wir akzeptieren die Meinungen von allen“ (Strodthoff-Schneider 2011), „Wir nennen den anderen unsere Quellen, woher wir unser neues Wissen gefunden haben“ oder „Wir halten uns an unsere Untersuchungsaufgabe“.

Nicht nur auf der Ebene von Aspekt- oder Verlaufsplanung und auf der Ebene von Regeln des Zusammenarbeitens gilt es, Strukturierung zu ermöglichen. Auch Rituale räumlicher und zeitlicher Provenienz (vgl. Kaiser 2010) sollten als orientierende und strukturierende Formen eingebracht werden. Schon Frey hatte mit seiner Idee der „Fixpunkte“ (Frey 2005, 60) die Möglichkeit der ritualisierten Zwischenreflexion entwickelt. Diese Form der „Fixpunkte“ empfiehlt er dann einzusetzen, wenn sich bei den Kindern entweder Orientierungslosigkeit oder das Gefühl nicht klarer Absprachen breit macht. Nach Frey darf jedes

Gruppenmitglied in Projekten von sich aus bei Bedarf eine solche „Fixpunkt-Versammlung" beantragen. Dies kann durch einen Gong oder ein anderes akustisches Zeichen eingeläutet werden und allen Kindern signalisieren, dass sie sich auf das weitere Verfahren des Vorgehens klar und eindeutig einstellen müssen und dies auch den anderen Kinder sagen müssen. Andere Rituale sind das gemeinsame zeitgleiche Eintragen des Standes der Arbeit auf dem Projektplan oder das farbige Markieren des jeweiligen Arbeitsstandes einer Frage. Zum Beispiel könnten die jeweiligen Projektaufgaben mit gelbem Transparentpapier markiert werden, wenn eine Aufgabe begonnen worden ist, orange werden die Aufgaben markiert, die schon kleine Ergebnisse erzielt haben, während die rote Markierung ein verkündbares Ergebnis anzeigen. Lila werden die Fragen markiert, die als „für alle gelöst" betrachtet werden.

Auch die erforderlichen Phasen der Metareflexion des Projektverlaufs können ritualisiert ablaufen. Während der Gesprächsrunde über das Projekt wird eine Kerze angezündet, die bedeuten soll, dass jetzt alle das Projekt noch mal beleuchten. Wer eine solche Reflexionsphase beantragt hat, darf auch die Projektkerze anzünden. Metareflexionen sind nicht nur sinnvoll, um den Gesamtverlauf im Sinne eines Monitoring ins Blickfeld zu bekommen, sondern auch dann, wenn bestimmte sozial-emotionale Konflikte wie Neid, Konkurrenz, Dominanz oder Verletzungen anderer vorkommen. Wenn bestimmte Zeitpunkte für derartige Gespräche reserviert sind (1. oder letzte Stunde in der Woche), dann ist es leichter, mit der Reflexion der Beziehungsebene in Grundschulprojekten einzusteigen.

Wichtig für ein gut strukturiertes Projekt ist es, dass es für alles einen Ort gibt. Auf der Wandzeitung werden die Projektfragen und -aufgaben dokumentiert. Fotos, DVD's, CD's mit Filmmitschnitten, gesammelte für die Projektinhalte relevante Objekte, schriftlich beantwortete Interviewfragen etc. werden in einem Karton gesammelt. Im Ergebnisbuch werden von den Gruppen ihre jeweiligen Ergebnisse eingetragen. Das Projekttagebuch dient dazu, wichtige Ereignisse und Stimmungen einzutragen. Die neuen Bücher zur Thematik liegen auf einem Recherchetisch, neben dem Computer gibt es eine Linkliste zum gezielten Recherchieren etc. Je klarer die Orte markiert sind, umso leichter fällt es bestimmten Kindern, sich auf das Projekt voll einzustellen.

Projekte sind also nicht nur an viele Kriterien gebundene Formen neuer schulischer Lernstrukturen. Sie sind auch selbst Teil eines Entwicklungsprozesses und längst noch nicht abschließend „fertig" definiert. „Wenn es dem Projektunterricht gelingt, seine Grundstruktur durch immer neue methodische Impulse zu beleben, so wird er auch in Zukunft sein können, was er in der Vergangenheit war: Eine lebendige Form, in soziale Wirklichkeit einzugreifen und dabei zu lernen" (Emer/Lenzen 2008, 19).

2.10 Projektreflexion

Ein wesentliches Merkmal guten Unterrichts ist die Reflexion des eigenen Lernprozesses. **Monitoring, Evaluation, Reflexion oder Metalearning** sind einige der Begriffe, mit denen die Rückschau der Lernenden auf ihren eigenen Lernprozess beschrieben werden (vgl. Pech/Kaiser 2008a). In England ist die Evaluation des eigenen Lernprozesses besonders im Fach Design & Technology weit verbreitet (vgl. Kaiser 2009). Die Notwendigkeit zu derartigen Formen der Selbstüberprüfung des Gelernten ist bei anspruchsvolleren Unterrichtsformen wie dem Projektunterricht noch bedeutsamer. Diese Notwendigkeit finden wir bereits im Konzept von Frey mit der Forderung nach „Fixpunkten" (vgl. Frey 1982, 53). Damit ist gemeint, dass zu bestimmten Zeiten im Projektverlauf gemeinsam überlegt wird, wo die Gruppen stehen und was weiter erarbeitet werden muss. „Frey geht davon aus, dass Lernende genau wissen, was sie tun, da der Ablauf des Projektes von ihnen festgelegt und über die Fixpunkte immer wieder überprüft wird. Auch Gudjons baut Fixpunkte und Metainteraktionen ein, damit die Schülerinnen und Schüler eine Zwischenbilanz ziehen können, sich Gedanken über das eigene Lernen und Vorgehen machen und sich darüber austauschen, in welche Richtung das Projekt weitergeführt werden soll" (Traub 2011, 103 ff.). Es geht aber nicht nur um diese Angelpunkte eines Projektes, sondern auch darum, dass die Kinder bewusst erfahren, was sie tatsächlich in einem Projekt gelernt haben. „Apel und Knoll sehen die Idee des Projektes erst verwirklicht, wenn die Lernenden Strategien besitzen, mit deren Hilfe sie ihre Durchführung organisieren und so zu einem Ergebnis kommen können" (Traub 2011, 104). Beide Autoren halten es für zentral, „dass Lernende mit Hilfe von Zwischenschritten über ihr Vorgehen nachdenken, sich ihre Ziele bewusst setzen und sich aktiv bei der Durchführung beteiligen" (Traub 2011, 104). Gerade bei dieser Frage der Metakognition treffen sich Qualitätskriterien für guten Unterricht mit Kriterien für gelungene Projektarbeit.

3 Praxisprojekte

Praxisprojekte müssen die wesentlichen Merkmale und Nahtstellen eines Projektes aufweisen. Sie sollen eine echte Problemsituation als Ausgangssituation und einen klar definierten didaktischen Sinn haben, insbesondere exemplarisch für wichtige Lernziele stehen, damit es zu rechtfertigen ist, für diesen Schwerpunkt derart viel schulische Lernzeit zu geben. Projekte haben ein Ziel, das in der Präsentation oder dem Projektprodukt sichtbar gemacht wird.

Bei spezielleren Projektinhalten wird in diesem Kapitel ein breiter fachlicher Überblicksabschnitt geboten, damit Lehrpersonen bereits einen ersten Einblick in die fachlichen Grundlagen erhalten und somit entscheiden können, ob sie dieses Projekt auch tatsächlich angehen und lösen wollen.

Zur Markierung der wesentlichen „Nahtstellen" eines Projekts gliedern sich in diesem Buch die Berichte zu den einzelnen Praxisprojekten nach folgenden Punkten:

1. **Ausgangssituation**
2. **Didaktische Begründung**
3. **Fachliche Basisinformationen**
4. **Verlaufsideen**
5. **Ergebnis, Projektprodukt, Präsentation**

Weil Projektarbeit auch schon in der Grundschule bedeutet, dass die Kinder einer Grundschulklasse sich mit gesellschaftlich relevanten Problemen auseinandersetzen, ist das thematische Spektrum von Projekten notwendig eingeschränkt. Eine Projektwoche, in der jede Klasse ein anderes Märchen als „Projekt" bearbeitet, wäre damit obsolet. Allerdings kann beim Thema „Armut", das sich auf ein bestimmtes konkretes Projekt bezieht, auch ein Märchen wie „Sterntaler" einen Stellenwert im Projektunterricht haben. Doch Armut als Projektthema ist wiederum keine einfach zu gestaltende Thematik, weil viele Kinder selbst von Armut betroffen sind und sich leicht diskriminiert fühlen könnten. Es muss also eine thematische Auswahl gefunden werden, die erfahrbar für alle Kinder ist und sie bei persönlicher Betroffenheit nicht „in eine Ecke gestellt" werden. Aber der **thematische Zuschnitt eines Projektes** muss so gestaltet sein, dass er echte Probleme aufweist, die im realen sozialen Erfahrungsbereich von Kindern auftreten. Deshalb werden in diesem Buch Projekte vorgestellt, die nur in einem bestimmten lokalen Kontext von Bedeutung sind, wie der Großflughafen in Berlin-Brandenburg, die Umgehungsstraße in Göttingen, die Sternmärsche gegen Atomkraft bei Brokdorf, die Proteste gegen den Castortransport in Dannenberg, der Jade-Weser-Port in Wilhelmshaven, der Krötentunnel in Oldenburg-Ofenerdiek, die Erinnerungsstätte des Galli-Viehmarktes in Leer, das Neubaugebiet in Bad Nenndorf, das Schiffsunglück vor Amrum oder die Neonazi-Aktivitäten in Verden. Dennoch ist die Übertragbarkeit auf andere lokale Ereignisse oder Anlässe gegeben.

Gleichzeitig darf das Problem auch nicht zu komplex sein, so dass es kaum eine Lösungsmöglichkeit gibt. Etwa das Problem der Eurokrise oder gesellschaftliche Ungleichheit allgemein sind wiederum für Grundschulprojekte viel zu komplex, als dass es auch nur annäherungsweise eine Lösung geben könnte.

Deshalb werden in diesem Buch Projekte vorgestellt, die sowohl für Kinder erfahrbar sind, möglicherweise in ihrer Lebenswelt problemhaltig auftauchen und auch in Lösungsschritte führen können. Da sind an erster Stelle die Projekte aus dem **Umweltbildungsbereich** zu nennen. Hier geht es um Fragen, ob der Fluglärm eines nahe gelegenen Flugplatzes bzw. seine Bauplanung problematisch ist oder die Infrastruktur der Region verbessert. Weitere Probleme von Projekten sind die Grundwasserbelastung durch Landwirtschaft, ein Tankerunglück, das die nahe gelegenen Küstenorte bedroht oder die Grundwasserbelastung durch Nitrateintrag in den Boden. Alle diese Umweltprobleme können auch für Grundschulkinder erfahrbar und relevant sein.

An zweiter Stelle stehen – teilweise mit Umweltschutzproblemen eng verbunden – **kommunalpolitische Entscheidungen**, die öffentliche Aufmerksamkeit erregen und auch Kinder berühren. Ob es um den Bau einer Umgehungsstraße, den Bau eines neuen Einkaufszentrums oder den Erhalt einer Streuobstwiese geht, immer sind auch Kinderinteressen davon betroffen.

Derartige Entscheidungskonflikte um zumeist bauliche Veränderungen können auch **im unmittelbaren Schulumfeld** ausgetragen werden. Ob es sich um die Verkehrsberuhigung vor der Schule handelt, um den Bau eines Jugendtreffs auf dem bisherigen Schulhofgelände, immer sind auch Kinder von derartigen Problemen betroffen und suchen nach Lösungen.

Aber auch **politisch-soziale Ereignisse mit lokaler Bedeutung** können hohes Konfliktpotential enthalten, das auch an Grundschulkindern nicht vorüber geht. Dazu zählen etwa Aufmärsche von Neonazis, die Abschiebung von bislang geduldeten Asylbewerbern oder das lokale Gedenken an den Holocaust.

Ein weiterer Themenbereich bezieht sich auch auf örtliche Konflikte und Probleme, aber nicht auf der Ebene kommunalpolitischer Entscheidungen, sondern auf der **Ebene innerörtlicher Interessengruppen oder ökonomischer Veränderungen**. Dazu zählt die Schließung eines „Tante-Emma-Ladens“, das Fällen von Bäumen für ein Neubaugebiet oder die Umwidmung von Grünanlagen für eine größere Baumaßnahme oder Auswirkungen der nahe gelegenen Massentierhaltungsbetriebe.

Am Ende dieses Kapitels werden Projekte vorgestellt, die Probleme in der Welt als Mittelpunkt haben, aber auch die Kinder in ihrer Alltagswelt betreffen.

Für alle diese Themengruppen werden nun im Folgenden 25 praktikable Grundschulprojekte vorgestellt.

3.1 Umweltschutzprojekte

3.1.1 Atomkraft nein danke?

(Nach zwei Projektberichten von Hauke Rohloff und Franziska Grube)

Atomkraft scheint auf den ersten Blick kein Thema für das Grundschulalter zu sein, weil die physikalischen Grundlagen äußerst kompliziert sind. Hauke Rohloff (2011) schildert aber eine Ausgangssituation einer Klasse, bei der sich die Lehrperson dieser Frage nicht entziehen kann.

1. Ausgangssituation

„In einer 4. Klasse der Wesermarsch – also nahe dem Atomkraftwerk Unterweser – stellt ein Kind angesichts dessen, was es nach der Atomkatastrophe in Fukushima gehört hat, die folgende Frage: ‘In Japan sind durch das Erdbeben die Atomkraftwerke kaputt gegangen. Und da strahlt jetzt etwas heraus. Und das ist ganz gefährlich für Menschen. Mein Papa hat gesagt, dass so etwas auch hier in Deutschland passieren könnte, wenn man die Atomkraftwerke nicht abstellt. Und hier in der Nähe steht sogar ein Atomkraftwerk. Könnte so was wie in Japan also auch hier bei uns passieren?’ Aufbauend auf dieser Frage entsteht eine Diskussion über die generelle Daseinsberechtigung von Atomkraftwerken, deren Nutzen für die Menschen und ihre Gefahren für Umwelt und Menschen. Die rege Teilnahme der Schülerinnen und Schüler an dieser Diskussion macht deutlich, dass das Thema Atomkraft für die Kinder von Bedeutung ist, auch im Hinblick auf die Tatsache, dass in der Nähe der Grundschule und der Wohnorte der Schülerinnen und Schüler ein Atomkraftwerk steht und die aktuelle Frage des Kindes somit definitiv eine Berechtigung hat“ (Rohloff 2011). Aber auch unabhängig von der Atomkatastrophe in Japan gibt es Anlässe, die für ein Projekt genug motivationale Basis und ein zu lösendes echtes Problem bieten. Denn es gibt – solange die Nutzung von Atomenergie stattfindet – immer wieder konkrete kleinere Störfälle und Proteste. So schildert Franziska Grube ihren Projekteinstieg in Hamburg: „Einige Kinder der Klasse bekamen auf dem Wochenendspaziergang mit ihren Eltern etwas von der Demonstration mit. Während sich die Erwachsenen am Infostand informierten, bekamen die Kinder von den freundlichen Helfern die ‘KETTENreAKTION’-Flyer ausgeteilt. Da viele Kinder zuvor noch keine Demonstration gesehen hatten, fällt das Gespräch am Montagmorgen im Erzählkreis schnell auf dieses Thema. Ein Kind bringt auch einen Flyer der Aktion ‘KETTENreAKTION: Atomkraft abschalten!’ mit in die Klasse und berichtet von der geplanten Menschenkette. Es schlägt zudem vor, sich mit der Klasse an dieser Kette zu beteiligen. Die Resonanz dafür ist groß. Auf Nachfragen der Lehrerin, wofür oder wogegen diese Menschenkette eigentlich ist, können von den Kindern allerdings keine Antworten gegeben werden. Daraufhin thematisiert sie, dass man sich vorher über die Sachlage informieren muss, bevor man an solchen Aktionen teilnimmt“ (Grube 2010).

2. Didaktische Begründung

„Schon vor dem Unglücksfall in Fukushima gab es plausible Gründe, dieses Thema in Regionen wie Hamburg, wo durch nahe gelegene Atomkraftwerke mit 'kleineren' Störfällen die öffentliche Diskussion um Atomkraft und Aktionen dagegen präsent waren, auch für die Grundschule aufzugreifen" (Rohloff 2011). Denn „Berichte in den Medien thematisieren Probleme bei der Betreibung von Atomkraftwerken. Erst zu Beginn dieses Jahres ist ein Arbeiter in einer Urananreichungsanlage in Gronau verstrahlt worden. Auch die Frage nach einem sicheren Endlager für die anfallenden radioaktiven Abfallstoffe ist noch nicht geklärt. Zu Zeiten terroristischer Anschläge stellen Kernkraftwerke sogar ein Angriffsziel und damit ein Sicherheitsrisiko für die Bevölkerung dar" (Grube 2010).

Noch virulenter wird die aktuelle gesellschaftliche Bedeutung der Atomkraft nach der Katastrophe in Japan im März 2011. „Die durch das Erdbeben ausgelöste Katastrophe in dem Atomkraftwerk in Fukushima führte zu einer neuen, weltweiten Debatte über die generelle Berechtigungsfrage von Atomkraftwerken. Erste Ergebnisse betrafen die Überprüfung der in den Ländern vorhandenen Atomkraftwerke bezüglich ihrer Sicherheit. Hier kann somit von einer globalen Bedeutung gesprochen werden, wenn das Thema Atomkraft als Projekt im Unterricht thematisiert wird. In Deutschland wird über eine vorzeitige Abschaltung der sieben ältesten Atomkraftwerke nachgedacht, trotz beschlossener Laufzeitverlängerung[8]. Auch hier lassen sich somit die Bedeutung und die Brisanz dieses Themas erkennen. Das Ereignis in Japan führte zu einem erhöhten Aufkommen von spontanen Kundgebungen beziehungsweise einer steigenden Beteiligung von Menschen an länger geplanten Anti-Atomkraft-Demonstrationen. Viele Menschen machen sich im Rahmen dieser Ereignisse Gedanken über Atomkraft, wechseln zu Ökostromanbietern und ändern zum Teil ihre Pro-Atomkraft-Meinung in die gegensätzliche Meinung. Aus der Perspektive des gesellschaftlichen Wandels wird dadurch eine große Bedeutung dieses Themas ersichtlich.

Weiterhin birgt die Frage nach den Gefahren der Atomkraft für Menschen und Natur Potenzial, sich ausgiebig mit dem Thema zu beschäftigen. Dieser Aspekt lässt sich auch in das Konzept der epochaltypischen Schlüsselprobleme nach Klafki einordnen, da die Frage nach dem Verhältnis zur Natur durch den Menschen zu diesen Schlüsselproblemen gezählt wird (vgl. Kaiser 2004a, 71).

Für Kinder in der Schule ist das Thema Atomkraft nicht nur aufgrund der Ereignisse in Japan von aktueller Bedeutung, so existiert die Debatte um die Atomkraftwerke und vor allem um die Endlagerung radioaktiven Materials schließlich schon seit Jahren. Die Gegenwartsbedeutung ist somit deutlich erkennbar. Dar-

[8] Mittlerweile haben sich in dieser Frage die politischen Bedingungen in Deutschland deutlich geändert. Dies zeigt aber, dass auch bei politischen Fragen Entscheidungsspielraum ist und dass Projekte nicht nur zur differenzierten Meinungsbildung beitragen können.

über hinaus wird das Thema Atomkraft auch in Zukunft noch von aktueller Bedeutung sein, wenn es um die Frage geht, ob die geplante Laufzeitverlängerung der Atomkraftwerke in Deutschland ausgesetzt oder schließlich doch wie geplant durchgeführt wird. Auch eine Lösung für die Endlagerung ist noch nicht gefunden. Die Zukunftsbedeutung für Kinder wird umso mehr ersichtlich, da die Auseinandersetzungen mit der Atomkraft sowie den erneuerbaren Energien noch für eine lange Zeit hochaktuell sein werden. Weiterhin wird es ein Umdenken bezüglich der Energiegewinnung geben müssen. Aber auch negative Langzeitfolgen könnten in Zukunft bedeutsam sein, wenn man beispielsweise an Preiserhöhungen im Energiesektor denkt.

Die Notwendigkeit, dieses Thema in der oben angesprochenen Klasse zu thematisieren, ergibt sich aus der spezifischen Kinderfrage, welche in der Klasse durch das Kind gestellt wurde und welche zu einer Diskussion innerhalb der Klasse mit unterschiedlichen Meinungen und Positionen führte. Somit ist nicht nur das Thema der Frage wichtig, sondern auch die Tatsache, dass eine Diskussion entsteht, wodurch die offensichtliche Dringlichkeit der Thematik noch einmal betont wird. Darüber hinaus ergibt sich die Bedeutung auch aus der Gegebenheit, dass in dem besagten Landkreis Wesermarsch, in welchem auch die Grundschule liegt, ein Atomkraftwerk steht“ (Rohloff 2011).

3. Fachliche Basisinformationen

„Die Energiegewinnung in einem Atomkraftwerk geschieht generell über die Erzeugung von Wasserdampf, welcher eine Turbine antreibt, die wiederum an einen Stromgenerator gekoppelt ist. Der Wasserdampf entsteht dabei durch die Erhitzung von Wasser (vgl. http://www.kernenergie.ch/de/akw-technik.html). Anders als bei Kohlekraftwerken sind Atomkraftwerke aber in der Lage, eine deutlich höhere Leistung zu erzeugen, weshalb viele Atomkraftwerks-Befürworter auch der Meinung sind, ohne Atomkraftwerke würde es in Deutschland zu einem Energieengpass kommen (vgl. http://www.kernenergie.ch/de/akw-technik.html).

Die Erhitzung des Wassers in einem Atomkraftwerk geschieht durch die sogenannte Kernspaltung, also die Spaltung von Atomkernen. Diese Spaltung passiert im Reaktor. Der Reaktor besteht aus einem Wasserbecken, in dem die Brennelemente lagern. Ein Brennelement besteht aus mehreren Dutzend Brennstäben. Diese Brennstäbe sind beispielsweise mit dem radioaktiven Material Uran gefüllt. Durch die Kernspaltung dieser Atome im Reaktor wird eine hohe Energie freigesetzt. Gleichzeitig entwickelt sich auch für den Menschen gefährliche, in erhöhter Dosis vorkommende, radioaktive Strahlung. Durch die Hitze wird das Wasser im Reaktorkessel erwärmt, sodass Wasserdampf entsteht. Der Dampf treibt, wie oben beschrieben, Turbinen an, welche einen Generator in Gang setzen. Er verläuft dabei durch einen speziellen Kreislauf zu der Turbine. Der Generator sorgt schließlich für die Stromerzeugung. Schon ein Fahrraddynamo ist ein kleiner, einfacher Generator (vgl. Kaiser/Lüschen/Reimers 2011, 55).

Für die Kühlung im Kraftwerk wird viel Wasser benötigt, weshalb die Atomkraftwerke oft an Gewässern erbaut werden. Das Wasser wird dabei aus den Gewässern gepumpt und in einen Kühlkreislauf eingespeist, um die Komponenten zu kühlen. Dabei wird das Wasser ebenfalls erhitzt, weshalb es vor der Rückführung in das Gewässer wieder herunter gekühlt werden muss (vgl. NTV Nachrichtenfernsehen GmbH 2011/Greenpeace e. V. 2004/Südwestrundfunk & Westdeutscher Rundfunk 2011).

Die Beschädigungen an den Atomkraftwerken in Fukushima hatten zur Folge, dass die Stromversorgung zu den Kraftwerken unterbrochen wurde. Das stromabhängige Kühlsystem fiel aufgrund dessen aus. Eine mögliche Kernschmelze kann in einem solchen Fall auftreten, da das Wasser, welches die Brennstäbe kühlen soll, zu stark erhitzt wird. Dadurch können sich die Brennstäbe so stark erhitzen, dass sie zu schmelzen beginnen. Die geschmolzene Masse wird so heiß, dass sie sich durch eine Stahlwand, welche den Austritt radioaktiver Strahlung verhindern soll, 'frisst'. Dabei erhöht sich der Druck im sogenannten Reaktordruckgefäß. Durch die enorme Hitze kann das Wasser in Wasserstoff und Sauerstoff aufgespalten werden. Beide Stoffe können in einer chemischen Reaktion miteinander reagieren und zu Explosionen führen, welche die Schutzwand beschädigen. Die radioaktive Strahlung kann dann austreten. In einem solchen Fall spricht man von einem GAU oder Super-GAU (vgl. Norddeutscher Rundfunk 2011)" (Rohloff 2011).

4. Verlaufsideen

1. Ausgangsfrage eines Kindes wird im Gespräch aufgenommen
2. gemeinsame Recherche im Computerraum, um das Thema und das Interesse der Klasse auszuloten
3. gemeinsame Projektplanung zur Problemlösung:
   Projektnamen finden
   Gruppenbildung
   Gruppenarbeit
   Zwischenergebnisse austauschen
4. Bildung spezieller Gruppen, z. B.
   - „Was ist Atomenergie/Kernenergie?
   - Wie funktioniert ein Atomkraftwerk?
   - Warum ist die Strahlung schädlich für den Menschen und die Umwelt?
   - Woher stammt der Strom zu Hause und in der Schule?
   - Können die Atomkraftwerke in Deutschland auch so beschädigt werden wie in Japan?
   - Was ist ein GAU?

- Können alle Atomkraftwerke abgeschaltet werden?
- Was sind Atombomben?
- Warum gibt es so viele Menschen, die gegen Atomkraftwerke sind und warum sind andere Menschen für Atomkraftwerke?
- Wo wird der radioaktive Müll gelagert?
- Welche Alternativen gibt es zu der Energie aus Atomkraftwerken?“ (Rohloff 2011)

5. Handlungsorientierte Gruppenarbeitsphase mit Ergebnisaustauschritualen
6. Präsentation der Gruppenarbeitsergebnisse (vgl. Rohloff 2011)

5. Ergebnis, Projektprodukt, Präsentation

Hauke Rohloff schlägt als Ergebnis dieses Projekts vor, „dass Menschen durch eine Präsentation der Ergebnisse durch die Projektklasse dazu bewegt werden könnten, zu einem Stromanbieter mit ‘Ökostrom’ zu wechseln“ (Rohloff 2011). Andere Ergebnisse könnten sein, dass in der Schule ein Windrad gebaut wird (wurde an der Gesamtschule Marburg-Richtsberg erfolgreich durchgeführt), um wenigstens für einen kleinen Bereich erneuerbare Energien zu nutzen.

Dieses Projekt ist ein klassisches Projekt als Beitrag zur gesellschaftlichen Veränderung, bei dem Kinder durch ein gesellschaftliches Problem aufgerüttelt werden, aber wenige Informationen haben. Der Projektschwerpunkt liegt in der Erkundung des Problems. Es mündet in Appelle an ein verändertes Konsumentenverhalten, um in der Bevölkerung durch ökonomischen Druck etwas gegen die Verbreitung von Atomkraftwerken auszurichten.

3.1.2 Fluglärm. Das Beispiel: Konflikt um den Bau des Flughafens Berlin-Brandenburg

(Nach einem Projektbericht von Carina Neumann)

1. Ausgangssituation

Carina Neumann schildert ein Projekt am Beispiel einer 4. Klasse aus der Ortschaft Zeuthen, südöstlich von Berlin, die besonders intensiv vom Bau des geplanten Großflughafens Berlin-Brandenburg International betroffen ist. „Die Bevölkerung Zeuthens sowie die gesamte Region setzen sich intensiv mit dem neuen Flughafen und dem daraus resultierenden Fluglärm auseinander. Diese Thematik bleibt auch vor den Kindern nicht verborgen, weshalb sie schließlich auch im Unterricht aufgegriffen wird“ (Neumann 2011). Ein Projekt ist aber nur dann für die Grundschule geeignet, wenn das vorhandene echte Problem in der Umgebung auch für Schülerinnen und Schüler erfahrbar wird. Dies kann sehr verschieden sein, wie das folgende Beispiel zeigt:

„Am Wochenende beobachten einige Schülerinnen und Schüler in Zeuthen eine Demonstration des Bürgerbündnisses ‘Gegen die neuen Flugrouten’. Am Montag berichten mehrere im Erzählkreis sehr lebhaft von dieser Beobachtung. Die vielen Plakataufschriften und Parolen der Demonstranten, wie beispielsweise 'Zeuthen gegen Tiefflugterror', 'Keine BBI Flüge über unserer Region', 'Gegen Fluglärm und Kerosinregen', haben die Kinder sehr beeindruckt. Außerdem ist ihnen aufgefallen, dass einige der Demonstranten einen Gehörschutz trugen, um den mit Hilfe von Lautsprechern simulierten Fluglärm ertragen zu können" (Neumann 2011). Aus dem Gespräch wird allmählich die Problematik des Flughafenbaus für die Klasse deutlich.

2. Didaktische Begründung

„Der Problembereich des Fluglärms scheint [...] paradigmatisch zu sein: Einerseits wird der Flugverkehr auf Betreiberseite zunehmend als ökonomische Chance be[...]griffen und auch von zahlreichen Reisenden verstärkt in Anspruch genommen. Andererseits scheint sich bei vielen betroffenen Bürgern eine abnehmende Lärmtoleranz abzuzeichnen, die im Begriff ist, die bestehende Konfliktlage zu verschärfen" (Kloepfer 2006, 41). Derartige Interessenskonflikte zwischen Ökonomie und Ökologie gibt es bei vielen gesellschaftlichen Infrastrukturmaßnahmen. Insofern steht die Auseinandersetzung um den Bau eines Großflughafens in der Nähe der Schule auch für viele weitere Großmaßnahmen und die schwierige Aufgabe, ökonomische Ansprüche mit ökologischen zu verbinden.

Die Zugänglichkeit dieses Inhalts ist auf der Motivationsdimension gegeben, denn Kinder werden von lokalpolitischen Auseinandersetzungen berührt und nehmen Positionen ein – meist entsprechend denen der eigenen Familie.

3. Fachliche Basisinformationen

„Die Region Berlin-Brandenburg besitzt aktuell zwei Flughäfen. Im Oktober 2008 wurde der Flughafen 'Tempelhof' bereits geschlossen[9]. Der Flughafen Schönefeld wird seit September 2006 zum neuen 'Airport Berlin Brandenburg International', kurz 'BBI' ausgebaut. Ab Juni 2012 soll der gesamte Flugverkehr der Region über diesen im Südosten Berlins liegenden Hauptstadtairport abgefertigt werden. Im Zuge dessen wird der in der Innenstadt angesiedelte Flughafen Tegel ebenfalls geschlossen[10]. Die Fläche des Flughafens Schönefeld wird durch den Ausbau zum 'BBI' um 970 ha erweitert. Insgesamt entsteht ein 1.470 ha großes Flughafengelände. Der Flughafen wird über zwei parallel zueinander angelegte Start- und Landebahnen verfügen, die unabhängig voneinander betrieben werden können. Die Flughafengesellschaft geht davon aus, dass durch die Konstruktion des Flughafens ein Großteil des Bodenlärms innerhalb des

[9] Vgl. http://www.berlin-airport.de/DE/BBI/DasProjekt/zukunftschoenefeld.html (Abruf: 5.3.2011)

[10] Vgl.: Berliner Flughäfen: Die Zukunft liegt in Schönefeld. Die Weichen für die Zukunft sind gestellt. http://www.berlin-airport.de/DE/BBI/DasProjekt/zukunftschoenefeld.html. Zugriff: 5.3.2011.

Flughafenzauns bleibt[11]. Zudem sieht sie den Bau des 'BBI's' als positiv für die Region Berlin-Brandenburg, da viele Anwohnerinnen und Anwohner durch die Schließung von Tegel und Tempelhof dauerhaft vom Fluglärm entlastet werden. Weiterhin werden durch den neuen 'BBI' bis zu 40.000 Arbeitsplätze entstehen[12]. Doch es gibt nicht nur positive Aspekte: Im September 2010 präsentierte die Deutsche Flugsicherung einen Vorschlag für die Flugrouten vom 'BBI'. Nach diesen Planungen wären andere Bezirke und vor allem mehr Menschen vom Fluglärm betroffen als bisher angenommen. Der Grund dafür liegt in den parallelen Start- und Landebahnen. Damit die Flugzeuge gleichzeitig starten können, müssen sie nach dem Start abknicken und beispielsweise über den Süden Berlins fliegen. Das daraus entstandene Bündnis Berlin Brandenburg 'Gegen die neuen Flugrouten' sieht sich aber nicht nur dem Lärm ausgesetzt. Die Anhänger fühlen sich von den Politikern hintergangen, da sie diese verdächtigen, von den Flugrouten gewusst und bewusst verschwiegen zu haben (vgl. Pezzei 2011). Das Ziel des Bündnisses ist es, dass die alten, ursprünglichen Flugrouten als verbindliche und alleinige Grundlage für alle weiteren Flugroutenplanungen dienen müssen und keine weiteren Gemeinden vom 'BBI' betroffen sind, die bei der Genehmigung des Baus nicht geplant beziehungsweise erkennbar waren. Neben dem Bündnis 'Gegen die neuen Flugrouten' gibt es noch den Bürgerverein Berlin Brandenburg (BVBB), der sich komplett gegen den Bau des 'BBI's' ausspricht und für einen Baustopp plädiert (vgl. Pezzei 2011)" (Neumann 2011).

Eine nähere Recherche zur Thematik ergibt, „dass der Flugverkehr nach dem Straßenverkehr an zweiter Stelle der Lärmbelästigungen steht (vgl. Bundeszentrale für gesundheitliche Aufklärung 2006a, 42). Zudem werden 50 Prozent der Bevölkerung tagtäglich durch den Lärm von Flugzeugen erheblich gestört (vgl. Bundeszentrale für gesundheitliche Aufklärung 2006a, 8). Eine dauerhafte Belastung kann krank machen und der nächtliche Lärm Schlafstörungen hervorrufen" (Neumann 2011). Es ist belegt, „dass es durch Lärm sogar zu körperlichen Belastungen kommen kann. Diese führen zu Unwohlsein, Kopfschmerzen, Nervosität, Kreislaufstörungen und Magen- und Darmbeschwerden. Es kommt zu einer erhöhten Ausschüttung von Stresshormonen, wodurch ein Anstieg des Blutdrucks und der Blutfettwerte hervorgerufen werden kann. Es steigt das Herzinfarktrisiko. Insgesamt können die täglichen Lärmbelastungen auch zu einer Schädigung des Gehörs führen" (Bundeszentrale für gesundheitliche Aufklärung 2006b, 4ff.).

[11] Vgl. http://www.berlin-airport.de/DE/BBI/DasProjekt/Zahlen_Daten_Fakten.html (Abruf: 5.3.2011)

[12] Vgl. http://www.waldblick-gegen-flugrouten.de/artikel/buendnis-berlin-brandenburg-gegen-neue-flugrouten-gegruendet/ (Abruf: 5.3.2011)

4. Verlaufsideen

- Gespräch über das Problem, Feststellen der Informationslücken
- Planung des Projektverlaufs
- Bildung von Arbeitsgruppen
- Arbeit am jeweiligen Projekttagesplan mit Zielangabe, Zwischenergebnisse werden notiert
- Einladung von Experten und Befragung
- Zusammenstellen der Rechercheergebnisse
- Organisation der Informationsveranstaltung
- Gestaltung von Plakaten und Werbeflyern und Verteilung im Ort
- Vorbereitung einer Präsentation für die Informationsveranstaltung
- Durchführung der Informationsveranstaltung
- Auswertung und Überprüfung des politischen Erfolgs
- Bericht für die Öffentlichkeit schreiben

5. Ergebnis, Projektprodukt, Präsentation

Am Schluss des Projekts wird eine Informationsveranstaltung für die Schule durchgeführt. Dafür wurde im Vorfeld eine Informationsbroschüre erstellt.

Dieses Projekt setzt bei der kommunikativen Betroffenheit von Kindern durch die Aktivitäten von Bürgerinitiativen an. Es ist besonders heikel, weil in der Klasse Interessengegensätze vertreten werden, da einige Eltern sich durch den Flughafenbau Arbeitsplätze versprechen. Deshalb muss immer wieder im Projektverlauf darauf geachtet werden, dass es nicht zu einer einseitigen Stellungnahme gegen den Flughafenbau führt, sondern dass den Adressaten Material zur eigenen Beurteilung von verschiedenen Standpunkten aus angeboten wird. Durch die Fokussierung der Auswirkungen von Lärm in der Durchführungsphase kann aber eine gemeinsame Untersuchungsarbeit geleistet werden. Den Abschluss stellt die Information über die Hintergründe des Flughafenbaus dar. Hier geht es um eine Veränderung des Informationsstandes bei den Beteiligten und Betroffenen, um besser informiert in diesem Konflikt entscheiden zu können.

3.1.3 Ölpest. Das Beispiel des Pallas-Unglücks
(Nach einem Projektbericht von Stefanie Karnowsky)

1. Ausgangssituation

Eine Grundschulklasse auf Amrum ist vom Unglück des Frachters betroffen und erfährt schrittweise, welche Auswirkungen die Havarie auch für ihre eigene Umwelt haben kann. „Das Unglück hat unmittelbar in die Lebenswelt der Kinder eingegriffen und wird daher als Problem angesehen. Sie können nicht mehr unbeschwert zum Strand gehen und Reporter vor Ort werfen eine Menge Fragen auf" (Karnowsky 2011). Die Kinder sind betroffen und wollen vor allem den Vögeln helfen, aber auch etwas gegen die Verschmutzung der Strände tun.

2. Didaktische Begründung

Dieser Unfall thematisiert exemplarisch das Schlüsselproblem „Umwelt" und steht beispielhaft für ökologische Katastrophen. Das Muster in den Medien ist dabei ähnlich. Zunächst wird von politischer Seite der Schaden sprachlich als weniger bedeutsam geschildert. Erst schrittweise dringen Informationen über die tatsächlichen Kosten und Folgeschäden an die Öffentlichkeit. Diese Muster dienen exemplarisch der Vorbereitung auf viele andere ökologische Katastrophen. „Das Pallas-Unglück steht somit exemplarisch dafür, dass zukünftige 'schwierige' Situationen nicht als statisch wahrgenommen werden, sondern aktiv hinterfragt und aufgearbeitet werden können. Die Schülerinnen und Schüler auf Amrum sollen eigene Gedanken entwickeln und nicht blind auf die Medien vertrauen" (Karnowsky 2011).

Da Kinder Tiere sehr lieben, ist für sie die Nachricht von verendeten Seevögeln ein Anlass, hier etwas ändern zu wollen. Insofern ist – gerade bei einer Inselschule – die subjektive Betroffenheit der Kinder besonders intensiv. „Das Unglück greift unmittelbar in ihre Lebenswelt ein. Wichtig ist, dass die Schülerinnen und Schüler in diesem Projekt die Möglichkeit haben zu erkennen, dass schlimme Dinge in und mit unserer Umwelt passieren, sie und jede einzelne Person aber einen Beitrag dazu leisten können, diese zu beeinflussen. Da die Schüler und Schülerinnen der Klasse 4a durch die Medien, Eltern oder Mitschülerinnen und Mitschüler unterschiedliche Bezüge zu dem Projekt herstellen, ergeben sich differenzierte Fragestellungen und Perspektiven. Das gemeinsame Interesse verbindet sie und schafft somit die Relevanz, sich mit der Sache zu beschäftigen und die vielseitigen Bereiche aufzugreifen" (Karnowsky 2011).

3. Fachliche Basisinformationen

„Am 25. Oktober 1998 bricht auf dem Holzfrachter 'Pallas' vor der dänischen Nordseeküste Feuer aus[13]. Am Abend meldet der zuständige Kapitän das Feuer und gibt Mayday (internationales Notrufsignal im Sprechfunk) ab. In der Nacht auf Montag, den 26.10.1998, wird die gesamte Besatzung geborgen, ein Besatzungsmitglied verliert hierbei sein Leben. Die 'Pallas' treibt weiter brennend auf dem Meer Richtung Amrum. Das Mehrzweckschiff 'Mellum' versucht den Brand auf dem Holzfrachter zu löschen und eine Notschleppverbindung herzustellen. Mehrere Schlepper beteiligen sich an der Rettungsaktion. Am Montagabend reißt jedoch die Leinenverbindung zwischen der 'Pallas' und einem

[13] Vgl. http://www.ndr.de/land_leute/norddeutsche_geschichte/pallasindexseite100.html (Abruf: 18.7.2011)

Schlepper. Das Feuer bricht erneut aus[14]. Die dänischen Behörden und die Fachabteilung in Cuxhaven schicken am Dienstag weitere Schiffe für die Löscharbeiten zur Havarie. Auf Grund der schlechten Wetterverhältnisse ist eine neue Schleppverbindung nicht möglich. Erst am darauffolgenden Tag kann die Verbindung hergestellt werden. Nachdem auch die Schleppleine der Wetterlage nicht standhält, driftet der Holzfrachter langsam auf das Wattenmeer Amrums zu. Am Donnerstag, den 29.10., kommt es wegen der geringen Wassertiefe zu einer Grundberührung der 'Pallas' vor Amrum. Das Umweltministerium wird informiert, da an Bord des Schiffes noch ungefähr 600 m^3 Schweröl sowie rund 120 m^3 Dieselöl in den Tanks sind. Vom Staatlichen Umweltamt werden Vorbereitungen für Schutzmaßnahmen der Insel getroffen, denn es beginnt Hydrauliköl (fließende Substanz zur Übertragung von Energie) aus dem Frachter zu sickern. Die nächsten Tage liegt der Holzfrachter weiterhin vor Amrum vor Anker und das Feuer entfacht sich erneut. Die Brandbekämpfung ist wegen der schweren See kaum möglich. Immer wieder tritt auch Öl aus, so dass Auswirkungen auf die Strände zu befürchten sind.

Am 07. November erfolgt ein größerer Austritt Schwer- und Dieselöls aus dem Frachter, welches bis an die Strände Amrums und Föhrs gelangt. Ölbekämpfungsschiffe sind den ganzen Tag im Einsatz und landseitige Maßnahmen werden zusätzlich ergriffen. Bis Mittwoch waren etwa 500 verölte Vögel tot aufgefunden oder getötet worden. Bei etwa 5000 Enten und etwa 7500 Watvögeln wurden Ölspuren beobachtet.

Bis zum 08. November wird weiterhin versucht, den Holzfrachter frei zu schleppen. Eine vorherige alleinige Brandbekämpfung durch Fluten des Schiffes hätte zur Folge gehabt, dass es erhebliche Risiken für die Stabilität der 'Pallas' gegeben hätte. Nach dem enormen Ölverlust hat die Brandbekämpfung jedoch oberste Priorität.

Im Laufe der Löscharbeiten sollen weitere Zerstörungen am Schiffskörper vermieden werden, die dann noch größere Mengen Öl freisetzen könnten.

Die 'Pallas' verliert immer wieder geringe Mengen an Öl, ein letzter großer Austritt erfolgt am 18.November 1998.

Das Schiff brennt schließlich bis zum 23.11., erst dann gilt das Feuer auf der 'Pallas' als gelöscht. Anschließend werden die restlichen Ölmengen von einem speziell ausgerüsteten Landungsboot abgepumpt.

Das Ökosystem hat bis dahin weit über 10000 tote Vögel zu verzeichnen, insbesondere Eider- und Trauerenten[15]. Als Meeresvögel geraten diese Arten be-

[14] Vgl. http://www.nordseeinsel.de/amrum.htm#pallas (Abruf: 18.7.2011)

[15] Die Eiderente gehört zu den Entenvögeln, ist ca. 60 cm lang, 3 kg schwer und eine Tauchente.
Die Trauerente gehört zu den Entenvögeln, ist ca. 50 cm lang, 1 kg schwer und ebenfalls eine Tauchente.
Beide Arten halten sich über dem offenen Meer auf.

sonders häufig in Ölfelder und verenden dann. Auch das Wattenmeer und der Sandstrand sind verschmutzt“ (Karnowsky 2011).

4. Verlaufsideen

- Gespräch über den Unfall im Rahmen eines morgendlichen Sitzkreises
- Erkundungsgang zum Strand
- dort Begegnung mit dem örtlichen Umweltschutzverein, der einzelne Vögel zu retten versucht, Beobachtung und Befragung
- Sammlung weiterer Fragen
- Vereinbarung von Hilfsaktionen der Kinder bei der Reinigung des Amrumer Strandes mit den helfenden Feuerwehrleuten
- Gruppenarbeit
  - „Gruppe 1: Öl am Strand
  - Gruppe 2: Tierschutz auf Amrum
  - Gruppe 3: Inselbewohner
  - Gruppe 4: Verunreinigung der Luft und des Wassers
  - Gruppe 5: Schiffsunglücke“ (Karnowsky 2011)
- Besuch des Vogelwarts mit der Klasse
- Wasseruntersuchungen mit Hilfe des örtlichen Tierschutzvereins
- Dokumentation der Ergebnisse
- Planung des Abschlusses

5. Ergebnis, Projektprodukt, Präsentation

Die Klasse hat sich entgegen der Vorstellung der Lehrerin, die eine Wandzeitung als Projektprodukt für ausreichend hielt, für eine Spendengala mit Informationsabend entschieden (vgl. Karnowsky 2011).

Dieses Projekt ist ein klassisches, denn es verbindet lokale Bezüge mit überregionaler Bedeutung. Durch ein Ereignis werden die Kinder in diese Fragen involviert und beginnen, sich selbst aktiv an der Problemlösung zu beteiligen und tragen am Schluss, wie auch partiell schon in der Durchführungsphase, zur konkreten Lösung des Problems bei.

3.1.4 Sind Müllsammelaktionen sinnvoll?

(Nach einem Projektbericht von Dorothea Kaufeld)

1. Ausgangssituation

„Einmal jährlich finden in vielen Städten und Gemeinden in Deutschland Aktionen statt, die Bürgerinnen und Bürger dazu auffordern, sich aktiv an der Säuberung ihres Stadtteils zu beteiligen. Im Rahmen der Initiative ‘Oldenburg räumt auf!’ nahmen am 18.03.2011 auch viele Oldenburger Schulen an dieser Aktion teil. Eine vierte Klasse einer Oldenburger Grundschule machte es sich an diesem Tag zur Aufgabe, den Schulhof und den angrenzenden Spielplatz von Müll zu reinigen. Insgesamt konnten mehrere Säcke Abfall gesammelt werden. Am Ende des Schultages kommen die Kinder nun im Klassenzimmer zusammen, um den Ausgang der Aktion zu reflektieren. Viele Schülerinnen und Schüler zeigen sich verärgert und frustriert darüber, dass so viel Müll eingesammelt werden musste. Sie berichten, dass ihnen vor allem das Spielen auf dem Spielplatz schon seit längerem keinen Spaß mehr bereiten würde, da dieser sehr dreckig sei und man in allen Ecken Müll finden könne. Auf dem Schulhof gebe es zwar einen Mülldienst, dieser werde von den Schülerinnen und Schülern jedoch oftmals vernachlässigt und somit sammle sich auch hier in vielen versteckten Ecken Abfall. Die heutige Sammelaktion wird zwar größtenteils positiv bewertet, gleichzeitig wird allerdings ihr Sinn hinterfragt. Die Schülerinnen und Schüler äußern die Befürchtung, dass nach der Aufräumaktion schon bald wieder Unordnung auf beiden Plätzen herrschen werde und sich die Abfälle erneut sammeln. Bereits im letzten Jahr sei schließlich Abfall gesammelt worden und an der diesjährigen Aktion zeige sich, dass der Müll nicht weniger, sondern sogar mehr geworden ist.

Zum Schulschluss hin stellt sich immer stärker heraus, dass den Schülerinnen und Schülern die Problematik der verschmutzten Plätze sehr am Herzen liegt und dass sie den Wunsch nach einer langfristigen Lösung des Problems hegen. Diese Lösung muss nach Meinung der Schülerinnen und Schüler über das einmalige Einsammeln der Abfälle hinausgehen und das Problem im Ansatz beseitigen“ (Kaufeld 2011).

2. Didaktische Begründung

„Eine mögliche Begründung des Projektthemas kann auf der Grundlage der Konzeption von Ramseger (2004) gegeben werden. Dieser spricht sich für eine Neuorientierung des Faches Sachunterricht unter der Bezeichnung ‘Welterkundung’ aus. Eine Auseinandersetzung mit einer Thematik soll nicht auf das passive Rezipieren und das Auswendiglernen von Inhalten, sondern auf die aktive Teilnahme an der menschlichen Kultur hinauslaufen. Damit spricht er auch den von Dewey aufgeführten Aspekt der Demokratisierung an. Besondere Bedeutung erhalten bei Ramseger die inhaltlichen Aspekte der Gestaltung des Verhältnisses des Menschen zur belebten und unbelebten Natur und der Bewältigung des Zusammenlebens der Menschen untereinander. Die Problematik der vermüllten Plätze kann beiden Inhaltsbereichen zugeordnet werden. Beispielsweise kann in Bezug auf die belebte Natur die Auswirkung starker Müllbelastung auf diese untersucht werden. Gesellschaftlich stellt sich u. a. die Frage nach der allgemeinen Überproduktion von Müll und nach Regeln des Zusammenlebens, die den Umgang mit fremdem Eigentum und mit öffentlichen Plätzen betreffen.

Innerhalb der Arbeit an dem Projekt findet nicht nur eine Auseinandersetzung mit dem Thema ‘Müll’, sondern gleichzeitig eine Selbstorganisation und Selbstverantwortung der Schülerinnen und Schüler und somit auch eine Auseinandersetzung mit der eigenen Identität statt. In diesem Prozess können sich u. a. folgende Fragen ergeben: 'Welche Rolle nehme ich in der Klasse/Gruppe ein?', 'Wie setze ich mich durch?' (in meiner Gruppe, in Bezug auf Autoritäten, etc.), 'Wie soll ich das schaffen?' (die Frage nach der Umsetzung der Ziele des Projektes), 'Wo stehe ich in der Gesellschaft?' (die Frage nach den eigenen Rechten und Pflichten) und 'Inwieweit kann ich meine Ansprüche an mich und die anderen geltend machen?' (die Frage nach der eigenen Durchsetzungsfähigkeit). Auch die epochenmachenden Errungenschaften der Menschheit spielen im hier beschriebenen Projekt eine Rolle. Ramseger (2004) teilt diesen Punkt in zwei Bereiche auf:

- Gesellschaftlich bedeutsame Ideen und Ziele:

  Im Projekt wird vor allem der Aspekt der Demokratie angesprochen. Dieser findet nicht nur Anwendung in der Zusammenarbeit der Schülerinnen und Schüler an sich, sondern auch in der Auseinandersetzung mit der Problemlage (bspw. können die Schülerinnen und Schüler 'Demonstrations'züge vor dem Rathaus oder Flyeraktionen organisieren). Gleichzeitig kann die Idee der Gerechtigkeit angesprochen werden (Ist es gerecht, dass wir den überflüssigen Müll entsorgen und bezahlen müssen, der von den Herstellern produziert wird? Wie können wir uns dagegen wehren?).
- Gesellschaftlich bedeutsame Systeme und Praktiken:
  Auch aus diesem Bereich können unterschiedliche Praktiken thematisiert werden. Beispielsweise kann der Aspekt der Ethik im Umgang der Menschen mit der Natur aufgegriffen werden. Ebenso spielen Politik und Wirtschaft eine Rolle (Wer ist zuständig für die Säuberung unserer Plätze? Wieso wird überhaupt so viel Müll hergestellt? Welche wirtschaftlichen Interessen spielen in den Abfallsektor mit ein?)" (Kaufeld 2011).

3. Fachliche Basisinformationen

Die Müllproblematik wird immer wieder virulent, wenn etwa quantitative Abfuhrprobleme entstehen wie in Süditalien, wo die Behörden die angefallenen Müllmassen nicht mehr bewältigen können oder belastete Müllmassen in anderen Kontinenten illegal abgelagert werden. Seitens bestimmter Gruppen der somalischen Bevölkerung wird die Verseuchung des Küstenstreifens durch Giftmüllablagerungen als Ursache für Piraterie angeführt. Die dritte immer wieder in neuer Form und an neuen Orten auftretende augenfällige Situation der Müllproblematik ist, wenn belastete Müllbestandteile Schäden für Böden oder die menschliche Gesundheit bewirken.

Derartige Problemlagen, wie massenhaft in Wohngebieten deponierte Abfallmengen, sollen in Deutschland durch das Abfallbeseitigungsgesetz von 1972 eingedämmt werden (vgl. Jörgens/Jörgensen 2000, 4). Auch für Schadstoffaustrag gibt es verschiedene Grenzwertverordnungen. Dennoch sind die Probleme mit dem Abfall im alltäglichen Handeln nicht gelöst.

Aber auch neben dramatischen Problemlagen ist die Müllfrage alltäglich eine offen sichtbare Form des Ressourcenverbrauchs. Darauf wurde mit dem Gesetz über die Vermeidung und Versorgung von Abfällen von 1986 erstmals politisch reagiert. Hier wurde die Recyclingfrage sogar zum Programm erhoben. Im Jahre 1996 betrug die Gesamtabfallmenge in Deutschland immer noch 377 Millionen Tonnen (vgl. Jörgens/Jörgensen 2000, 4). Ein großer Teil davon war gewerblicher Müll. Die Müllflut nimmt kontinuierlich zu. Allerdings steigt auch der Verwertungsanteil, der sich schon zwischen 1993 und 1996 verdoppelt hat (vgl. Jörgens/Jörgensen 2000, 4). Trotz aller gerade in Deutschland entwickelten Formen der Getrenntsammlung von Müll verschiedener materieller Herkunft, konnte das Problem bislang nicht vollständig gelöst werden. Immer noch landet ein großer Anteil des Abfalls auf Deponien oder in Müllverbrennungsanlagen. Auch umweltpädagogische Maßnahmen konnten bislang nicht dazu beitragen, ein nachhaltiges Umdenken bei den Kindern hin zum materialschonenden Umgang mit Ressourcen zu bewirken.

Obgleich in vielen Gemeinden die Möglichkeiten zur getrennten Sammlung verschiedener Wertstoffe (Komposttonnen, Glascontainer, Altpapiersammlungen, Altkleidersammlungen, Schadstoffsammlungen, Gelber Sack) mittlerweile einen hohen Grad der Akzeptanz genießen, nehmen die Müllvolumina von Jahr zu Jahr zu. Die quantitative Expansion des Müllvolumens ist nicht nur ein ökonomisches Problem, sondern auch ein ökologisches der begrenzten Rohstoffe, die oft sinnlos für Verpackungen oder Einwegwaren verbraucht werden. Auch die nach der Verordnung von 1991 zur „Vermeidung und Verwertung von Verpackungsabfällen“ (Scheuer 2007, 7) erfolgten Sammlungen im Dualen System haben die Menge der Müllvolumina nicht reduziert. Je mehr sich der Verkauf auf Selbstbedienungsmärkte verlegt, umso mehr steigt die Verpackungsmenge der Waren (vgl. Scheuer 2007, 7). Plastikverpackungen nehmen dabei zu, da sie wegen ihres leichten Gewichts einen ökonomischeren Transport gewährleisten (Scheuer 2007, 7). Dennoch ist trotz der Dominanz der Plastikverpackung gegenüber den traditionellen Werkstoffen wie Glas, Papier und Metall das Gesamtgewicht des erfassten Verpackungsmülls mit 5,2 Millionen Tonnen außerordentlich hoch, wovon nach Angaben des DSD (Duales System Deutschland) 3,7 Millionen Tonnen wieder verwertet werden (vgl. Scheuer 2007, 7).

Die Sortierung erfolgt primär automatisch; dies ist aber nur möglich, wenn die Verpackungen lose und restentleert im „gelben Sack“ liegen (vgl. Scheuer 2007, 11). Das Ausspülen oder Abwaschen ist nicht geboten, weil dies wiederum das Abwasser belasten würde (vgl. Scheuer 2007, 10). Nicht genießbare Lebensmittel sollten samt Verpackung in die Restmülltonne geworfen werden (vgl. Scheuer 2007, 12). Allerdings „können nur bis 60 % der Materialien sortenrein getrennt werden und einer stofflichen Wiederverwertung zugeführt werden“ (Scheuer 2007, 10). Unter den vielen verschiedenen Sorten von Plastikmüll wie Polyvinylchlorid (PVC), Polyethylen High Density (PE-HD), Polyethylenterephthalat

(PET), Polypropylen (PP), Polystyrol (PS) muss unterschieden werden (vgl. Scheuer 2007, 13). Polymere wiederum sind biologisch bzw. fotochemisch abbaubar (vgl. Scheuer 2007, 12). Diese Stoffe werden in der Medizin etwa als Nahtmaterial oder in der Landwirtschaft als Abdeckfolien verwendet (vgl. Scheuer 2007, 12).

Müllvermeidung und Mülltrennung, um die Bestandteile besser dem Recycling zuzuführen, sind die zentralen Handlungsstrategien, die den privaten Haushalten zur Verfügung stehen, die auch in didaktisch angelegten Publikationen fokussiert werden (vgl. Fromme/Grafe-Bunzenthal/Kaiser 1999; Müller 2000; Heyer 2002; Baumeister 2004).

4. Verlaufsideen

- Problemdiskussion Müllaktionen
- Frage nach der Herkunft des Mülls:
  - Wie kommt der Müll auf den Spielplatz und den Schulhof?
  - Sind es schulfremde oder schulzugehörige Personen?
- Untersuchung des Schulmüllaufkommens (tabellarische Übersicht nach Materialien, quantifizierende Wiegeaktionen):
  - Beobachtung des Verhaltens von Mitschülerinnen und Mitschülern in der Pause
  - Interviews mit „Ertappten", warum sie es getan haben
- Untersuchung des Müllaufkommens im Ort anhand von statistischen Daten der Abfallversorgung
- Erkundungen zur Müllverwertung und der verschiedenen Interessen:
  - Besuch einer Mülldeponie und eines Abfallverwertungsunternehmens
  - Befragung von Experten (Bürgermeisterin, Mitglieder des NABU, also des Naturschutzbundes Deutschland, des Ordnungsamtes, Herstellerfirmen, die besonders viel Müll produzieren)
- Gruppenarbeit zur Problemlösung
- Entwicklung eines gemeinsamen Planes zur Lösung des Problems nach der Feststellung, dass Müll auf dem Schulhof vor allem von Schülerinnen und Schülern der eigenen Schule stammt
- Suche nach Alternativen:
  - Aufbau von Informationsständen in der Schule
  - Plakataktion gegen das alltägliche Wegwerfen von Müll mit Plakaten, die mit aufgeklebten Müllobjekten gestaltet wurden
  - Verteilen von Infoflyern; Informationsstände auf dem Wochenmarkt
  - kreative Auseinandersetzung mit dem Thema Müll (Herstellung von Spielzeugen, Taschen, Kunstwerken aus Müll)

- Planung der gemeinsamen Schulhofgestaltung aller Klassen, um das Müllaufkommen zu verringern
- Bau zusätzlicher Mülleimer aus Beinahe-Müll-Objekten

5. Ergebnis, Projektprodukt, Präsentation

Es wird eine Aufklärungsaktion der Schulöffentlichkeit zur Gestaltung eines neuen müllfreien Schulhofes unter Beteiligung aller Klassen durchgeführt, um deren Eigenverantwortung zu stärken, damit zukünftig das achtlose Wegwerfen von Müll möglichst verhindert wird.

Dieses Projekt kann nach dem Abschluss der Schulhofaktion auch noch weiter ausgebaut werden auf ein Projekt für das gesamte Dorf oder Stadtviertel. Da wären Aktionen wie „Stofftaschen statt Plastiktüten" oder „Flaschen statt Dosen" sinnvoll. Wichtig dabei ist, dass die Kinder selbst am Anfang Erfahrungen gemacht haben, die sie motivieren, sich wirklich gegen das alltägliche Wegwerfen einzusetzen und nach den Ursachen zu forschen.

3.1.5 Grundwasserbelastung durch Landwirtschaft

(Nach einem Projektbericht von Caroline Knips)

1. Ausgangssituation

Ausgangspunkt für dieses Projekt sind kontroverse Erfahrungen und Hintergrundpositionen von verschiedenen Kindern einer Klasse zur Frage der Grundwasserbelastung durch Gülle: „Ein Schüler berichtet, dass er am Wochenende mit seinem Vater Wasserproben am Industriehafen entnommen hat, da sein Vater ab und zu ehrenamtlich für einen Verein arbeitet, der untersucht, ob die Wasserqualität in verschiedenen Ortschaften den gesetzlichen Vorgaben entspricht. Dieser Verein heißt ‘VSR Gewässerschutz’ und kümmert sich auch darum, dass auffällige Ergebnisse der Öffentlichkeit zugänglich gemacht werden. Sein Vater hat ihm erzählt, dass in den letzten Jahren besonders der zunehmende Einsatz von Gülle dazu führt, dass die Gewässer verschmutzt werden. Da die Wasserqualität im Raum Leer sich als besorgniserregend herausgestellt hat, sei heute sogar ein Artikel dazu in der Nordwestzeitung.

Eine andere Schülerin meldet sich und sagt, sie hätte zu dem Thema auch etwas anzumerken. Ihr Vater ist Landwirt und hat ihr erzählt, dass Gülle aus dem Mist der Kühe gemacht wird und deshalb ein natürlicher Dünger ist. Er ist gut für den Boden und hilft den Pflanzen zu wachsen, ohne dass ungesunde Chemikalien in den Boden gelangen. Sie behauptet daher, dass die Aussage nicht stimme, dass Gülle das Wasser verschmutzt.

Die Aussagen der beiden animieren auch viele andere Schülerinnen und Schüler, sich Gedanken zu machen. So entsteht eine angeregte Diskussion. Es wird debattiert, was denn nun Schuld daran sei, dass das Wasser in Leer verschmutzt ist" (Knips 2011).

2. Didaktische Begründung

„Die Wasserverschmutzung durch Massentierhaltung steht beispielhaft für die Forderung der Gesellschaft nach günstigen Lebensmitteln mit der gleichzeitigen Billigung weitreichender Umweltschäden. Obwohl sich die Mehrheit für den Schutz der Umwelt durch geringeren Einsatz von Düngemitteln aussprechen würde, zeigen sich besonders die Endverbraucher von Fleisch oft nicht bereit, die dadurch entstehenden (höheren) Preise zu zahlen. Es besteht also eine Diskrepanz zwischen ökologischem Handeln und ökonomischem Denken. Sowohl die Produzenten als auch die Verbraucher entscheiden sich für den ökonomischen Pfad und entwickeln eine Ignoranz gegenüber der Problematik.

Die Veränderungen der Umwelt und die Umweltverschmutzung insgesamt sind für Kinder von großer Bedeutung. Durch die Medien sind sie den allgegenwärtigen Klima- und Umweltproblemen permanent ausgesetzt. Besonders Ölkatastrophen, die oft ein großes Medieninteresse erwecken, zeigen Kindern anschaulich, welche Konsequenzen menschliches Fehlverhalten für ein Ökosystem und die darin lebenden Tiere haben kann.

Die Wasserverschmutzung durch landwirtschaftliche Betriebe können Kinder in den meisten Fällen sogar in ihrem unmittelbaren Umfeld beobachten. Die Problematik entsteht also in ihrer direkten Lebenswelt“ (Knips 2011).

3. Fachliche Basisinformationen

„Wasserverschmutzung durch landwirtschaftliche Betriebe ist ein komplexes und übergreifendes Themenfeld. Neben der Verunreinigung durch den verstärkten Einsatz von Düngemitteln, deren Folge erhöhte Nitratwerte in Boden und Gewässern sind, spielen weitere Faktoren wie Pestizide oder erhöhte Phosphatwerte eine wichtige Rolle“ (Knips 2011).

Erhöhte Nitratwerte im Grundwasser sind schon längst kein regionales Problem mehr. Die Entdeckung von Stickstoff als Dünger (u. a. gewonnen aus Gülle) in der Landwirtschaft führte in Verbindung mit technischen Neu- und Weiterentwicklungen zur Bewirtschaftung von Feldern zu einer erheblichen Steigerung der Ernteerträge in den letzten Jahrzehnten. Es entstanden jedoch auch negative Nebeneffekte, wie die Wasserverschmutzung. Im Folgenden soll ein Überblick über die Sachlage gegeben werden. Zu berücksichtigen ist dabei, dass das ausgewählte Beispiel einen Ausschnitt einer weit reichenden Problematik repräsentiert und daher lediglich die wesentlichen Aspekte vorgestellt werden.

Die grundsätzliche Ursache der Wasserverschmutzung durch landwirtschaftliche Betriebe ist die Überdüngung der zu bewirtschaftenden Felder (Eutrophierung). „Eutrophierung wird am besten mit Überdüngung oder Überangebot an Nährstoffen übersetzt“ (Klöpffler/Grahl 2009, 281). Die Eutrophierung (eutroph = griech.: “gut nährend“ (Duden 2001, 286)) des Bodens kann weiter zur Eutrophierung von Gewässern führen (vgl. Miram/Scharf 1997, 155).

„Die verursachenden Stoffe dieser Wirkungskategorie sind nicht generell mit Schadstoffen im üblichen Sinn gleichzusetzen. Es handelt sich vielmehr auch um Nährstoffe, deren Überangebot zum vermehrten photosynthetischen Aufbau von Biomasse führt. Aufgrund einer Änderung des Nährstoffangebots kann sich in einem Ökosystem das Artenspektrum ändern" (Klöpffler/Grahl 2009, 281). Einer dieser verursachenden Stoffe ist Stickstoff. Die Verunreinigung des Wassers durch Dünger erfolgt indirekt über die Ausspülung eines überdüngten Bodens. Die dort überschüssigen Nährstoffe können von den Ackerpflanzen nicht aufgenommen werden und lösen sich letztlich im Grundwasser oder in anderen Gewässern (bsp. Seen) (vgl. Klöpffler/Grahl 2009, 282).

Besonders in Oberflächengewässern kann dies zur Folge haben, dass ein starkes Algenwachstum zu mehr abgestorbener Biomasse am Grund eines Gewässers führt, was wiederum den Sauerstoffgehalt des Wassers beeinflusst (vgl. Klöpffler/Grahl 2009, 281). „Ein vormals klarer See mit Trinkwasserqualität kann sich zu einem Gewässer mit einer anoxischen (sauerstofffreien) Tiefenschicht entwickeln. Durch den reduzierten Sauerstoffgehalt ändert sich das Artenspektrum in Gewässern. Im Extremfall entwickelt sich ein anaerobes Ökosystem, was meist unerwünscht ist" (Klöpffler/Grahl 2009, 281).

Welche Rolle spielt jedoch das Nitrat in diesem Kreislauf? „Als Bestandteil von Proteinen und Nucleinsäuren ist Stickstoff für alle Organismen ein lebenswichtiges Element. Während Pflanzen das anorganische Nitrat des Bodens und der Gewässer als Stickstoffquelle nutzen können, sind Tiere auf organische Stickstoffverbindungen angewiesen [...]. Aus toter Biomasse setzen Destruenten wieder Nitrate und andere Stickstoffsalze frei und schließen damit den Stickstoffkreislauf" (Miram/Scharf 1997, 139). Um zu verstehen, warum Nitrat zur Verschmutzung von Wasser beiträgt, muss die sogenannte Nitrifikation verstanden werden. Dabei handelt es sich um die „Oxidation von Ammonium – zu Nitrit – und Nitratverbindungen" (Miram/Scharf 1997, 171). Es werden „unter sauerstoffreichen, also aeroben Bedingungen, [...] z. B. Eiweißstoffe der abgestorbenen Lebewesen durch Pilze und Bakterien über eine Reihe von Zwischenstufen u. a. zu Ammonium-Ionen abgebaut. Neben Kohlenstoffdioxid entstehen hierbei auch Stickstoff-, Schwefel- und Phosphorverbindungen" (Miram/Scharf 1997, 148). Weitere Bakterien verwandeln die Ammonium-Ionen in Nitrit-Ionen, die dadurch zu Nitrat-Ionen oxidieren (vgl. Miram/Scharf 1997, 148). Die Folgen für den Menschen sind verheerend: „Im menschlichen Körper kann das Nitrat in das giftige Nitrit umgewandelt werden. Nitrit kann bei Säuglingen die sogenannte Blausucht hervorrufen. Sie löst Atemnot und Erstickungsanfälle aus, da der Sauerstofftransport im Blut gestört ist. Beim Erwachsenen können sich im sauren Milieu des Magens aus Nitrit und Aminen der Nahrung Krebs erregende Nitrosamine bilden" (Miram/Scharf 1997, 155).

„Menschen sind dieser Entwicklung aber nicht hilflos ausgeliefert. Eine effektive Möglichkeit der Hilfe wäre es, einen Entwässerungsgraben, der in die Ems mündet, zu bepflanzen. Schnell wachsende Pflanzen benötigen Nitrat für ihr Wachstum und entziehen es somit dem Wasser. Die durch Nitrat belasteten Entwässerungsgräben zwischen den Feldern würden somit natürlich gereinigt werden. Als Folge dessen würde weniger Nitrat in die Ems gelangen“ (Knips 2011).

4. Verlaufsideen

- Problemdiskussion über Grundwasserverschmutzung
- Gruppenbildung und Zuordnung von Fragen:
  - Gruppe 1: Wasser
    - Warum ist Wasser verschmutzt?
    - Welche Bestandteile sind in verschmutztem Wasser zu finden?
  - Gruppe 2: Gülle
    - Was ist Gülle überhaupt?
    - Wie kann sie ins Wasser gelangen?
    - Welche Auswirkungen hat Gülle für den Menschen?
  - Gruppe 3: Maßnahmen
    - Kann man etwas tun, um das Wasser wieder zu reinigen?
    - Kann man etwas tun, um die Gülle anders loszuwerden?
- Zwischenvorstellungen der Gruppenergebnisse
- Aufnahme neuer Fragen in die Gruppenarbeit:
    - Was ist Nitrat und wieso ist es für den Menschen schädlich?
    - Was sind Massentierhaltungsbetriebe?
    - Welche Rolle spielt die Gülleentsorgung bei der Wasserverschmutzung?
- Einladung eines Experten
- Planung der Bepflanzung eines Entwässerungsgrabens

5. Ergebnis, Projektprodukt, Präsentation

Gemeinsam wird ein Entwässerungsgraben vorwiegend mit Wasserpest bepflanzt, um durch diese Pflanzen den Nitratgehalt des Wassers zu verringern. Regelmäßige Wasserproben nach der Pflanzaktion und auch Beobachtungen, ob die Wasserpest nicht überhand nimmt, sollten durchgeführt werden.

Es folgt die Präsentation der Projektergebnisse für die anderen Klassen der Schule sowie der Schulöffentlichkeit, um denen zu zeigen, dass weitere Bepflanzungsaktionen sinnvoll sind. Dazu wird auch die regionale Presse eingeladen.

Dieses Projekt zeigt in besonders klarer Form, dass auch in Schulen reale gesellschaftliche Veränderungen möglich sind, die Kinder gut durchschauen können. Die Pflanztiefe bei Wasserpflanzen ermöglicht sinnliche Erfahrungen mit dem nassen Element. Der naturwissenschaftliche Hintergrund lässt sich mit Beobachtungen besser verstehen. Die Tätigkeiten des Bepflanzens entsprechen dem Aktivitätsbedürfnis von Grundschulkindern.

3.1.6 Castortransport in Wendland
(Nach einem Projektbericht von Alexandra Müller)

1. Ausgangssituation

In der niedersächsischen Stadt Dannenberg diskutieren die Kinder einer dritten Klasse im September über den für November 2010 angekündigten Castortransport. „Viele Eltern sind aktiv in der Widerstandsbewegung und haben mit den Vorbereitungen für Demonstrationen und verschiedenen anderen Aktionen begonnen. Einige Kinder berichten zudem, dass ihre Eltern sich jetzt, kurz vor dem Transport, häufig mit anderen Atomkraftgegnern treffen und gemeinsam besprechen, wie sie den Widerstand leisten können. Es wird viel Wert auf friedlichen, aber wirksamen, gemeinsamen Widerstand gelegt. Einige Geschäfte und Landwirte sowie Eltern der Kinder haben ein gelbes 'X', welches den Widerstand symbolisiert, gut sichtbar in Fenstern oder auch auf dem Feld aufgestellt. Die Kinder kennen das gelbe 'X' und wissen, dass es viele Leute aufgrund des Castortransports aufstellen. Einige Kinder waren schon bei verschiedenen Demonstrationen gegen Atomkraft und auch bei Castortransporten dabei. Sie nehmen durch ihre Eltern an der Widerstandsbewegung teil und wissen, dass mit dem Castortransport Atommüll transportiert wird. Es ist ihnen bekannt, dass viele diesen als sehr gefährlich erachten. Dennoch ist den Kindern unklar, warum denn dieser Müll in ihre Heimat gebracht wird, wenn ihn doch offensichtlich kaum jemand haben möchte.

Wenige Kinder leben in Haushalten, in denen Atomkraft als richtig und wichtig erachtet wird. Ihre Eltern nehmen nicht an den Demonstrationen teil, sondern sind verärgert über die vielen Widerstände. Diese Kinder haben besonders viele Unklarheiten bezogen auf die bevorstehenden Proteste. Die Ursache für diesen starken Widerstand ist ihnen deshalb weniger bekannt. Die Kinder der dritten Klasse können die Situation nicht überblicken und haben Probleme, mit diesem Thema umzugehen. Dennoch ist das Thema für diese Kinder von besonderer Bedeutung, da sie in einer Gegend aufwachsen, welche durch Castortransporte und den Widerstand geprägt ist. Durch ihre Eltern und ihr Lebensumfeld erfahren sie die Brisanz um das Thema Atomkraft. Somit umgibt sie das Thema in ihrem täglichen Leben. Die Schülerinnen und Schüler stellen immer wieder Fragen zu dem bevorstehenden Castortransport. Aus dem aktuellen Anlass heraus schlägt die Lehrkraft der Klasse vor, im Rahmen eines Projekts mehr über den Castortransport herauszufinden. Die Schülerinnen und Schüler stimmen zu" (Müller 2011).

2. Didaktische Begründung

„Die Kinder der Grundschule Dannenberg wachsen in einem Gebiet auf, welches durch den Atomprotest geprägt ist, wie kein anderes in Deutschland. Der Protest ist in dieser Gegend fest verwurzelt. Es kann davon ausgegangen werden, dass jedes Kind mit diesem Thema bereits in Berührung gekommen ist.

Nachrichten befassen sich mit der Thematik. Es gibt immer wieder Schlagzeilen in Zeitungen.

In der Zeit, wenn ein Castortransport angekündigt ist, wird dieses Thema für die Kinder fortlaufend präsent. Denn viele Eltern sowie auch Inhaber der Geschäfte und Bauern sind aktive Gegner und leisten öffentlich Widerstand. Das gelbe 'X' ist eines der vielen Zeichen, die den Kindern kaum entgehen können. Somit ist das Problem des Atommülls für sie ein absolut gegenwärtiges Problem.

Atommüllentsorgung und Castortransporte sind ein Thema der Zukunft. Bis heute, nach mehr als 50 Jahren Atomkraftnutzung, ist nicht klar, wie der Atommüll entsorgt werden kann (vgl. Hocke/Grunwald 2006). Bisher gibt es nirgendwo auf der Welt ein geeignetes Endlager für den hoch radioaktiven Müll (vgl. Müller 1999, 20).

Der Castortransport in Gorleben ist ein Beispiel für den Umgang der Menschen mit Atommüll in Deutschland. Gleichzeitig widerspiegelt dieser auch den Umgang des Menschen mit seiner Umwelt.

Die Behandlung der Umweltfrage kann auch als Erziehung zum Verantwortungsbewusstsein verstanden werden. Die Schülerinnen und Schüler lernen einen nachhaltigen, verantwortlichen Umgang mit ihrer Umwelt zu entwickeln. Der Schwerpunkt liegt in diesem Bereich in der Bildung für Nachhaltigkeit (vgl. Giest 2004, 90).

Ferner werden die Kinder durch das Behandeln der Umweltfrage zu einem achtsamen Umgang mit dieser angeleitet (vgl. Spahn–Skrotzki 2010, 41). Sie erkennen, dass das Handeln des Menschen die Umwelt beeinflusst. Bedeutungszusammenhänge, Wirkungen und unerwünschte Nebenwirkungen werden deutlich" (Müller 2011).

3. Fachliche Basisinformationen

„Ein Castortransport ist für November 2010 in Gorleben angekündigt worden. Der Begriff Castor steht für Cask for storage and transport of radioactive material. Ein Castor ist ein 120 Tonnen schwerer, 5–6 Meter hoher Metallbehälter mit einem Durchmesser von 2,5 Metern. In diesen Behältern befinden sich abgebrannte hochradioaktive Brennelemente (meist stabförmig) (vgl. Müller 1999, 185). Diese Brennelemente entstammen Atomkraftwerken. Bei der Erzeugung von elektrischer Energie bleiben sie als Abfallprodukt übrig.

Sie sind hoch gefährlich und dies noch nach tausenden von Jahren. Bereits eine Minute ungesichert in der Nähe eines solchen Brennstabs zu stehen, kann für einen Menschen tödlich enden (vgl. Rubner 2007, 236). Der Atommüll wird in Castorbehältern transportiert, um die gefährliche Strahlung gegenüber der Außenwelt abzuschirmen (vgl. Müller 1999, 185). Diese Strahlung entsteht bei umwälzenden Ereignissen im Atomkern. Sie bildet sich aus atomaren Fragmenten, welche während der Zerfallsereignisse innerhalb des Kerns freigesetzt werden.

Gelangen diese Fragmente in die Zellen des menschlichen Körpers, zerstören sie diesen. Weniger starke Bestrahlung kann Krankheiten wie beispielsweise Krebs auslösen (vgl. Muller 2009, 103).

Anfang November 2010 sollen elf dieser Castorbehälter nach Gorleben gebracht werden. Gorleben dient als ein Zwischenlager. Die Brennstäbe werden hier zur Wiederaufbereitung oder für die Endlagerung zwischengelagert (vgl. Müller 1999, 185). Sie werden mit dem Zug und dem Tieflader in das oberirdische Lager nach Gorleben transportiert. In dieser Lagerhalle stehen bereits 91 solcher Behälter (vgl. Rust o. J.).

Gorleben ist immer wieder als mögliches Endlager für den atomaren Abfall im Gespräch (vgl. Rubner 2007, 233). Dies wird von Atomkraftgegnern scharf kritisiert. Sie bemängeln, dass Gorleben als Salzstock ungeeignet ist, um solche Mengen an atomarem Müll zu fassen. Es besteht die Gefahr, dass die Strahlung ins Grundwasser gelangt und somit der Bevölkerung erheblichen Schaden zufügt (vgl. Rust o. J.). Die Proteste im Wendland haben daher zum einen das Ziel, die Ablehnung der Atomkraft zum Ausdruck zu bringen und zum anderen auch gegen Gorleben als Endlager zu protestieren.

Atomkraft wird aufgrund ungelöster Entsorgung auch als 'Flugzeug ohne Landeplatz' bezeichnet (vgl. Rubner 2007, 234). Die Befürworter der Atomkraft sehen ungeachtet dessen viele Vorzüge in der Nutzung von Atomkraft. Insbesondere das Argument, dass Atomkraft faktisch ohne die Freisetzung von Treibhausgasen erzeugt werden kann, wird häufig hervorgebracht. Dies lässt aus ihrer Perspektive die ungeklärte Frage nach der Endlagerung scheinbar unwichtig werden. Dabei bleibt dies die Kernproblematik bei dem Thema Atomkraft.

Atommüll ist eines der größten technischen Probleme, mit welchem sich die Gesellschaft beschäftigen muss. Es scheint keine Lösung für dieses Problem zu geben. Um es nicht noch zu vergrößern, wäre es angebracht, dass die Atomkraftwerke abgeschaltet werden. Der Atommüll strahlt noch sehr lange nach und ein geeignetes Endlager gibt es bislang nicht. Plutonium hat eine Halbwertszeit von 24000 Jahren. Nach 48000 Jahren besteht noch ein Viertel der hochgiftigen Strahlung. In diesem langsamen Modus zersetzt sich der durch Atomkraftwerke produzierte Müll (vgl. Muller 2009, 200). Nach 100000 Jahren beträgt die Strahlung noch 10 % der Strahlung, die sie beim Verlassen des Reaktors hatte. Dieser Wert ist immer noch viel zu hoch, denn wenn diese Strahlung ins Grundwasser gelangen sollte, würde das verheerende Auswirkungen haben. Es stellt sich die Frage, wer denn gewährleisten kann, dass ein Behälter länger als 100000 Jahre sicher bleibt (vgl. Muller 2009, 200). An dieser Stelle wird deutlich, wie die Gesundheit der heranwachsenden Generation in diesem Gebiet aufs Spiel gesetzt wird. Es ist ihr Lebensraum, der genutzt wird, um hochgiftigen Müll zu lagern.

Die aktuellen Anlässe zeigen die Gefahr der Atomkraft. In Japan kam es in einem Atomkraftwerk zu Explosionen und in Teilen zu einer Kernschmelze (vgl.

Tagesschau 2011). Dieser Vorfall in Japan zeigt die Risiken, die Atomkraft zusätzlich zur Entsorgungsfrage mit sich bringt“ (Müller 2011).

4. Verlaufsideen

- Klärung, welche Fragen und Anliegen die Kinder zum Thema haben, wie z. B.:
  - Wie entsteht der Atommüll?
  - Warum kommt der Müll zu uns, wenn doch alle wissen, dass der so gefährlich ist?
  - Sind die Behälter sicher?
  - Warum gibt es so viele Proteste?
  - Warum setzen sich die Menschen auf Zuggleise?
  - Was ist ein Castor?
  - Was können wir tun?
- Planung: Erarbeitung einer Zeitskizze; Auswahl zentraler Fragen und Inhalte
- Arbeitsgruppenbildung
- Präsentation der Ergebnisse in der Klasse
- Schreiben einer gemeinsamen Pressemitteilung
- Vorbereitung der öffentlichen Aktion
- Durchführung der öffentlichen Aktion der Klasse zum Castortransport mit Podiumsdiskussion

5. Ergebnis, Projektprodukt, Präsentation

Es erfolgt eine Einladung verschiedener Experten, die pro und contra Castortransport sind. Sie sollen an einer Podiumsdiskussion in der Schule vor Eltern, Lehrpersonen und allen Klassen teilnehmen. Sie müssen sich den Fragen der Schülerinnen und Schüler stellen. Im Raum werden an Stellwänden die Projektergebnisse präsentiert.

Dieses Projekt ist keinesfalls historisch überholt durch Schritte des Ausstiegs aus der Atomkraft. Das Entsorgungsproblem verstrahlten Atommülls bleibt eine ungelöste Aufgabe und wird gerade die Kinder in den fraglichen Regionen nicht unberührt lassen. Da Kinder sich auch massiv betroffen fühlen, ist es notwendig, sie pädagogisch zu begleiten. Gerade die eigenaktiven Schritte der Projektarbeit sind ein guter Weg, Schülerinnen und Schüler nicht hilflos ausgeliefert sein zu lassen, sondern ihnen zu zeigen, dass sie auch in dieser komplizierten Frage zu Wort kommen dürfen.

3.1.7 Krötenwanderung
(Nach einem Projektbericht von Mareike Janssen)

1. Ausgangssituation

„Im morgendlichen Erzählkreis berichten einige Schülerinnen und Schüler der Klasse 4a der Grundschule Ofenerdiek von mehreren überfahrenen Kröten, welche sie auf ihrem Schulweg am Schafjückenweg entdeckt haben. Ein Großteil der Kinder kennt den betroffenen Straßenabschnitt und viele Kinder steigen in die entstehende Diskussion ein. Es kommen verschiedene Fragen auf:

- Warum wollten plötzlich so viele dieser Tiere die Straße überqueren?
- Wo kommen die Tiere her?
- Sind Kröten und Frösche das Gleiche?
- Wie leben überhaupt Kröten oder Frösche?
- Wie kann den Tieren geholfen werden?“ (Janssen 2010).

Eine derartige Ausgangssituation ist lokal verankert und schafft die Möglichkeit, unmittelbar handelnd tätig zu werden.

2. Didaktische Begründung

Kinder lieben Tiere. Biophilie scheint ein Merkmal zu sein, das Kinder in verschiedenen Kulturen kennzeichnet. Von daher stoßen Projekte mit Tieren immer auf besonderes Interesse von Grundschulkindern. „Die Veränderung der Umwelt durch den Menschen und damit die Zerstörung der Lebensräume vieler Tiere sind für Kinder von großer Bedeutung. Sie kennen verschiedene Phänomene aus dem Fernsehen oder den Nachrichten. Besonders prägnant und anschaulich ist für viele Kinder die Dezimierung des Lebensraumes von Eisbären durch das Abschmelzen des Polareises, welches in Zeitschriften und anderen Medien oft durch Eisbären auf Eisschollen visualisiert wird.

Das Sterben der Amphibien auf der Straße im eigenen Wohngebiet können die Kinder dagegen direkt 'vor der eigenen Haustür' beobachten. Das Problem entstammt daher direkt ihrer eigenen Lebenswelt.

Das Sterben von Amphibien auf ihren Wanderwegen steht exemplarisch für das Eindringen des Menschen in den Lebensraum verschiedener Tiere. Nach Bebauung von Wiesenflächen, dem Ausbau des Straßennetzes sowie der Trockenlegung von Feuchtgebieten und Mooren wird vielen Tieren ihr Lebensraum genommen. Durch den Bau einer Schutzmaßnahme für Amphibien kann den Schülerinnen und Schülern ein Weg aufgezeigt werden, einen Kompromiss für Mensch und Tier zu finden“ (Janssen 2010).

3. Fachliche Basisinformationen

„Amphibien (aus dem griech. ‹Doppellebige›) gehören zu den Wirbeltieren. Zu ihnen zählen bundesweit 21 Arten, unter anderem Salamander, Unken, Kröten und Frösche. Alle Amphibienarten durchlaufen als Jungtiere eine Metamorphose. Der Organismus gestaltet sich weitgehend um, sodass ein Wechsel vom ausschließlichen Lebensraum Wasser zum Landleben möglich ist.

Die Lebensweise der Amphibien zwingt sie zu mehrmaligen, teils kilometerweiten Wanderungen im Jahr. Im Frühjahr findet die Wanderung zu den meist gleichbleibenden Laichgewässern statt. Nach der Fortpflanzung wird ein Sommerquartier bewohnt. Im Herbst suchen sich die Tiere einen geeigneten Ort zur Winterruhe.

Das Bundesnaturschutzgesetz stuft alle Amphibienarten als besonders geschützt ein, da für alle Arten Rückgangstendenzen, für viele auch deutliche Gefährdungen, zu erkennen sind. Hauptgefährdungspotenzial sind fehlende Lebensräume durch agrarindustriell geprägte Landschaften und den Straßenverkehr.

Die zunehmende Verkehrsdichte sowie die Verdichtung des Straßennetzes, beispielsweise durch neue Wohnsiedlungen, lassen diese Wanderungen zur Gefahr für viele Amphibienarten werden (vgl. Klingenberg 2007, 32ff.).

Durch das Aufstellen von Hinweisschildern, zeitweilige Sperrungen von Straßen sowie die Errichtung von so genannten Krötenzäunen wird versucht, die Amphibien bei ihrer Wanderung zu schützen.

Auch in Oldenburg und im Umland sind verschiedene Wanderstrecken von Amphibien bekannt. Der Naturschutzbund (NABU) Oldenburg unterstützt verschiedene Projekte zum Schutz der Amphibien, beispielsweise im südlichen Oldenburg (Posthalterweg, Am Tegelbusch) sowie in Edewecht. Da jedoch nicht alle Wanderstrecken bekannt sind, sind Anwohner aufgefordert, neue 'Wanderwege' zu melden (vgl. NABU Oldenburg 2010)" (Janssen 2010).

4. Verlaufsideen

- Ausgangssituation: Ein Kind berichtet über den Fund einer toten Kröte auf der Straße, alle Kindern sind bewegt.
- Zunächst recherchieren die Kinder individuell.
- Projektplanung, Gruppenbildung
- Bau und Aufstellung eines Hinweisschildes auf Krötenwanderung durch eine Gruppe
- Austausch der bisherigen Gruppenarbeit
- Einladung eines externen Fachmanns vom Naturschutzbund
- Koordination der Aufgaben (Bau eines Schutzzaunes)
- Bildung neuer Arbeitsgruppen
- Testung der einzelnen Bestandteile des Zaunes (Folie, Eimer, Pfosten)
- Präsentation der Ergebnisse; Planung im Plenum von Einkauf und Leerungsdienstplan
- Bau eines Schutzzaunes
- Überprüfung an der Wirklichkeit

- Dokumentation des Standes
- Leerung der Eimer
- Statistische Überlegungen
- Bericht für die Schülerzeitung
- Abbau des Zaunes nach Ende der Krötenwanderung und Übergabe an den Naturschutzbund
- Übergabe der Aufgabe an die 3. Klasse

5. Ergebnis, Projektprodukt, Präsentation

Dieses Projekt hat nicht eine klassische punktuelle Projektpräsentation, sondern drei verschiedene Endpunkte. Einmal ist der Bau des Schutzzaunes ein sichtbares Ende, vom Schutzgedanken her betrachtet ist gerade der Abbau des Zaunes das tatsächliche Ziel. Somit wäre hier eines der wenigen Projekte, bei denen gerade etwas nicht Sichtbares das Produkt ist, nämlich der Abbau. Im dritten Schritt gibt es bei diesem Projekt aber wiederum ein klassisches Abschlussszenario, wenn die 3. Klasse, also die nachfolgende 4. Klasse, über diese Aktion informiert wird und auf die Übernahme der Krötenschutzaktion im nächsten Jahr vorbereitet wird.

Dieses Projekt ist ein klassisches, lokales Naturschutzprojekt mit hoher Komplexität und starken konkreten Handlungsanteilen. Die Kinder stoßen situativ auf das Problem, informieren sich und werden praktisch zum Schutz der Tiere tätig. Sie sorgen für die Nachhaltigkeit ihres Vorhabens indem sie das Know-How an die nachfolgende 4. Klasse übergeben. Nach diesem Modell lassen sich viele weitere Naturschutzprojekte im Schulumfeld entwickeln, sei es eine Bachuferbefestigung durch Erlenanpflanzung, Baumpatenschaften oder Erhalt einer naturbelassenen Fläche.

3.2 (Kommunal)politische Entscheidungen

3.2.1 Umgehungsstraßenbau: Die Südumgehung in Göttingen

(Nach einem Projektbericht von Anne Marleen Julie Goblet)

1. Ausgangssituation

„Bereits seit mehreren Tagen bemerken die Kinder am Rande der Gespräche immer wieder, dass ihnen aufgefallen ist, dass in vielen Fenstern gelbe Zettel und Plakate hängen, auf denen ‘Südspange? Nein danke!’ steht. Einige Kinder berichten, dass sie ebenfalls mit ihren Eltern diese Zettel in ihre Treppenhäuser gehängt haben.

Am Vortag fand eine große, von der Bürgerinitiative organisierte, Demonstration gegen die geplante Südspange statt. Sie führte durch die Innenstadt und über die Reinhäuser Landstraße hinaus zur Drachenwiese. Da dies der Stadtteil ist, in welchem die Kinder der Klasse leben, haben die meisten die Demonstration verfolgen können. Einige der Kinder nahmen aktiv mit ihren Eltern an der Demonstration teil.

Im täglichen Morgenkreis beschäftigen sich fast alle Berichte mit der Thematik.

Es wird deutlich, dass die meisten Schülerinnen und Schüler Interesse daran haben, sich mit dem Konflikt 'Südspange' auseinander zu setzen. Die Kinder äußern die Idee, ein Projekt zu diesem Thema zu machen" (Goblet 2010).

2. Didaktische Begründung

Verkehrsplanung ist in einer Zeit zunehmender Verkehrsdichte eine immer größer werdende Herausforderung für Menschen. Einerseits stehen diese Planungsprozesse unter dem Primat, das Verkehrsgeschehen zu verflüssigen und Staus zu verhindern. Andererseits bedeuten die Prozesse auch, dass bisherige Flächen für menschliche Aktivitäten durch Schnellstraßen geteilt werden.

Insofern können sie also gleichzeitig Mobilitätsmotor und Mobilitätsbarriere sein. Dies betrifft den konkreten Alltag auch von Grundschulkindern. Sie werden in Gesprächen auch in verschiedene politische Bewertungen einbezogen.

Somit ist dieses Problem dafür geeignet, politische Konflikte näher zu durchleuchten.

(Vergleiche hierzu die didaktische Begründung in Kapitel 3.2.2.)

3. Fachliche Basisinformationen

„Bereits seit vielen Jahren diskutieren die Bürgerinnen und Bürger Göttingens sowie die Göttinger Politik über eine Südumgehung bzw. eine Südspange. Grundlage der Diskussion ist die Aussage der Stadt Göttingen, dass der Göttinger Süden nicht ausreichend an die Verkehrswege angebunden ist. Der Vorschlag einer Südumgehung, welche von Rosdorf bis zur Steinmetzkurve geplant war, ist nicht umsetzbar und wurde bereits von der Politik abgelehnt. Die nun geplante Südspange umfasst ein Teilstück der ursprünglichen Südumgehung und soll von Rosdorf bis zur B27 (angrenzend an die Reinhäuser Landstraße) reichen. Die Südspange soll zur Entlastung bei einer Sperrung der A7 dienen und zusätzlich im Bereich des Göttinger Südens zu einer Entlastung der Verkehrswege führen. Für einige Straßen, wie beispielsweise die Wiesenstraße und die Reinhäuser Landstraße, führt dies zu einer verkehrsbedingten Mehrbelastung. Es liegen verschiedene Vorschläge für die Trassen vor. Alle Vorschläge kreuzen ein Naherholungsgebiet, welches unter anderem zum Drachensteigenlassen (eine der größten Wiesen dieses Gebietes wird von Göttingern Drachenwiese genannt, hier finden alljährlich Drachenfeste statt), Joggen, Rad fahren und für Spaziergänge mit dem Hund genutzt wird. Durch dieses Gebiet fließt die Leine, die am Wehr zum Hochwasserschutz gestaut wird. Ein Teilstück, welches von der Südspange betroffen wäre, ist Wasserschutzgebiet der Stufe 3. Das Landschaftsbild des Bereiches ist bislang fast unberührt, es führt lediglich eine sichtbare Straße aus der Stadt hinaus.

Die Planung der Trasse führt in der Öffentlichkeit zu erkennbaren Beschwerden. Es besteht mittlerweile eine Bürgerinitiative, die sich gegen die Südspange einsetzt. Die Anwohner der Reinhäuser Landstraße beispielsweise kleben in ihre Fenster Plakate mit der Aufschrift 'Südspange? Nein danke!', es finden Demonstrationen statt und auch am Wehr und auf der Drachenwiese finden regelmäßig Informationsveranstaltungen bezüglich der Südspange statt (vgl. Stadt Göttingen 2010a/Bürgerinitiative Göttinger Süden 2010)" (Goblet 2010).

4. Verlaufsideen

- kontroverse Diskussion pro und contra Südspange
- Sammlung von Fragen bzw. Aussagen:
  - Was passiert, wenn die Südspange gebaut wird?
  - Wer entscheidet, ob eine Straße gebaut wird?
  - Wenn ich auf der Drachenwiese bin, mache ich am liebsten ...
  - Bedeutung der Bürgerinitiative
  - Bedeutung der gelben Schilder
  - Was heißt: „Wer die Insel auf das Wehr gesetzt hat?" (vgl. http://www.bi-goettinger-sueden.de/insel/index.html)
  - Zukunft der Tiere dort und der Leine
- Sammlung der relevanten kontroversen Beurteilungsaspekte:
  - Bei mir in der Straße wären weniger Autos.
  - Die Enten hätten keinen Platz mehr für ihre Nester.
  - Mein Papa könnte schneller zur Arbeit fahren.
  - Wenn die Autobahn zu ist, würden mehr LKW's durch meine Straße fahren.
  - Ich könnte meinen Hund nicht mehr am Wehr baden lassen.
  - Wir fahren immer mit dem Fahrrad da lang.
  - Da ist ein großer Baum zum Klettern.
  - Ich gucke gerne die Heißluftballons an, die da los fliegen.
  - In dem kleinen Bach kann man einen Staudamm bauen und Steine reinwerfen.
  - Im Sommer ist da immer Drachenfest.
- Entwicklung einer Mindmap aus den Fragen und Aspekten zur Thematik
- Überarbeitung der Mindmap zu einem Gerüst
- Bildung von Gruppen
- Durchführungsphase: weitere Arbeitsschritte:
  - Expertenbefragung
  - Erkundungen vor Ort auf der Drachenwiese
  - Rathausbesuch
- täglicher Eintrag der erreichten Ziele in die Dokumentationsbögen sowie tägliches Feedback-Ritual

- Aufgabenbeispiel der Gruppe „Wer ist dabei? – Argumente dafür und dagegen“:
  - Internetrecherche
  - Versuch, die vielen Informationen aus dem Netz zu strukturieren und zu selegieren
  - Umfrage in der Klasse nach dem Meinungsspektrum
  - Zielfestlegung für die Gruppe: Erstellen einer pro und contra-Liste für die Wandzeitung
  - Gespräch mit der Bürgerinitiative
  - Gespräch mit der Bürgermeisterin
- Austausch der Gruppenergebnisse und Einträge auf der Wandzeitung
- Vorbereitung einer Ausstellung
- Die Kinder bereiten sich darauf vor, auf der Ausstellung die Besuchenden zu führen.
- Durchführung der Ausstellung

5. Ergebnis, Projektprodukt, Präsentation

Eine Ausstellung über die kontroversen Positionen zur Südspange in Göttingen, bei der die Kinder der Klasse die Besuchenden führen, wird geplant, vorbereitet und durchgeführt.

Dieses Projekt hat keine einheitliche Zielrichtung, weil die Kinder in der Klasse aufgrund von verschiedenen Interessenlagen auch unterschiedliche Positionen haben. Deshalb kann auch nicht per Abstimmung ein gemeinsames Ziel gefunden werden. Wichtig ist vielmehr, dass Schüler und Schülerinnen zur Aufklärung beitragen und die verschiedenen Positionen offen legen, um sich und anderen zur Meinungsbildung zu verhelfen. Deshalb ist nicht die Verhinderung der Baumaßnahme, sondern eine eigene Ausstellung zur Information das Projektziel.

3.2.2 Autobahnbau: Planung der A20

(Nach einem Projektbericht von Carolin Würtz)

1. Ausgangssituation

„Zu Beginn der ersten Stunde kommt die Klassenlehrerin in die Klasse 4b und findet ihre 21 Schüler und Schülerinnen stehend vor dem großen Fenster des Klassenzimmers vor. Alle Kinder betrachten mit großen Augen das riesige, auf dem Platz gegenüber der Schule stehende Plakat der Bürgerinitiative: 'Auch wenn wir Platt sprechen, wir lassen uns nicht platt machen: A22 nie!'

Die Kinder diskutieren bereits angeregt darüber, was es mit diesem Plakat auf sich hat. Einige Kinder erzählen von ihren Eltern oder Nachbarn, die auch an der Demonstration teilgenommen haben. Andere berichten, dass ihre Eltern oder Bekannte die Demonstration belächelt oder gar beschimpft haben. Fragen wie:

- Warum demonstrieren die Menschen überhaupt?
- Was wollen sie damit erreichen und wogegen wehren sie sich?
- Warum gibt es verschiedene Meinungen?
- Worum geht es eigentlich genau?

kommen auf. In der weiteren Diskussion zeigt sich, dass die Kinder unterschiedlich stark von dem Thema betroffen sind und sich teilweise schon damit auseinander gesetzt haben. Einige der Kinder sind bereits sehr gut über die Thematik informiert, andere weisen noch starke Verständnis- und Wissenslücken auf. Die Kinder beschließen gemeinsam, sich intensiver mit dem geplanten Bau der Küstenautobahn A20 und den unterschiedlichen Positionen zu diesem Thema auseinanderzusetzen. Die Lehrkraft nimmt den Wunsch der Kinder ernst und zeigt ihre Bereitschaft, diesen im Unterricht aufzugreifen“ (Würtz 2011). Schließlich einigt sich die Klasse darauf, ein Projekt zu dieser Frage zu beginnen.

2. Didaktische Begründung

Der Bau einer neuen Autobahn im unmittelbaren Umfeld „hat durch seine Aktualität eine gegenwärtige und exemplarische Bedeutung für die Kinder, da es zur direkten Lebenswelt der Schülerinnen und Schüler gehört und anhaltend eine Konfrontation mit dem Thema erfolgt (regionale Medien, Demonstrationen, Eltern, Bekannte). Auch die Zukunftsbedeutung des Themas ist für die Kinder gegeben. Der Bau der A20 hat ebenso einen Einfluss auf das zukünftige Leben der Kinder. Durch die Umsetzung der Küstenautobahn ändert sich ihr direktes Umfeld (unter anderem könnten Wiesen und Felder zerstört werden, etc.).

Zudem betrifft das Projekt in Ansätzen zwei von Wolfgang Klafki beschriebene Schlüsselprobleme: die Umweltfrage sowie auch in Teilen die Techniknutzung und Technikfolgen (vgl. Klafki 2005, 4). Durch die Küstenautobahn werden einerseits wichtige Natur- und Nutzflächen der Region zerstört. Andererseits wird der wirtschaftlich–technologische Fortschritt verdeutlicht, der auch im Zusammenhang mit der Erschließung neuer Transportwege zu sehen ist. Durch das entstehende Produkt, die Schülerzeitung, die verschiedene Positionen umfangreich und unparteiisch darlegt, ist zudem eine kritische Auseinandersetzung mit der Thematik gewährleistet. Die Kinder werden befähigt ‘ein Bewusstsein von zentralen Problemen der Gegenwart und, soweit voraussehbar, der Zukunft zu gewinnen’ (Klafki 2005, 4). Außerdem sollen die Kinder eine Mitverantwortlichkeit und Bereitschaft an der Bewältigung der gegenwärtigen Probleme erkennen, was durch das beschriebene Projekt gegeben ist“ (Würtz 2011). „Schule hat immer auch den Auftrag, Aufklärung über noch nicht bewusst Gewordenes, noch Unbefragtes, noch vermeintlich Selbstverständliches zu leisten, sofern daraus Folgen für heutiges und späteres Handeln, vor allem Folgen für andere Menschen resultieren oder resultieren können“ (Klafki 2005, 5).

3. Fachliche Basisinformationen

„Die A22 war bis zum 25. Juni 2010 die Bezeichnung für eine geplante Autobahn im nördlichen Niedersachsen. In der regionalen Presse wird die A22 oft auch Küstenautobahn genannt und soll mit ihrem küstenparallelen Verlauf die Hinterlandanbindung der norddeutschen Häfen verbessern. Am 25. Juni 2010 erfolgte durch das Bundesverkehrsministerium die Linienbestimmung für die Weiterführung der Bundesautobahn A20 in Niedersachsen. Gleichzeitig wurde die Bezeichnung dieser Verlängerungsstrecke durch Niedersachsen von A22 in A20 geändert.

Die A20 verläuft östlich von Westerstede über Jaderberg bis zum Wesertunnel (Stadland/Stotel). Östlich des Wesertunnels wird die Trasse über die A27 in Richtung Bremerhaven mit einem Bogen nördlich um Loxstedt geführt und dann über Bremervörde und Himmelpforten bis Drochtersen fortgesetzt. Die Gesamtlänge beträgt rund 121 km. Das Bauvolumen selbst bewegt sich nach derzeitiger Schätzung in einer Größenordnung von rund 1,27 Milliarden Euro[16]. Der 1. Planungsabschnitt der A20 zwischen der A28 bei Westerstede und der A29 bei Jaderberg hat eine Länge von 12,9 km. Sie beginnt mit der A28 bei Westerstede und durchquert das Waldgebiet Garnholt.

Gefordert wird der Bau der Küstenautobahn insbesondere von der (Hafen-)-Wirtschaft in Nordwestdeutschland (Förderverein Pro A22 e. V.), nicht zuletzt aufgrund des erwarteten Zusatzverkehrs durch den Bau des Tiefwasserhafens (Jade-Weser-Port) in Wilhelmshaven[17]. Da der Bund die Planung noch nicht finanzieren will, wurden im Jahr 2006 – insbesondere von Unternehmen der Region – über 750.000 € Spendengelder gesammelt, damit die Planungen sofort beginnen können[18].

Es gibt erhebliche Widerstände der betroffenen Bevölkerung entlang der geplanten Trasse. Ein breites Bündnis aus Bürgerinitiativen (‘A22-nie’), Umwelt- und Verkehrsverbänden wendet sich gegen die mit dem Bau verbundene Landschaftszerstörung und zweifelt die Wirtschaftlichkeit des Projektes an. Das Bündnis fordert als Alternative den Ausbau des Bahnnetzes, um noch mehr Verkehr von der Straße auf die Schiene verlagern zu können[19]“ (Würtz 2011).

4. Verlaufsideen

- Sammlung von Fragen
- Entwicklung einer Mindmap auf einem großen Plakat mit der Überschrift: „Die A20 und Westerstede“

[16] Vgl. http://www.strassenbau.niedersachsen.de/live/live.php?navigation_id=21139&article_id=78526&_psmand=135 (Abruf: 3.3.2011)

[17] Vgl. http://www.a22-jetzt.de/a22_information/waruma22.html (Abruf:18.7.2011)

[18] Vgl. http://de.wikipedia.org/wiki/Bundesautobahn_22 (Abruf: 3.3.2011)

[19] Vgl. http://www.a22-nie.de/ (Abruf: 3.3.2011)

- Fragen:
  - Wofür braucht man überhaupt Autobahnen?
  - Aus was besteht der Asphalt der Autobahnen?
  - Was für Verkehrsregeln gelten auf der Autobahn?
  - Wie laut ist es, wenn man sehr nahe an einer Autobahn wohnt?
  - Warum soll eine neue Autobahn gebaut werden und was soll mit dem Bau erreicht werden?
  - Wo führt die A20 genau entlang?
  - Warum soll die Küstenautobahn gerade durch Westerstede verlaufen?
  - Welche Gebiete in Westerstede sind genau betroffen?
  - Wer hat entschieden, dass die A20 gebaut wird? (Politiker, welche?)
  - Welche Alternativen gibt es zu der Küstenautobahn?
  - Wie können Güter und Waren anders transportiert werden?
  - Wie viele und welche Autobahnen verlaufen überhaupt durch Niedersachsen?
  - Wie ist der Stand der Planung der A20? Wie steht es um den Bau der Autobahn?
  - Warum sind viele Leute gegen den Bau der Küstenautobahn?
  - Welche Gründe gibt es gegen den Bau und welche für den Bau der A20?
  - Was denken die anderen Leute über den Bau der Küstenautobahn?
- Planungsgespräch zur Projektarbeit
- Gruppenbildung und Festlegung der Aufgaben:
  - Gespräch mit einem Vertreter des Fördervereins „Pro A22“
  - Befragung der Bürgerinitiative gegen die A20
  - Interview mit kommunalen Politikern
- Kontaktaufnahme per E-Mail
- Korrespondenz per E-Mail mit ersten Fragen
- Auswertung der gewonnenen Informationen
- Einladen der Experten beider Seiten in die Klasse und Befragung zu den noch offenen Fragen
- Telefoninterview mit Kommunalpolitiker, der keine Zeit hat, in die Klasse zu kommen
- Sammeln der Argumente
- Analyse der verschiedenen Infobroschüren und Flyer
- Erfassung der gegenseitigen Positionen zur Vorbereitung der Befragung: Übersicht der pro- und contra-Argumente auf einer Wandzeitung
- Erstellen eines Meinungsbildes an der Schule
- Befragung der Bürgerinnen und Bürger mit einem Fragebogen (auf dem Marktplatz):
  - „Wie denkst du/denken Sie über den geplanten Bau der Küstenautobahn, die auch Westerstede betrifft?“

  - Mögliche Antworten:
    - „Ich bin dafür"
    - „Ich bin dagegen"
    - „Ich weiß nichts darüber/es ist mir egal"
- Beteiligung interessierter Kinder der Parallelklasse und anderer Klassen an der Befragung
- Auswertung der Befragung in Diagrammform
- Bildung einer Redaktion für die Zeitung
- Erarbeiten von Beiträgen
- Zusammenstellung und Layout
- Organisation der Drucklegung
- Verteilen der fertigen Zeitungen in der Schule und Verkauf im öffentlichen Bereich an einem Infostand

5. Ergebnis, Projektprodukt, Präsentation

In der Planungsphase wurden drei Varianten von Projektprodukten diskutiert, nämlich:

1. einen Informationsstand bzw. Expertenstand über das Thema in der Schule aufzubauen,
2. eine Posterpräsentation im monatlichen Sitzkreis,
3. die Erstellung einer Schülerzeitung.

„Ein Schüler hat die Idee, zwei Vorschläge zu verbinden: 'Wir könnten zusätzlich zu der Schülerzeitung, die über die A20 informiert, auch einen Expertenstand in der Schule aufbauen. Hier kann dann die Schülerzeitung zu dem Thema vorgestellt und ausgegeben werden und gleichzeitig Fragen zur A20 gestellt werden' (Würtz 2011).

Dieses Projekt betrifft eine sehr kontrovers diskutierte Problematik, die es verbietet, dass eine einzige Veränderung das Ziel sein kann. Von daher ist die Form der Schülerzeitung ein Weg, ein gemeinsames Produkt des Projektes zu erstellen, ohne die konträren Positionen zu vereinheitlichen. Jedes Kind kann in der Schülerzeitung zum Verbreiten der eigenen Position beitragen und damit einen aktiven Beitrag zur öffentlichen Willensbildung leisten.

3.2.3 Jade-Weser-Port

(Nach einem Projektbericht von Wiebke Albers)

1. Ausgangssituation

„Die vierte Klasse der Grundschule Voslapp macht an einem Wandertag einen gemeinsam geplanten Ausflug an den in der Nähe gelegenen Geniusstrand. Die Kinder verbringen einen angenehmen Tag am Strand. Sie sammeln Muscheln, entdecken in kleinen Lupengläsern Krebse und Kleinstlebewesen des Meeres und bauen Sandburgen. Eine Gruppe von Kindern entdeckt ein im Sand stekkendes Symbol: eine braune Hand, die eine Mistgabel in die Höhe hält. Es entsteht eine Diskussion, was dieses Symbol zu bedeuten habe. Ein Junge sagt, dies sei ein Symbol dafür, dass Leute gegen die Zerstörung des Geniustrandes seien. Ein Mädchen spricht davon, dass an diesem Strand der 'JadeWeserPort' gebaut werden solle und dass deswegen nach dem Sommer der Strand geschlossen wird. Es kommen immer mehr Kinder zu der Gruppe, eine angeregte Diskussion entsteht" (Albers 2010).

2. Didaktische Begründung

Der „JadeWeserPort" steht für viele Großbauvorhaben, die politisch geplant wurden und ökonomische Vorteile zu versprechen scheinen. Gleichzeitig sind viele Anwohner von Nebenwirkungen dieser großen Baumaßnahmen betroffen. Oft gehen Freizeitflächen verloren, es gibt Lärmbelästigung oder zunehmende Verkehrsdichte. In fast allen dieser Fälle sind auch Kinder mittelbar und unmittelbar betroffen und können die Protestaktivitäten der Erwachsenen aus eigener Anschauung zum Teil verstehen.

Die Auseinandersetzung mit dem Hafenbau eröffnet einen exemplarischen Einblick in die Zusammenhänge des Welthandels und auch in politisch-ökonomische Entscheidungen im Verhältnis zum Bürgerwillen der Betroffenen. Das Projekt steht beispielhaft für viele Großbaumaßnahmen, die einerseits ökonomische Entwicklung versprechen, aber gleichzeitig vor Ort auch Einschränkungen nach sich ziehen.

3. Fachliche Basisinformationen

„Der Projektname 'JadeWeserPort' bezeichnet einen Containerhafen, der in der Stadt Wilhelmshaven entstehen soll. Die Planungen für diesen Hafen übernahmen die freie Hansestadt Bremen und das Land Niedersachsen gemeinsam. 1993 initiierte die Wilhelmshavener Hafenwirtschaftsvereinigung das Projekt. Ziel war ein tideunabhängiger Containerhafen im Jadefahrwasser, durch dessen Anbindung, u. a. an die skandinavischen Länder und Russland, die Wirtschaft der strukturschwachen Region angeregt werden soll.

Wilhelmshaven wird mit dem 'JadeWeserPort' den einzigen deutschen tideunabhängigen Tiefwasserhafen haben, in dem die größten Containerschiffe be- und entladen werden können. Im Jahre 2001 wurde die für das Planungsfeststellungsverfahren zuständige 'JadeWeserPort'-Entwicklungsgesellschaft gegründet. Die damit verbundene 'JadeWeserPort'-Realisierungsgesellschaft ist für die Verwirklichung des Bauprojekts zuständig. Seit Bekanntgabe des Vorhabens gab es zahlreiche Proteste aus der Bevölkerung und von Naturschutzgruppen. 1999 gründete sich eine Bürgerinitiative gegen den 'JadeWeserPort' (Antiport). Die Kritik richtete sich v. a. dagegen, dass mit dem Bau des 'JadeWeserPorts' der einzige Sandstrand der Stadt Wilhelmshaven und der angrenzende Campingplatz mit 760 Stellplätzen verloren gehen würden. Außerdem wurde die Umweltverträglichkeit des Projekts bezweifelt, so waren z. B. Brutstätten verschiedener Vogelarten bedroht. Der Bau des 'JadeWeserPorts' wurde daher durch zahlreiche Proteste und Klagen verzögert. Am 07.03.2007 wies das Oberverwaltungsgericht in Lüneburg zwei Eilanträge ab und genehmigte den Bau unter Auflagen. Am 20.03.2007 wurde durch die Wasser- und Schifffahrtsdirektion Nordwest in Aurich ein Beschluss erlassen, der den Bau des Hafens letztlich ermöglichte" (Albers 2010).

4. Verlaufsideen

- erste Information der Klasse über Hintergründe zum Bau des „Jade-Weser-Ports" durch eine Gruppe von Kindern, die von ihren Eltern schon mehr über den Problemzusammenhang gehört haben
- gemeinsamer Beschluss, ein Projekt zu starten
- Vorplanungsgruppe bereitet eine Dia-Schau zum Bau des „Jade-Weser-Ports" vor
- alle sammeln Informationen
- Bildung von Arbeitsgruppen:
  - Warum wird so ein Hafen benötigt?
  - Größe von Containerschiffen und Zweck erkunden
  - Warum wird der Hafen direkt am Strand gebaut?
  - Wer entscheidet, ob der Hafen gebaut wird und wo?
  - Was passiert mit den Tieren, die dort leben?
  - Was ist Export? (vgl. Albers 2010)
- Lehrerin notiert wichtige Ergebnisse/Aspekte auf thematischer Landkarte
- Diskussion über Projektprodukte: Wandzeitung, Film, Informationsflyer; Ausstellung in der Pausenhalle, Informationsstände in der Nordseepassage?
- Entscheidung für die Ausstellung in der Pausenhalle und Flyer für das Stadtzentrum
- Vorbereitung der Ausstellung in Interessengruppen
- wöchentlicher runder Tisch zur Abstimmung
- Expertenbefragung, Erkundungen vor Ort
- Vorbereitung, Durchführung und Auswertung eines Interviews mit dem Bürgermeister
- Interviews mit ausgewählten Bewohnenden der Stadt, Filmaufnahmen dabei

5. Ergebnis, Projektprodukt, Präsentation

Planung und Durchführung einer Ausstellung zum „JadeWeserPort" mit Film von den Interviews ausgewählter Personen der Bevölkerung, Modellen bedrohter Tiere, Audio-Interviewwiedergabe, Bilddokumentationen zur Baumaßnahme und Folgen, eigene Bewertungstexte der Klasse auf Stellwänden

Dieses Projekt bietet zwar vielfältige Handlungs- und Aktionsmöglichkeiten, hat aber nicht große Chancen, direkte Veränderungen bei den politischen Entscheidungsträgern zu erreichen – zumal dieses ein Projekt von bundeslandübergreifender Beschlussfassung ist. Umso wichtiger ist es, die politische Aufklärungsarbeit der Bevölkerung in sehr differenzierter Weise zu gestalten und auf unterschiedlichen Wahrnehmungskanälen neue Anregungen zu verbreiten. Zur Differenzierung zählt auch, dass beide konträren Positionen angemessen berücksichtigt werden. Deshalb sind in diesem Projekt Filme, Bilddokumentationen und Modelle als Teil der Ausstellung gewählt worden. Die mit großer Mühe vorbereitete Ausstellung kann als Ausgangspunkt angesehen werden, auch weiterhin Impulse in die Debatte um den „JadeWeserPort" zu setzen. Und die gesellschaftliche Realität zeigt, dass zu diesem Großbauvorhaben immer wieder neue Einwände und Gegenaktivitäten zum Tragen gekommen sind.

3.2.4 Der Streitfall um den Bau der „Oldenburger Schlosshöfe"

(Nach einem Projektbericht von Marlene Kaja Post)

1. Ausgangssituation

„Im morgendlichen Sitzkreis im Herbst 2006 berichtet ein Schüler der Klassenstufe vier einer Grundschule in Oldenburg, dass ein großes Einkaufszentrum neben dem Schloss gebaut werden soll. Sein Onkel berichtete ihm, man könne dort Pullover, T-Shirts, Hosen usw. von ganz verschiedenen Herstellern aus aller Welt kaufen. Kunden aus der Umgebung von Oldenburg würden zukünftig zahlreicher nach Oldenburg kommen, um hier einzukaufen. Der Onkel, der im Rathaus arbeitet, weiß auch durch den Bürgermeister, dass viele neue Arbeitsplätze entstehen werden. Einige andere Kinder protestieren energisch dagegen.

Die Lehrerin entwickelt die Metapher der beiden Seiten einer Münze. Sie bemerkt, dass alles auch seine Schatten-Seiten hat. Durch den Bau nehme der Verkehr in Oldenburg zu. Einige Geschäfte in der Innenstadt in Oldenburg bekämen Probleme, weil sie weniger Kunden hätten. Die Lehrerin bringt zur nächsten Stunde vier Leserbriefe, in denen verschiedene Positionen zum Streitfall vertreten werden, mit in den Unterricht" (Post 2011).

2. Didaktische Begründung

„Die Projektarbeit 'Brauchen wir die Oldenburger Schlosshöfe'? beschäftigt sich mit ökonomischen und politischen Grundlagen des Zusammenlebens. Die Schülerinnen und Schüler behandeln weitgehend selbstständig ein komplexes Themenfeld, das in der aktuellen öffentlichen Diskussion in Oldenburg lebendig ist und das ihnen simulativ Handlungsmöglichkeiten zur Gestaltung ihres eigenen Lebens und Lernens zeigt. Die Schülerinnen und Schüler setzen sich mit einem Interessenkonflikt auseinander, der die Funktion von Konsumgütern, die Schwierigkeiten einer politischen Entscheidungsfindung sowie die Bedeutung der Arbeitsplatzsicherung, eventuell auch der von Verkehrslenkung, beispielhaft verdeutlichen kann. Anhand des aktuellen kommunalen Streitfalls um die Frage nach dem Bau eines Einkaufszentrums kann darüber hinaus die politische Grundordnung einer Gemeinde aufgeschlüsselt werden.

Die Schülerinnen und Schüler können in der Auseinandersetzung mit politischen Strukturen während der Projektarbeit lernen, von einer personenbezogenen Argumentation zu einer komplexen politisch motivierten Position zu gelangen. Dies geschieht in dem konkreten aktuellen Fall der 'Oldenburger Schlosshöfe'.

Die Auseinandersetzung mit Interessenkonflikten ist für ein Verständnis von Politik zentral. Über die verschiedenen Positionsträger können sich die Schülerinnen und Schüler eine Vorstellung von Abläufen politischer Prozesse erarbeiten. Beispielsweise können sie sich mit den Sonderinteressen von Händlern und Konsumenten im Sinne eines Gemeinwohls auseinandersetzen. Dabei kann der Unterschied zwischen den Interessen der Allgemeinheit und einzelner Sonderinteressen erfahrbar werden. Die Reflexion über Sichtweisen einzelner Akteure kann die Schülerinnen und Schüler dabei unterstützen, ihr Konzept von Gemeinwohl weiter zu entwickeln.

In der Projektarbeit können die Schülerinnen und Schüler politische und ökonomische Fachkonzepte, wie beispielsweise 'Bürgermeister/Bürgermeisterin', 'Gemeinderat' oder 'Arbeitsmarkt' kennenlernen. Dabei werden wichtige Beziehungen zwischen den Inhaltselementen erkennbar.

Die Schülerinnen und Schüler können praktische Fähigkeiten für die Teilnahme an der politischen Öffentlichkeit in privaten, schulischen und später beruflichen Situationen entwickeln. Dies ist eine zentrale Bildungsaufgabe, auch der Grundschule, und besonders von Sachunterricht" (Post 2011).

3. Fachliche Basisinformationen

„Während 1965 deutschlandweit nur zwei Einkaufzentren existierten, waren es 2009 nach Angaben der IHK (Industrie- und Handelskammer) bereits mehr als 400. Allein in Niedersachsen betreibt Europas Marktführer ECE (Einkaufs-Center-Entwicklungsgesellschaft) zehn Shoppingcenter.

Im Zuge der Zunahme von Einkaufzentren wurden am 16. März 2011 die 'Oldenburger Schlosshöfe' – ein ECE-Einkaufszentrum in der Oldenburger Innenstadt – auf 12.500 Quadratmetern eröffnet. Die Meinungen der Bürgerinnen und Bürger über das Einkaufszentrum sind gespalten.

Von Beginn an gab es seitens einiger Bürgerinnen und Bürger heftigen Widerstand gegen das 115 Millionen Euro teure Shopping-Center. Anfangs hatten sich die Kritiker vor allem an der Nähe zum Schloss und der historischen Altstadt gestoßen. Einzelhändler in der Innenstadt Oldenburgs sowie die umliegenden Stadtteile oder Gemeinden befürchten finanzielle Einbußen. Aufgrund der Ankündigung seiner Absage an das ECE-Center wurde im Jahr 2006 der Oberbürgermeister Gerd Schwandner (parteilos) zum neuen Stadtoberhaupt gewählt. Die Bürgerinnen und Bürger erhofften sich, dass der neue Oberbürgermeister den Bau des Einkaufszentrums verhindern könnte. Kurz nach der Wahl leitete OB Schwandner den Bau jedoch in die Wege, weil andernfalls eine Konventionalstrafe mit dem involvierten Handelsunternehmen IKEA gedroht hätte. Einer daraufhin beantragten Abwahl konnte Schwandner nur mit hauchdünner Ratsmehrheit entgehen.

Mittlerweile (2011) stehen die 'Schlosshöfe'. Befürworter des Centers erhoffen sich einen erweiterten Kundenstrom aus dem Umland und ein Aufleben der Innenstadt. Die Managerin des Projekts erläutert, dass sich die 'Schlosshöfe' als Ergänzung zum bestehenden Angebot verständen und keine Konkurrenz darstellen, um die beängstigten Kleinhändler zu beruhigen[20]" (Post 2011).

4. Verlaufsideen

- Die Kinder der Klasse entscheiden sich als Folge heftiger Diskussionen gemeinsam für die Fragestellung des Projekts „Brauchen wir die 'Oldenburger Schlosshöfe'"?
- Die Lernenden erarbeiten in Gruppen die verschiedenen Positionen der Akteure.
- Die Gruppen stellen ihre Lösungen aus den kontrastreichen Perspektiven vor und benennen das Kernargument der jeweiligen Seite.
- gemeinsamer Entschluss, ein Projekt zu machen
- Die Lehrerin hängt im Klassenzimmer eine Wandzeitung mit der besonderen Struktur und dem Ablauf der Projektmethode als Gedächtnisstütze auf.
- Die zentrale Fragestellung wird auf ein großes Plakat geschrieben. Die Schülerinnen und Schüler sammeln weitere Fragen, die einen Weg zu deren Beantwortung aufzeigen.
- Die zentralen Fragen werden auf der Wandzeitung neben dem Plakat gesammelt:
  - Wer entscheidet über die Fragen?
  - Was haben die Bürgerinnen und Bürger für Möglichkeiten, sich bei der Entscheidung einzubringen?

[20] Vgl. http://www.nwz-inside.de/News/Dein-Revier/Oldenburg/Einkaufszentrum-wird-in-Oldenburg-eroeffnet,16987 (Abruf: 21.7.2011)

  - Wer bezahlt den Bau des Einkaufszentrums?
  - Was gibt es für Vor- und Nachteile bezüglich der Eröffnung eines Einkaufszentrums?
  - Wo soll das Einkaufzentrum stehen?
  - Steht diese Entscheidung schon fest?
  - Wenn ja: Wer hat darüber entschieden?
  - Wenn nein: Wie kann ICH zur Entscheidung beisteuern?
  - Passt der Name „Oldenburger Schlosshöfe“ eigentlich zu einem Einkaufszentrum?
  - Wer hat ihn erfunden?
  - Was spricht alles dafür?
- Es werden bereits erste Vorstellungen über den Verlauf des Projekts entwickelt. Zu den Fragen werden Aufgaben formuliert. Diese werden auf einem weiteren Plakat schriftlich festgehalten.
- Es wird eine Projektleitung gewählt.
- Die Lehrerin bittet die Schülerinnen und Schüler Gruppen zu bilden, die sich jeweils einer der notierten Aufgaben widmen und versuchen, die Fragen zu beantworten:
  - die Zeitung lesen und Wandzeitungen anfertigen
  - die Befürworter und Gegner anschreiben und um Informationen und Stellungnahmen bitten
  - herausfinden, wie politisch über die Sache entschieden wird
  - herausfinden, welche Möglichkeiten die Gegner des Projekts haben
  - Sachverständige beider Seiten interviewen.
- Alle Zwischenergebnisse der Gruppen werden auf einem Plakat schriftlich festgehalten.
- Die Projektleitung überwacht den Verlauf und leitet notfalls „Kontrollstopps“ ein. Dabei werden Ziele und Vorgehensweisen noch einmal klar abgestimmt.
- Gemeinsame Diskussion der Zwischenergebnisse; Überprüfung, ob sie schon zur Frage „Brauchen wir die ‘Oldenburger Schlosshöfe’?“ beitragen kann
- Abschlusspräsentation der Gruppenergebnisse
- Einigung über Erreichen des Projektziels
- Planung der Präsentation (vgl. Post 2011)

5. Ergebnis, Projektprodukt, Präsentation

„Die Schülerinnen und Schüler organisieren einen Informationsstand für die Bürgerinnen und Bürger zu Vor- und Nachteilen der sogenannten ‘Oldenburger Schlosshöfe’. Ein solches Vorführungs- oder Veranstaltungsprodukt erfüllt das Kriterium der Produktorientierung nach Gudjons (vgl. Gudjons 2008, 87). Am

Ende eines gelungenen Projekts stehen Ergebnisse, die wertvoll, nützlich und wichtig sind – für den Einzelnen wie für die Klasse – sie haben Gebrauchs- und Mitteilungswert. Ein wesentliches Kriterium für einen erfolgreichen Projektunterricht ist es, dass diese Ergebnisse der Bemühungen der Öffentlichkeit präsentiert werden.

Im Schulalltag ist ein Thema meist mit der Präsentation der Endergebnisse abgeschlossen. Zur Förderung und Entwicklung der Selbstständigkeit und Unabhängigkeit ist jedoch die Auseinandersetzung mit dem Verlauf des außergewöhnlichen Arbeitsprozesses sehr wichtig. Die Projektarbeit sollte also nicht mit der Präsentation der Endergebnisse abschließen, sondern eine kritische Auseinandersetzung mit der Frage: 'Wie sind wir zu diesem Ergebnis gekommen?' anbinden. Dabei geraten folgende Teilbereiche in den Blick:

- Was hat das Projekt gebracht?
- Was ist unser Ergebnis?
- Wie ist es gelaufen?
- Wie war der Arbeitsprozess?
- Wie sind wir miteinander umgegangen?
- Wie war der Gruppenprozess?" (Post 2011).

Dieses Projekt ist exemplarisch am kontrovers in der Öffentlichkeit diskutierten Bau eines Einkaufszentrums in Oldenburg entwickelt worden, kann aber auch auf andere Städte übertragen werden. Der wesentliche Kern beruht darauf, Kinder engagiert in kommunalpolitische Auseinandersetzungen zu involvieren. Kinder als Konsumenten können sich bereits eine Meinung bilden und dadurch auch politische Auseinandersetzung an einem begrenzten Feld üben.

3.3 Konflikte um Veränderungen im Schulumfeld

3.3.1 Verkehrsberuhigung vor der Schule

(Nach drei Projektberichten von Svenja de Groot, Marlen Poelmann, Svenja Schlobohm)

1. Ausgangssituation

„Im heutigen Morgenkreis berichtet Tom von einem Erlebnis auf seinem Schulweg. Er beobachtete, wie ein Kind aus der ersten Klasse die Straße an einer grünen Ampel überquerte, die Grünphase jedoch so kurz war, dass die Ampel bereits auf Rot umsprang, als Lukas sich noch auf der Straße befand. Tom erzählt weiter, dass der Junge erschrocken mitten auf der Straße stehen blieb und die Ampel für die Autos bereits grün wurde. Glücklicherweise haben die Autofahrer den Jungen gesehen und gewartet, bis er die Straße ganz überquert hatte" (De Groot 2010).

2. Didaktische Begründung

In einer komplexen Gesellschaft ist Mobilität eine grundlegende Strukturbedingung. Menschen müssen zu Arbeitsstätten und Ausbildungseinrichtungen gelangen, kulturelle und sportliche Angebote finden räumlich vernetzt statt, private Beziehungen vollziehen sich oft über große Distanzen. Konsum und Bildung, gesundheitliche Rehabilitation, Erholung und viele andere gesellschaftlich relevante Bereiche verlangen in hoch industrialisierten Gesellschaften ein Verkehrssystem, um Menschen zu den jeweiligen Einrichtungen gelangen zu lassen. Dies führt zu einem zunehmend dichter werdenden Netz öffentlichen Verkehrs und zum Ausbau des Straßennetzes.

„Mit der Zunahme der Mobilität und der daraus wachsenden Verkehrsdichte steigt die Gefahr von Verkehrsunfällen. Gerade Kinder als Fußgänger oder Radfahrer sind einem hohen Gefährdungsrisiko ausgesetzt. Wichtig ist daher das Wissen um rücksichtsvolles und vorausschauendes Verhalten von allen Verkehrsteilnehmern. Durch das umsichtige Handeln von Kindern im Straßenverkehr kann das Verhalten der Erwachsenen in diesem Bereich positiv beeinflusst werden. Langsam setzt sich die Entwicklung systemischen vernetzten Denkens auch in Bezug auf unsere Umwelt durch. Die Zunahme der Fahrzeuge im Straßenverkehr stellt, trotz der technischen Weiterentwicklung – unter anderem auf dem Gebiet der Emissionsreduzierung – eine große gesellschaftliche Herausforderung dar. Weiterhin zu nennen sind die Themen Lärmbelästigung, Flächenversiegelung durch den Straßenbau sowie der Verbrauch nicht nachwachsender fossiler Brennstoffe“ (Poelmann 2010).

Kinder leben in einer Welt zunehmender Asphaltierung und sind in ihrem Alltag von Verkehrsproblemen betroffen, sie werden in ihrem Bewegungsspektrum eingeschränkt. Viele erfahren Beschränkungen beim Spielen und entwickeln Ängste vor vorbeifahrenden Autos und bei Blickwinkelbeeinträchtigung durch parkende Autos (vgl. Spitta 2005, 17). Sie werden durch diese vielfältigen Gefahrenmomente motorisch unsicher und damit objektiv stärker gefährdet, Opfer von Verkehrsunfällen zu werden (vgl. Spitta 2005, S. 23). Gleichzeitig reduziert sich ihr Aktionsradius durch Straßen, die ihre Wohngebiete einzingeln. Die zunehmende Versiegelung von Flächen zu Verkehrsstraßen hat aber auch ökologische Folgen, wie etwa zunehmende Überflutungsgefahren von Wohngebieten. Didaktisch ist es von hohem Wert, wenn Kinder sich dieser Einschränkung nicht passiv fügen, sondern lernen, aktiv ihre räumliche Umwelt zu gestalten. An Beispielen der veränderten Verkehrssituation lässt sich exemplarisch erfahren, dass Kinder selbst ihre Umwelt verändern können und nicht hilflos den von außen drohenden Gefahren ausgesetzt sind. Mobilitätserziehung wie sie Philipp Spitta versteht, führt nicht zu einer Anpassung der Kinder an die Autogesellschaft, sondern schafft Chancen, soziale Auseinandersetzungen bewusst zu erfahren und gleichzeitig die eigene Umwelt etwas zu verändern (vgl. Spitta 2005, 42). Mit der Lösung der gegenwärtigen Probleme der zunehmenden Dominanz des Straßenverkehrs und der Marginalisierung von Kindern in ihrem Bewegungsdrang, werden gleichzeitig auch paradigmatisch neue Wege für die Zukunft geschaffen. „Das Projekt 'Einführung einer verkehrsberuhigten Zone im Umfeld unserer Schule' bietet vielfältige Möglichkeiten für die Schülerinnen und Schüler, sich die Welt selbst zu erschließen. Zur Lösung des Problems ist es nötig, dass sie erst einmal die Geschwindigkeiten der Pkws messen. Hierdurch lernen die Kinder überdies deren Gefahren besser einzuschätzen (vgl. Spitta 2005, 79). Ferner müssen sie sich in diesem Zusammenhang mit gesetzlichen Grundlagen, wie z. B. dem Verkehrsrecht, auseinandersetzen und dieses auf ihre Situation anwenden. Darüber hinaus ist es unerlässlich, dass sie Kontakt zu Behörden, wie z. B. der Polizei oder der Gemeindeverwaltung, aufnehmen und hier ihre Forderungen vorlegen. Auf diese Weise lernen die Schülerinnen und Schüler exemplarisch gesellschaftliche Strukturen kennen. Eine solche Auseinandersetzung geht über die individuelle Situation des einzelnen Kindes hinaus und hat eine allgemeine Bedeutung" (Schlobohm 2011).

3. Fachliche Basisinformationen

„Neben der generell gestiegenen Anzahl zugelassener PKWs in Deutschland führt auch die zunehmende räumliche Entfernung der neuen Einzugsgebiete zu einer Erhöhung der Verkehrsbelastung im Bereich der Schule. So hat, bedingt durch die größere Entfernung vom Wohnhaus zur Schule, die Anzahl der Kinder zugenommen, die täglich mit dem Fahrzeug zur Schule gebracht werden. Dies führt zu einer erheblichen Erhöhung des Verkehrsaufkommens und somit auch zu einer Zunahme der Gefährdung der Kinder im Straßenverkehr. Paradoxerweise versuchen nun einige Eltern das Gefährdungsrisiko ihrer Kinder zu minimieren, indem sie diese nun ebenfalls mit dem Auto zur Schule bringen. Die Organisation von Fahrgemeinschaften wird leider noch nicht ausreichend genutzt.

Zu Beginn des 20. Jahrhunderts kam es bereits mit den ersten wenigen Automobilen zu Konflikten auf der Straße. Das erste Gesetz 'Über den Verkehr mit Kraftwagen' wurde aufgrund von Konflikten und Unfällen im Jahr 1909 erlassen. Neben rein technischen Gesichtspunkten wurden hier auch Regeln, die einen konfliktfreien Ablauf des Verkehrs gewährleisten sollten, behandelt. Die ersten Elemente der Verkehrserziehung richteten sich ausschließlich an die Autofahrer, so forderten sie bereits damals zu diszipliniertem Verhalten im Straßenverkehr auf. Dieses Gesetz gilt als Vorläufer der heutigen Straßenverkehrsordnung.

Ende der 1920er Jahre trat in Preußen ein Schulerlass in Kraft, der die Verkehrserziehung festschrieb. 1938 kam es trotz einer vergleichsweise geringen Verkehrsdichte zu ca. 8000 Verkehrstoten, und der Ruf nach mehr Verkehrserziehung in den Schulen wurde lauter.

In der Zeit des Nationalsozialismus wurde die Motorisierung der Bevölkerung stark forciert. Es wurden Autobahnen und Straßen gebaut und die Tempolimits aufgehoben. Dadurch wurde der Grundstein für die spätere Motorisierung und den 'Siegeszug' des Automobils in Deutschland gelegt.

Der Wirtschaftsaufschwung in den 1950er Jahren führte zu einem höheren Verkehrsaufkommen, als Folge ereigneten sich mehr Unfälle. Das Automobil wurde in dieser Zeit als Sinnbild für Freiheit, Wohlstand, Mobilität und vor allem Wirtschaftswachstum angesehen. Zeitgleich wurde eine räumliche Trennung der Bereiche Wohnen, Arbeiten, Einkaufen und Freizeit angestrebt, die wiederum mehr Mobilität notwendig machte.

1954 veröffentlichte Vonolfen die Schrift 'Der Verkehrsunterricht. Handbuch für Erzieher', in der sich vor allem Regeln und Paragraphen der StVO wiederfanden, die von den Lesenden auswendig gelernt und nicht hinterfragt werden sollten. So seien Kinder darauf hinzuweisen, dass nach § 43 StVO Kinderspiele auf der Fahrbahn grundsätzlich untersagt sind. Damit wurde der Grundstein für die Verdrängung der Kinder aus dem 'öffentlichen Raum' in umzäunte Spielplätze oder pädagogisch begleitete Situationen gelegt. Nach häufigen Forderungen für eine Erweiterung der Verkehrserziehungskonzeption empfahl die KMK (Kultusministerkonferenz) 1972 die 'Entrümpelung der Verkehrserziehung von altem Ballast'. In der schulischen Praxis traten jedoch kaum Veränderungen ein. So folgte am 17.06.1994 im Rahmen einer KMK die Neufassung und Erweiterung des KMK-Beschlusses von 1972. Bei der Neufassung wurden die Aspekte der Sicherheit, des Sozialen Lernens, der Umwelt- und Gesundheitserziehung als Ziele der Verkehrserziehung festgeschrieben (vgl. Spitta 2005, 2)" (Poelmann 2010).

Im Sinne der Mobilitätsbildung (vgl. Spitta 2005) „ist die ausschließliche Vermittlung von Verkehrsregeln wenig sinnvoll, vielmehr sollten Schülerinnen und Schüler ein umfassendes Wissen in Bezug auf die Mobilität erhalten. Neben den bereits aufgeführten inhaltlichen Ideen könnten weiterführend und vertiefend Themen wie der Tourismus, Kommunikation/Verantwortung im Straßenverkehr oder in höheren Klassen der Führerschein aufgegriffen werden. Anknüpfungspunkte können zudem die Themen Natur als Lebensraum, Technikfolgen/Weiterentwicklung der Technik sowie der Umgang mit Zeit sein. Ebenfalls thematisiert werden könnten Aspekte von Armut und Reichtum sowie die Mobilität in Bezug auf Konsum, Transport und Globalisierung" (De Groot 2010).

4. Verlaufsideen

Planung der Lehrerin:

Tab. 1 nach Schlobohm 2011

Inhaltliche Ideen	**Handlungsformen**	**Materialien, Medien außerschulische Lernorte**
unverzichtbar: – Messen der Geschwindigkeiten der Autos – Gespräch mit einer zuständigen Person der Gemeindeverwaltung – Auseinandersetzen mit dem Verkehrsrecht – Lehrgang: Gefahr durch Straßenverkehr; richtiges Verhalten im Straßenverkehr **möglich:** – Erstellen von Flyern, Zeitungsartikeln, Umfragen – Demonstrationen – selbst gemalte Tempo 30 – Schilder aufstellen (vgl. Spitta 2005, 79) – Informieren der Anwohner, Autofahrer, etc. durch Flugblätter oder gemeinsame Unterrichtung bei Geschwindigkeitskontrollen mit Polizei (vgl. Spitta 2005, 79) – Bremswege von Autos in Bezug auf unterschiedliche Geschwindigkeiten untersuchen (vgl. Spitta 2005, 77)	**dringend:** – gemeinsame Planung – Vorstellung der Ergebnisse zu festgelegten Zeiten: Informieren, Diskutieren, Klären von Konflikten **erwünscht:** – Partnerarbeit – Gruppenarbeit	**längerfristig organisieren:** – ggf. Terminvereinbarungen mit Gemeindeverwaltung bzw. Gemeinderat, Presse, Polizei (Kontaktpolizist) usw. – Geschwindigkeitsmessgerät – Informationen zum Verkehrsrecht – methodische Aufbereitung des Lehrgangs zu Gefahren im Straßenverkehr **kurzfristig beschaffbar:** – Stifte, Pappen, Tonkarton, Scheren, Kleber, Acrylfarben – Kinderduden (Selbstkontrolle der Rechtschreibung) – Recherchemöglichkeiten – Lernort: Straßen im nahen Umfeld der Schule – Auto

- Die Kinder der Klasse sammeln verschiedene Beobachtungen zu Unfallrisiken auf dem Schulweg.
- Die Erfahrungen der Schülerinnen und Schüler werden auf Zetteln notiert.
- Gemeinsam werden Fragen von Verkehrsproblemen im Gespräch herausgearbeitet.
- Die verschiedenen Aspekte werden in einer Mindmap zusammengetragen.
- Die Lehrerin macht Vorüberlegungen zum Verlauf des Projekts.

- Sammlung der Handlungsideen auf einer Wandzeitung
- Das Projekt zur Lösung von Verkehrsproblemen im Schulumfeld wird gemeinsam geplant.
- Gruppenarbeitsphase mit folgenden Aufgaben:
  - Stadtteil-, Verkehrserkundung (u. a. Ampelbeobachtung, Verhalten der Passanten an Ampeln)
  - Erkundung der Schulwege, Zeitzeugenbefragung über Veränderungen der Schulwegsituation, Vergleich mit Schulwegen in anderen Ländern
  - Erkundung der Öffentlichen Verkehrsmittel
  - Erkundung des Nutzens von Mobilität (Interviews)
  - Erkundung von Möglichkeiten der Alternative Fahrrad
  - Gespräch mit Mitarbeitern des Ordnungsamtes
- Zeitleiste in der Klasse, um Übersicht für alle bezüglich der Gruppenarbeit und Ergebnisse zu gewinnen
- Die Gruppen erstellen jeweils ein Projekttagebuch.
- Die Gruppenergebnisse werden im Plenum vorgestellt.
- Gemeinsam werden mögliche Handlungsalternativen diskutiert.
- Projektpräsentation als Ausstellung von Problemen und Lösungsmöglichkeiten der Verkehrssituation im Bereich der Schule, zunächst für die Parallelklasse und danach für die gesamte Schulöffentlichkeit; dazu werden Pinnwände und Stellwände genutzt
- Plakate, die an Autofahrer appellieren, die Geschwindigkeit zu reduzieren, werden aufgestellt (vorherige Erkundigung im Ordnungsamt über die rechtlichen Rahmenbedingungen).
- Veränderungen nach Aufstellen der Plakate werden gemessen.
- Schulöffentlich wird über Möglichkeiten nachhaltiger Veränderungen diskutiert, die Ergebnisse werden der Projektklasse zurückgemeldet.
- Die Klasse entscheidet, dass der beste Weg zur Sicherheit im Schulumfeld ist, sich gemeinsam für eine verkehrsberuhigte Zone im Schulumfeld einzusetzen.
- Es werden Verkehrszählungen und Geschwindigkeitsmessungen durchgeführt.
- grafische Auswertung der Ergebnisse
- Diskussion mit der Verwaltung und den Politikern der Gemeinde über die Möglichkeit einer verkehrsberuhigten Zone
- Recherche der rechtlichen Bedingungen
- zusammen mit Bündnispartnern Einbringen einer Beschlussvorlage in den Gemeinderat
- Berichterstattung über den Verlauf des Vorhabens an andere Klassen

- Vorbereitung eines Festes zum Tag der Schilderaufstellung
- Präsentation einer Dokumentation der Projektarbeit für die Öffentlichkeit

5. Ergebnis, Projektprodukt, Präsentation

„Das Ziel des Projekts ist, die Einführung einer verkehrsberuhigten Zone in der näheren Umgebung der Schule und ein Fest zur Einweihung der neuen Straßenschilder zu organisieren" (Schlobohm 2011).

Dieses Projekt bietet viele konkrete Handlungsmöglichkeiten. Von veränderten Ampelschaltphasen, selbst gemachten Hinweisschildern bis hin zur politischen Durchsetzung einer Tempo-30-Zone vor der Schule. Wichtig ist es, dass gerade die Handlungsalternativen im Vorfeld gut überlegt werden, um erfolgreich durchgesetzt werden zu können. Mit dieser Handlungsperspektive, tatsächlich eine verkehrsberuhigte Zone vor der Schule einzurichten, kann das Projekt im Sinne von Gudjons als Idealform eines Projekts bezeichnet werden (vgl. Schlobohm 2011), weil tatsächliche Änderungen im Schulumfeld vorgenommen werden.

3.3.2 Kaugummis auf dem Schulgelände
(Nach einem Projektbericht von Nadine Goetz)

1. Ausgangssituation

„Die Schülerinnen und Schüler einer Oldenburger Grundschule werden in den Pausen von Lehrkräften verstärkt darauf hingewiesen, dass sie das Kauen von Kaugummi unterlassen sollen. Auch viele Schülerinnen und Schüler der Klasse 4a wurden bereits wegen des Verzehrs von Kaugummi auf dem Schulgelände ermahnt. Nachdem ein Schüler der genannten Klasse wiederholt von einer Lehrerin beim Kauen eines Kaugummis während der Pause beobachtet wurde, erhält er von dieser eine Strafarbeit. Frustriert kehrt er nach dem Läuten der Schulklingel in die Klasse zurück und berichtet von seinem Erlebnis, worauf eine Diskussion unter den Kindern entbrennt. Viele Schülerinnen und Schüler äußern ihren Unmut über die ständigen Ermahnungen und offenbaren, dass sie die Auflehnung der entsprechenden Lehrkräfte gegen den Verzehr des Lebensmittels nicht nachvollziehen können. Einige Kinder berichten davon, dass das Kauen von Kaugummi in der Schule ihrer Geschwister schon lange verboten sei, andere erzählen, dass ihre Geschwister sogar im Unterricht Kaugummi verzehren dürften. Dagegen schildern einige Schülerinnen und Schüler verärgert, wie sich ein Kaugummi in ihren Haaren oder ihrer Kleidung verfangen hat und sie es mühsam herausschneiden mussten. Fragen wie:

- Woraus besteht Kaugummi?
- Warum stört das Kaugummikauen einige Lehrkräfte?
- Darf das Kaugummikauen in der Schule verboten werden?
- Wer kann darüber entscheiden?
- Was denken die Kinder anderer Klassen über das Kaugummikauen?
- Wird unsere Schule durch das Kaugummikauen verschmutzt?

- Wie entfernt man Kaugummi von Kleidungsstücken?

kommen auf und die Diskussion der Schülerinnen und Schüler mündet in den Wunsch, sich mit dem Kaugummi intensiv auseinanderzusetzen“ (Goetz 2010).

2. Didaktische Begründung

„Wird bedacht, dass Wissen auf Grund der immer weiter voranschreitenden Wissensexpansion stets „plural und perspektivisch bedingt ist“ (Pech/Rauterberg 2008, 30), so wird deutlich, dass dem selbst organisierten Lernen, dem Aushalten von Ambivalenzen und Unsicherheit, der Entwicklung eines eigenen Standpunktes und der Reflexion von Wissen heutzutage eine große Bedeutung zukommen. Gerade da das Lebensmittel Kaugummi bzw. der jeweilige Umgang mit diesem Auswirkungen auf verschiedene Bereiche des gesellschaftlich-kulturellen Lebens, wie z. B. Wirtschaft, Ökologie und Politik hat und aus unterschiedlichen Kontexten heraus interpretiert werden kann, eignet sich eine Auseinandersetzung mit diesem, um die Anbahnung und Entwicklung genannter Kompetenzen zu unterstützen“ (Goetz 2010).

3. Fachliche Basisinformationen

Eine thematische Landkarte kann einen Überblick über die fachliche Vorbereitung bieten:

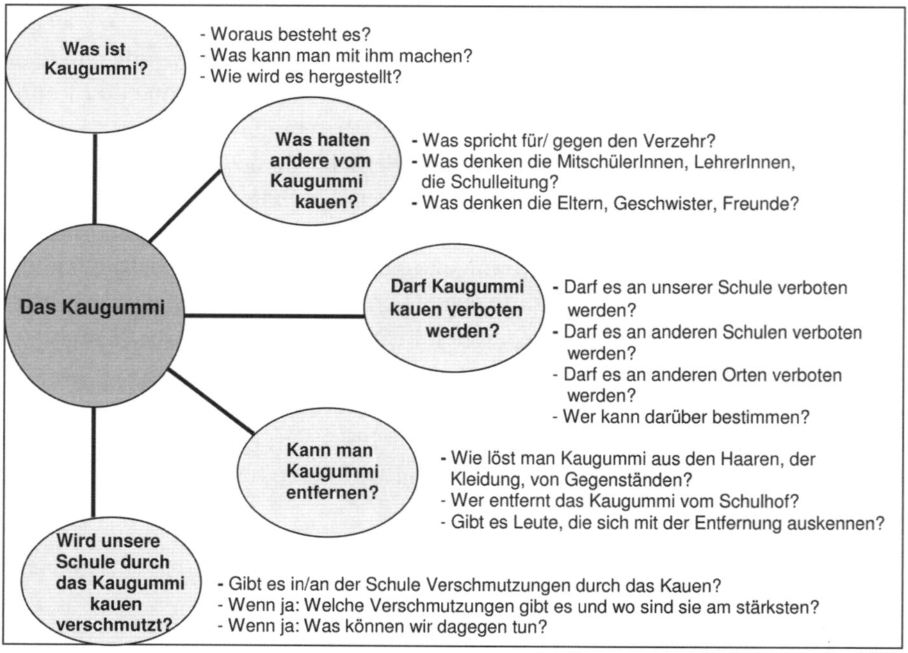

Abb. 2 nach Goetz 2010

4. Verlaufsideen

Vor Beginn des Projekts macht die Lehrerin einen eigenen Planungsentwurf.

Eigene Ideensammlung:

Tab. 2 nach Goetz 2010

Inhaltliche Ideen		**Handlungsformen**		**Materialien, Medien, außerschulische Lernorte**	
möglich	unverzichtbar	möglich	dringend	kurzfristig beschaffbar	längerfristig organisieren
• Zusammensetzung des K. • geschichtlicher Hintergrund des K. • Kosten/Nutzen des K. • Auswirkungen des Verzehrs auf den Körper • Erarbeitung von politischen Strukturen und Prozessen anhand des K.	• Eigenschaften und Veränderung des K. • Auswirkungen des K. auf Schulgebäude und Schulumfeld etc. • ökonomischer, ökologischer Umgang mit K.	• Produzieren: K. • Recherchieren: Ursprung von K., Auswirkung des Verzehrs auf Körper	• Beobachten: Eigenschaften von K., Umgang verschiedener Personen mit K. • Befragung: Meinung verschiedener Personen zu K., Verzehr von K., Umgang mit K. • Experimentieren: Eigenschaften von K., Entfernung des K. von Kleidung etc. • Erkunden: Schulgelände, Schulumfeld	• Kontakt Grundschulen • Sachbücher • Zeitungsartikel • Medienkoffer	• Kontaktaufbau Abfallwirtschaftsbetrieb Oldenburg, Stadtverwaltung, Textilreinigung • Aufnahmegeräte • Fotoapparate • Sofortbildkamera

Der reale Verlauf des Projekts wird aber von den jeweiligen Gruppen getragen. Der Zeitstrahl für die Themengruppe „Was ist Kaugummi?" könnte folgendermaßen aussehen:

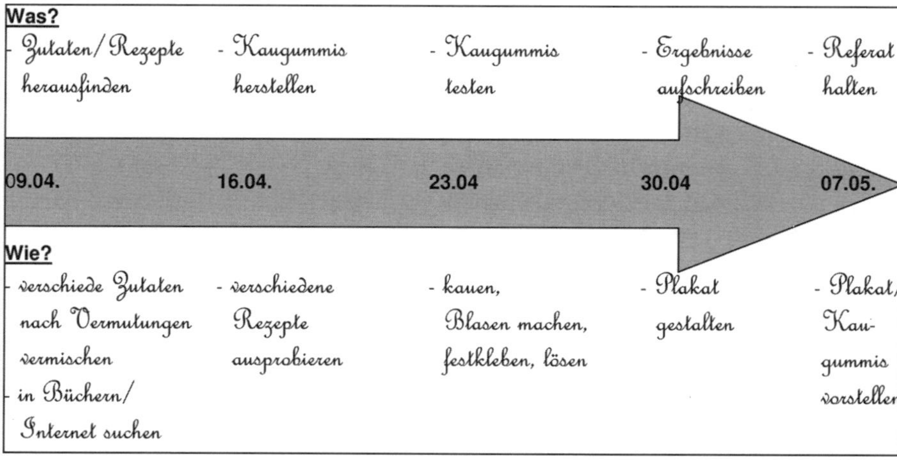

Abb. 3 Goetz 2010

Die Arbeitsgruppe, die sich mit Maßnahmen beschäftigt, hat wiederum andere Schwerpunkte im Projekt zu erfüllen, ist aber auf die Ergebnisse der Gruppe „Was ist Kaugummi?“ angewiesen. Ihre Schwerpunktarbeitsschritte sind:

- Verschmutzungen an der Schule feststellen,
- Maßnahmen gegen die Verschmutzungen ermitteln,
- Maßnahmen organisieren und vorstellen (Referat).

Zum gemeinsamen Projektverlauf gehört es, in Büchern und im Internet zu recherchieren, Experten wie einen Vater, der Chemiker ist, zu befragen und die Zwischenergebnisse dann der Klasse vorzustellen. Auch zu einer Textilreinigung und dem städtischen Abfallwirtschaftsbetrieb werden Exkursionen gemacht. Zur Überprüfung der eigenen Analyseergebnisse werden benachbarte Schulen besucht. Zu diversen Fragestellungen werden verschiedene Klebeversuche und Lösungsversuche gemacht, um zu verstehen, was hinter dem Kaugummiverbot steht und wie es vielleicht vermieden werden kann.

5. Ergebnis, Projektprodukt, Präsentation

Zum Abschluss des Projekts wird den anderen Klassen vorgestellt, welche Ergebnisse die Projektgruppen erhalten haben und welche Maßnahmen beschlossen wurden. Neben selbst hergestellten Hinweisschildern, keine Kaugummis auf dem Schulgelände auszuspucken, wurden vor allem die Ergebnisse der Versuche und die Fotodokumentation der Verschmutzung des Schulgeländes mit Kaugummis gezeigt und erläutert. Die Ausstellung wird als Wanderausstellung in alle

Klassen getragen, um alle Kinder zu überzeugen, das Schulgelände nicht mehr mit Kaugummis zu belasten. Um die Projektarbeit auch einer weiteren Öffentlichkeit zu vermitteln, wurden weiterhin Artikel in den Lokalzeitungen veröffentlicht. Auch die Bürgermeisterin wurde im Gespräch von der Problematik der Kaugummireste im öffentlichen Raum überzeugt. Zur Absicherung der Nachhaltigkeit des Projekts werden zudem weitere Messungen und Beobachtungen des Verschmutzungsgrades auf dem Schulgelände vorgenommen und ein Fragebogen zum eigenen Verhalten der Schülerinnen und Schüler eingesetzt. Die Ergebnisse der Projektgruppen und die Berichte zum Projekt werden auch an andere Institutionen übergeben und gleichzeitig mit Fotos auf die Schulhomepage online gestellt.

Dieses Projekt fokussiert zwar ein kleines alltägliches Phänomen, erfasst aber auch die Dimension der gemeinsamen Verantwortung für die Schule. Es zielt auf eine Verhaltensänderung der Kinder, die somit konkret nachprüfbar ist. Insofern ist auch der Erfolg der Projektarbeit sichtbar und messbar. Durch die Ausweitung des Aktionsradius auch auf die gesamte Ortschaft gewinnt das Projekt Bedeutung über die Schule hinaus.

3.3.3 Projekt: Ganztagsschule

(Nach einem Projektbericht von Anika Preukschas)

1. Ausgangssituation

„In einer Grundschule in Schwanewede wird schon seit längerem überlegt, die Schule in eine Ganztagsschule zu überführen. Als das Ganze konkreter wird, findet eine Informationsveranstaltung für die Kinder statt, auf der erläutert wird, worin Lehrkräfte und die Schulleitung die Vorteile einer Ganztagsschule sehen und wie sie sich eine solche vorstellen würden.

An drei Tagen in der Woche sollen nach dem normalen Vormittagsunterricht Mittagessen, Hausaufgabenbetreuung sowie anschließende Arbeitsgemeinschaften angeboten werden. Die Kinder können sich zum Halbjahr verpflichtend für ein, zwei oder drei Tage anmelden.

Nach dieser Informationsveranstaltung ist die geplante Ganztagsschule Gesprächsthema Nummer eins bei den Kindern, denn sie finden, dass sie ein Mitspracherecht haben sollten, ob sie überhaupt eine Ganztagsschule wollen und wenn ja, was für AG's diese z. B. bieten sollte oder was beim Mittagessen beachtet werden muss, da es in der Schule u. a. auch viele muslimische Kinder gibt, welche aus religiösen Gründen kein Schweinefleisch essen.

Die Schüler und Schülerinnen tragen ihr Bedürfnis nach Mitspracherecht an die Schulleitung heran und diese richtet kurzerhand eine Projektgruppe zum Ganztagsbetrieb ein, in die jede Klasse vorerst zwei Vertreter entsenden darf" (Preukschas 2011).

2. Didaktische Begründung

„Durch die Planung der Gestaltung der Ganztagsschule können die Schüler und Schülerinnen erste Einblicke u. a. in gesellschaftliche, wirtschaftliche und kulturelle Zusammenhänge erhalten. Da sie sich in der realen Umwelt mit wirklich existierenden Bedingungen auseinandersetzen, lassen sich einzelne Aspekte auch in anderen lebensweltlichen Kontexten wieder finden.

Was eine Ganztagsschule ist, wissen eigentlich alle Kinder, da bereits im vorigen Jahr die weiterführende Schule im Ort Ganztagsschule wurde und in allen Klassen kurz besprochen wurde, was dies bedeutet. Einige Klassen haben dort zur Einweihung auch etwas vorgeführt. Manche Schüler und Schülerinnen haben auf der weiterführenden Schule wiederum schon Geschwister und bekommen es täglich mit, dass diese erst am Nachmittag von der Schule nach Hause kommen.

Den Kindern ist bewusst, dass man in einer Ganztagsschule gemeinsam Mittag isst, Hausaufgaben macht und weitere Aktivitäten durchführt. Es ist also ersichtlich, dass dies einen organisatorischen, personellen wie auch finanziellen Mehraufwand mit sich bringt.

Außerdem machen sich die Kinder bereits Gedanken, welche AG's sie gerne besuchen würden und wie sich diese realisieren lassen könnten.

Wenn die Grundschule Ganztagsschule wird, dann sind alle Kinder davon betroffen. Diejenigen, die ohnehin dort angemeldet werden, werden zukünftig an bis zu drei Tagen in der Woche in der Schule Mittag essen, Hausaufgaben machen, Arbeitsgemeinschaften besuchen und erst am Nachmittag nach Hause kommen, was in der ersten Zeit eine immense Umstellung sein wird. Aber auch die Kinder, welche nicht am Ganztagsbetrieb teilnehmen, bekommen die räumlichen Umbauten mit, bemerken, dass ein Großteil der Kinder nicht mittags nach Hause geht und hören von den anderen Schülern und Schülerinnen, was diese so am Nachmittag in der Schule erleben.

Die Planung und Mitgestaltung des Ganztagsbetriebs wurde von den Schülern und Schülerinnen selbst eingefordert. Sie haben aus eigener Motivation heraus gehandelt.

Das Thema ist Teil ihrer unmittelbaren Lebenswelt und enthält vielfältige Dimensionen, wie z. B. wirtschaftliche oder gesellschaftliche, mit welchen sie sich dann im Rahmen des Projekts nach und nach auseinandersetzen können.

Das Thema 'Planung der Ganztagsschule' benötigt keine bestimmten Grundlagen, welche die Kinder vorher erworben haben müssen, da sie sich mit den einzelnen Teilaspekten, welche das Thema mit sich bringt, während des Projekts auseinandersetzen und sich die nötigen Grundlagen dann erarbeiten.

Die Thematik hat zudem das Potential, sich vom Kleinen (Welche AG's möchten wir?, Was muss beim Mittagessen bedacht werden? usw.) ins Große (Wie können wir das finanzieren?, Was muss ich beachten, wenn ich einen Catering-Service beauftrage? usw.) zu entwickeln, wobei auch Wissen entwickelt wird, welches aufeinander aufbaut“ (Preukschas 2011).

3. Fachliche Basisinformationen

Das vorliegende Projekt hat viele konkrete Aufgaben. Fachlich zugrunde liegt die Planung des eigenen Schullebens.

„Kinder verbringen viel Zeit in der Grundschule. Sie haben das Recht, diese Zeit nicht nur als Vorbereitung auf ihr Leben, sondern auch in der Gegenwart positiv zu erleben. Auch dies spricht für ein lebendiges Schulleben mit Tanz, Bewegung, Theater, Präsentation der selbst erstellten Kunstwerke. Ein derart differenziertes lebendiges Schulleben verlangt Koordination und Organisation, an der auch die Kinder mitwirken können, um damit quasi im Selbstlauf wichtige Kompetenzen für ihr zukünftiges Leben zu erwerben. Besonders wertvoll sind die Auswirkungen auf die Entwicklung der Persönlichkeit, weil Kinder die Wertschätzung ihrer Arbeit durch die Schulöffentlichkeit spüren können. Sie lernen, vor einer größeren Öffentlichkeit aufzutreten und ihre Werke zu präsentieren. Dies allein kann schon das Selbstbewusstsein stärken. Auch Rituale sind Erlebnisformen in einem strukturierten Schulleben. Ein differenzierter Schulalltag mit Ritualen minimiert die Differenz von Leben und Schule und ermöglicht die Herausbildung von lebensweltlichen Kompetenzen. [...] Die Schule selbst muss den Kindern eine sinnvolle Erfahrungswelt bieten, in der sie sich auf das Leben später vorbereiten. Von daher muss das gemeinsame Essen und Herstellen von Mahlzeiten, das wechselseitige Trösten bei Kummer wie auch das Erleben von Festen und Ritualen selbstverständlich zur Schule gehören. Ein anregungsreiches Schulleben und differenzierte Rituale, die von den Klassen und der Schulgemeinde getragen werden und auch jeweils modifiziert und gestaltet werden können, bilden die Rahmenbedingungen für fruchtbare Erziehung in der Grundschule“ (zit. nach Kaiser/Pfeiffer 2007, 42). Bei der Planung einer Ganztagsschule wird darüber hinaus auch die politische Einflussnahme und Koordinierung der diversen Aktivitäten eingeübt.

4. Verlaufsideen

- „In jeder Klasse werden zwei VertreterInnen gewählt, welche dann im Anschluss am ersten Treffen der ‘übergeordneten’ Projektgruppe teilnehmen.
- Diese Gruppe führt zunächst eine Befragung der Eltern sowie der Schüler und Schülerinnen durch, ob überhaupt Interesse an einer Ganztagsschule besteht.
- Nach einer positiven Rückmeldung stellen die Mitglieder der Gruppe Überlegungen an, was konkretes Projektthema ist, welche Ziele sie erreichen wollen und warum sie diese erreichen wollen.

- Dabei findet auch ein erster Austausch statt, bei dem Fragen aufkommen, an was alles zu denken ist und auch welche finanziellen Mittel zur Verfügung stehen.
- Hieraus könnte auch ein Gespräch mit der Schulleitung hervorgehen, in welchem die Grundlagen geklärt werden.
- Im Anschluss daran machen sich die Schüler und Schülerinnen Gedanken über die Ziele ihres Projekts, mögliche Handlungsansätze sowie notwendige Materialien und Hilfsmittel.
- Aus ihren Ergebnissen gehen Projektuntergruppen hervor, welche sich auf ein Themen- bzw. Aufgabengebiet spezialisieren. Hierbei wären folgende Gruppen denkbar:
  - Gruppe Zeitmanagement:
    Diese Gruppe würde sich mit der konkreten Zeitplanung befassen. Wann soll es Mittagessen geben? Wie lange benötigt man dafür? Wann sollen Pausen angesetzt werden? Wie viel Zeit soll für Hausaufgaben vorgesehen werden? usw.
  - Gruppe Arbeitsgemeinschaften:
    Diese Gruppe würde sich damit befassen, welche Arbeitsgemeinschaften von der Schülerschaft gewünscht werden, welche finanziellen Mittel nötig sind, wo kompetente Übungsleiter gewonnen werden können usw. In dieser Gruppe wäre eine weitere Unterteilung denkbar, da viele Faktoren dort einwirken.
  - Gruppe Finanzen:
    Diese Gruppe würde sich um die Finanzen kümmern, wobei eine enge Zusammenarbeit mit der Schulleitung sinnvoll wäre. Außerdem muss die Gruppe viel mit den anderen Gruppen kooperieren und ihnen deutlich machen, welche finanziellen Mittel für welche Bereiche möglich sind.
  - Gruppe Mittagessen:
    Diese Gruppe müsste sich zuerst damit befassen, dass eine Mensa von Nöten ist. Später müsste sie sich um einen Catering-Service o.ä. kümmern. Außerdem müssen sie sicherstellen, dass es sich um gesunde Ernährung handelt. Weiterhin ist es ihre Aufgabe, an diverse Sonderessen zu denken, u.a. an ihre muslimischen Mitschülerinnen und Mitschüler, die kein Schweinefleisch essen.
  - Gruppe Räumlichkeiten:
    Diese Gruppe befasst sich damit, welche zusätzlichen Räumlichkeiten benötigt werden und wie diese sich umsetzen und gestalten lassen.
- Es wird nahezu in jeder Gruppe nötig sein, mit öffentlichen Institutionen zu kommunizieren, wie z.B. der Gemeindeverwaltung, dem Bauamt, Catering-Services, ortsansässigen Vereinen usw.

- Nachdem die Gruppen festgelegt wurden, werden sie ausgeschrieben, so dass jeder Schüler bzw. jede Schülerin sich einer Gruppe zuordnen kann, wenn er oder sie Interesse daran hat, die Ganztagsschule mitzugestalten. Die zu Beginn gegründete Gruppe bleibt als Über- bzw. Organisationsgruppe bestehen und koordiniert das Vorgehen und die Kommunikation der Gruppen untereinander.
- Außerdem werden jeder Gruppe Lehrkräfte als Ansprechpartner zugewiesen, welche beratend und unterstützend zur Seite stehen sollen. Des Weiteren wird es notwendig sein, dass die Schulleitung oder deren Vertretung Aufträge erteilt (Bau von Räumlichkeiten, Catering-Service), Verträge abschließt (pädagogische Mitarbeiterinnen oder Mitarbeiter) oder Ähnliches, da die Kinder hierzu einfach nicht befugt sind. Dies geschieht dann jedoch immer erst nach einer Besprechung mit der verantwortlichen Gruppe.
- Im Anschluss daran finden erste Treffen in den jeweiligen Gruppen statt, in denen Ziele formuliert werden und das Vorhaben konkretisiert wird. Dies hält jede Gruppe schriftlich fest und reicht es dann bei der Organisationsgruppe ein. Diese legt daraufhin einen ersten zeitlichen Rahmen fest. Nachdem erste Ergebnisse wie auch Schwierigkeiten vorgestellt worden sind, kann dann das weitere Vorgehen besprochen werden. Es ist aber auch während der gesamten Projektzeit wichtig, zwischenzeitlich immer wieder Besprechungen stattfinden zu lassen, damit auf etwaige Schwierigkeiten angemessen reagiert werden kann" (Preukschas 2011).

5. Ergebnis, Projektprodukt, Präsentation

Als Endprodukt gibt es eine Eröffnungsfeier der Ganztagsschule, zu der alle Beteiligten wie auch die Eltern eingeladen werden. Während der Feier geben die Schüler und Schülerinnen Einblicke in ihre Arbeitswege und präsentieren ihre Ergebnisse. Dies geschieht in Form einer Plakatpräsentation, einer Fotodokumentation, einer kleine Rede und als Wandzeitung (vgl. Preukschas 2011).

In der Plakatpräsentation wird auch der Lernprozess der Kinder reflektiert. Dabei geht es um ein Monitoring der neuen Inhalte und Methoden, welche die Kinder gelernt haben. Auf den Plakaten wird dokumentiert, „welche neuen Erkenntnisse sie getroffen haben oder welche neuen Handlungsformen sie kennengelernt haben" (Preukschas 2011). Zur Vorbereitung dieser Plakatproduktion empfiehlt Preukschas, während der ganzen Projektzeit einen Briefkasten bereitzustellen, in den „die Kinder Notizen und Gedanken einwerfen, welche sie in einem Moment besonders bewegt haben, die sie für bedeutsam hielten oder auch notieren, was sie Neues gelernt, entdeckt oder erfahren haben" (Preukschas 2011). Diese Ideenzettel werden dann sortiert und zum Teil auch direkt auf die Plakate geklebt. Einige werden in einer „Gedankenlesung" bei der Abschlussveranstaltung vorgelesen (vgl. Preukschas 2011).

In diesem Projekt wird das eigene Schulleben der Schülerinnen und Schüler neu gestaltet. Dies verlangt ein hohes Maß an Organisation und Management. Ohne Dokumentation des Standes der jeweiligen Gruppen und Austausch untereinander, lässt sich dies nicht bewältigen. Für Lehrerinnen und Lehrer heißt es, dass sie übergreifend kooperieren müssen, um die jeweiligen Projektstränge zur gemeinsamen Aufgabe der Planung der Ganztagsschule wieder zusammen zu bringen. Dieses Projekt kann sehr leicht zu einem Vorhaben geraten. Wichtig ist, dass die offenen Veränderungsdimensionen des eigenen und gemeinsamen Schullebens auch zum Forschungsgegenstand gewählt werden.

3.4 Politische Konflikte im Erfahrungsbereich von Kindern

3.4.1 Neonazis in unserer Stadt

(Nach einem Projektbericht von Lukas Blatt)

1. Ausgangssituation

„Einige Schülerinnen und Schüler erzählen an einem Montag im Morgenkreis, dass sie am Sonntag an einem Spaziergang mit vielen verschiedenen Familien durch ihre Stadt teilgenommen haben. Dabei berichten sie, dass sie nicht wissen würden, warum sie dies getan haben. Andere Kinder der Klasse erklären, dass dies mit dem Heisenhof zu tun habe. Manche erzählen, dass sie von ihren Eltern davor gewarnt wurden, sich in der Nähe der Gebäude aufzuhalten. Es stellt sich heraus, dass viele Schülerinnen und Schüler davon Notiz genommen haben, dass innerhalb der Stadt über den Hof geredet wird, es den Kindern jedoch nicht erläutert wird, warum dies so ist" (Blatt 2011).

2. Didaktische Begründung

„Schülerinnen und Schüler der Grundschule in Dörverden kommen über verschiedene Wege mit der Thematik des Nationalsozialismus in Berührung, zum Beispiel durch die Diskussionen der Eltern und älteren Geschwister. Außerdem nehmen sie über die Sonntagsspaziergänge und Informationsveranstaltungen, die den Protest der Bevölkerung zum Ausdruck bringen, Notiz von dieser Problematik. Durch die Sonntagsspaziergänge, zu denen Eltern ihre Kinder mitnehmen, kommen auch Schülerinnen und Schüler der Grundschule mit den Umständen des Heisenhofs in Berührung. Darüber hinaus werden bei diesen Sonntagsspaziergängen und Protestmärschen natürlich auch Plakate mitgebracht bzw. Reden gehalten.

Auch innerhalb der regionalen Medien war die Berichterstattung um den Heisenhof sehr groß, sodass Schülerinnen und Schüler vermittelt über die Eltern oder Geschwister mit der Thematik in Berührung kamen. Dennoch wird das Thema „Neofaschismus" möglicherweise in manchen Familien nicht explizit mit den Kindern im Grundschulalter thematisiert. Manche Familien nehmen vielleicht nicht intensiv an den Protesten teil, andere glauben, dass ihre Kinder für das Thema „Neofaschismus" noch zu jung sind.

Daher entwickelt sich innerhalb einer Klasse das Interesse nach Aufklärung aufgrund der medialen und familiären Situation in Dörverden schon bei Grundschulkindern. Diese interessieren sich natürlich dafür, warum sie Familienspaziergänge mit vielen verschiedenen Familien unternehmen, die sie nicht kennen. Des Weiteren wird den Kindern natürlich ebenso gesagt, dass sie sich von dem Ort fernhalten sollen, da dieser gefährlich ist. Die Feier an Silvester zeigt, welche extreme Stimmung auf und um das Gelände herrscht, sodass Eltern ihre Kinder höchstwahrscheinlich nicht mehr alleine in die Nähe der Gebäude lassen würden.

Darüber hinaus wirkt der Eingang in das Gelände seit dem Kauf deutlich bedrohlicher. Häufiger patrouillieren Neonazis als Wachen am Tor entlang. Dies bleibt in einem kleinen Ort wie Verden nicht unentdeckt. Schülerinnen und Schüler, die an dem Gebäude vorbei gehen müssen, um zur Schule oder zu Freunden zu kommen, haben möglicherweise sehr viel Angst, in unmittelbarer Nähe zum Heisenhof zu sein“ (Blatt 2011).

Trotz dieser Erfahrungen ließe sich problematisieren, ob das Thema überhaupt im Unterricht vorkommen soll. Allerdings lässt sich hier auf allgemeindidaktischer Ebene antworten: „Im Fach Sachunterricht soll Schülerinnen und Schülern ‘eine basale Orientierung in der Welt’ (Pech/Kaiser 2008, 3) ermöglicht werden. „Somit wird der Sachunterricht als das Fach angesehen, welches ‘zu einer Teilhabe an dieser Welt befähigen soll’ (Becher 2006, 19). Allgemeine Bildungsziele, die im Fach Sachunterricht erarbeitet werden sollen, können unter den Begriffen ‘Aufklärung, Emanzipation und Mündigkeit’ (Becher 2006, 19), angelehnt an Richter, definiert werden. Nach Klafki ist das Ziel des Sachunterrichts ‘ein geschichtlich vermitteltes Bewusstsein von zentralen Problemen der Gegenwart und – soweit voraussehbar – der Zukunft zu gewinnen, Einsicht in die Mitverantwortlichkeit aller angesichts solcher Probleme und Bereitschaft, an ihrer Bewältigung mitzuwirken’“ (Klafki 1996, 56). Bezogen auf Klafkis epochaltypische Schlüsselprobleme ist auch das Thema Neofaschismus von Bedeutung. Nicht nur innerhalb der Friedenserziehung gilt es Aufklärung bezüglich neofaschistischer Tendenzen zu leisten, sondern die politische Handlungs- und Entscheidungsfähigkeit ist ebenfalls von besonderer Relevanz (vgl. Klafki 2005, 4). Es gilt diese Fähigkeiten möglichst früh zu fördern, um durch kritisches Bewusstsein und Reflexion über kriegerische Auseinandersetzungen und Gewalt, die der Rassismus automatisch mit sich führt, zu intervenieren“ (Blatt 2011).

3. Fachliche Basisinformationen

„Im Jahr 2004 kaufte der mittlerweile verstorbene Jürgen Rieger, Anwalt aus Hamburg, Mitglied der NPD, verurteilter Holocaustleugner und dominierende Figur am äußeren rechten Rand, unter dem Deckmantel der Wilhelm Tietjen Stiftung das ehemalige Bundeswehr-Offiziersheim Heisenhof in Dörverden nahe Verden. Rieger wollte ein internationales Schulungszentrum mit Schlafmöglichkeiten für die rechtsradikale Szene errichten. Darüber hinaus wollte er auf dem Gelände 'eigene Fruchtbarkeitsforschung betreiben – zusammen mit der Eugenik-Gesellschaft, die in Kiel sitzt und sich um die biologische Substanz des deutschen Volkes sorgt' (Speit/Röpke 2010, 1).

Nach dem Kauf wurde der Heisenhof schnell Anziehungspunkt für die rechte Szene der Region. Nach Angaben des Aktionsbündnisses Heisenhof feierten bereits am 31.12.2004 über 100 Neonazis Silvester mit verbotenen Liedern und Leuchtmunition.

Insgesamt zeigte sich die regionale Bevölkerung zutiefst erschüttert. Innerhalb Verdens entstand ein Bündnis für Toleranz und Demokratie, welches das Ziel hatte, die Entstehung eines Schulungszentrums für Neonazis zu verhindern. Dieses Bündnis wurde einerseits von den einzelnen regionalen Parteien und andererseits von Schulen sowie dem Gemeindeelternrat unterstützt. Bereits Ende Januar 2005 gab es einen gemeinsamen Sonntagsspaziergang. Im Vordergrund stand an diesem Tag der 60. Jahrestag der Befreiung der Konzentrationslager. Über 2000 Personen nahmen an diesem Spaziergang und der dazugehörigen Informationsveranstaltung teil. Danach gab es weiterhin sehr häufig Sonntagsspaziergänge und Veranstaltungen.

Neben dieser Situation gibt es in Verden eine weitere Problematik. Direkt an der Grundschule am Sachsenhain in Verden liegt ein ehemaliger Aufmarschplatz der Nationalsozialisten. Dieser wird durch eine Reihe Findlinge von der Schule abgetrennt. Diese Findlinge hatte Heinrich Himmler aufstellen lassen. Sie stehen symbolisch für die von Karl dem Großen erschlagenen Sachsen. In der Neonaziszene sind diese Findlinge bekannt und somit Anziehungsort. Aus diesem Grund sind die Schülerinnen und Schüler der Grundschule ganz besonders von dem Thema Nationalsozialismus betroffen (vgl. Pech/Becher 2005, 94)" (Blatt 2011).

4. Verlaufsideen

- Die Schülerinnen und Schüler hinterfragen die Berichterstattung über ihre Stadt, die Bedeutung der gemeinsamen Sonntagsspaziergänge innerhalb der Region und die Informationsveranstaltungen zum Thema Nationalsozialismus.
- Innerhalb der Klasse wird gemeinsam beschlossen, ein Projekt zum Thema Nationalsozialismus zu erarbeiten.
- Einführung in das Thema anhand von Literatur, wie „Damals war es Friedrich" von Hans Peter Richter.
- Sammeln von Projektfragen:
  - Was wollen wir wissen?
  - Welche Themen wollen wir bearbeiten?
  - Woher können wir unsere Informationen beziehen?
  - Wer könnte uns bei der Informationsbeschaffung behilflich sein?

- Was können wir tun, um uns davon abzugrenzen?
- Wie können wir anderen Kindern unsere Ergebnisse zugänglich machen?

- Ziele des Projekts:
  - Als Hauptziel des Projekts soll eine Informationsveranstaltung von Kindern für Kinder organisiert werden, um der bereits erwähnten Unwissenheit entgegenzuwirken.
  - Ein weiteres Ziel ist die Umgestaltung der Findlinge, die zur Zeit des Nationalsozialismus von dem Regime neben der Schule aufgestellt wurden. Durch die Umgestaltung soll den Findlingen ihre nationalsozialistische Bedeutung genommen werden.
  - Die Schülerinnen und Schüler nennen Interessen bzw. Ideen und formulieren eigene Arbeitsschritte.
  - Arbeitsabläufe, Inhalte und Gruppen zu einzelnen Themen werden festgelegt und eingeteilt.
  - Exkursionen zu „Stolpersteinen“[21]
  - Organisation der Interviews mit Zeitzeugen und Institutionen
  - Mit Hilfe der Eltern wird die rechtliche Situation bzgl. der Findlinge geklärt und die farbliche Umgestaltung organisiert.
  - Recherche innerhalb einzelner Gruppen, Suche nach Zeitzeugen, möglichen Orten für Exkursionen, Suche nach Quellen für Informationen
- Gruppenarbeit:
  - Umgestaltung der Findlinge
  - Demokratie und Menschenrechte
  - Opfer des Nationalsozialismus in unserer Stadt (Stolpersteine)
  - Das Leben der Anne Frank
  - Die Ziele und Initiativen des Bündnisses für Toleranz und Demokratie
  - Interviews mit Zeitzeugen
- Abschluss des Projekts:
  - Vorbereitung der einzelnen Gruppenarbeiten, um sie innerhalb der Schule und auf den Informationsveranstaltungen der Öffentlichkeit zu präsentieren

5. Ergebnis, Projektprodukt, Präsentation

Präsentation der Ergebnisse in einer Ausstellung und Verbindung eines „Sonntagsspazierganges“ mit dem Besuch der Ausstellung in der Schule

Die Findlinge werden innerhalb der Schule präsentiert. Auf den außerschulischen Veranstaltungen werden sie durch große Fotos gezeigt und die Gründe für

[21] „Stolpersteine“ sind ein Produkt des künstlerischen Projekts von Gunther Deming, das in vielen Städten mit Steinen an die Wohnorte von Opfern des Holocaust erinnern soll, vgl. http://www.stolpersteine.com/ Abruf 14.2.2011

die Umgestaltung anhand von Plakaten präsentiert. Es wird gemeinsam diskutiert, ob es möglich ist, die Findlinge, zumindest von der zur Schule gerichteten Seite, zu bemalen. „Typische Symbole einer gemeinsamen Welt verschiedener Hautfarben oder Personen mit klassischen Kleidungsstilen verschiedener Nationen der Welt könnten einerseits den Schulhof verschönern, andererseits den Findlingen die eigentliche Bedeutung nehmen“ (Blatt 2011).

Dieses Projekt bedarf einer stärkeren Begleitung der Kinder durch Erwachsene als alle anderen Projekte. Kinder müssen vor möglichen Übergriffen geschützt werden und sollten keine eigenständigen Befragungen, etwa mit beiden Seiten des Konflikts, also auch der Neonazis, durchführen. Dennoch kann es wichtig sein, auch solch ein Thema projektmäßig anzugehen, wenn Kinder davon massiv betroffen sind.

3.4.2 Abschiebung eines Kindes aus der Klasse

(Nach einem Projektbericht von Julia Hänßler)

1. Ausgangssituation

Julia Hänßler beschreibt eine Ausgangssituation für ein Projekt, das so in vielen Schulen möglich ist: „Ein Schüler, der zehnjährige Rico[22], dessen Eltern aus Syrien stammen, kommt bedrückt in den Klassenraum. Unter Tränen berichtet er, dass seine neugeborene Schwester Ruken keine Aufenthaltsgenehmigung bekomme. Seine Familie habe einen Brief bekommen, dass Ruken Deutschland verlassen solle. Ricos Mitschülerinnen und Mitschüler reagieren mit großer Anteilnahme. Sie wollen wissen, wer den Brief geschrieben hat und fragen nach dem Grund der Abschiebung. Rico weiß keine Antwort darauf. Er erzählt, dass in dem Brief stand, dass eigentlich nur Ruken Deutschland verlassen müsse. Sie würde dann in Syrien in einem Kinderheim leben. Natürlich werde er dann mit seinen Eltern und seinen anderen Geschwistern mitgehen, denn eine Trennung von Ruken käme für die Familie nicht in Frage. Die Klasse ist aufgebracht. Sie wollen nicht, dass Rico die Klasse und sogar Deutschland verlassen muss. Sie sind traurig, aber auch wütend darüber, dass eine deutsche Behörde so entscheidet. Die Schülerinnen und Schüler sind emotional so ergriffen, dass an den eigentlich geplanten Unterricht nicht zu denken ist. Sie wollen etwas unternehmen, damit Ricos Schwester und auch die ganze Familie bleiben kann. Eine Projektinitiative hat sich dadurch ergeben, dass die Kinder spontan ergriffen sind“ (Hänßler 2011).

Ob eine derartige Ausgangssituation nun tatsächlich in ein Projekt mündet oder nur eine situative emotionale Betroffenheit bewirkt, hängt stark vom sozialen Zusammenhalt in einer Klasse ab, insbesondere vom Grad der Integration des Kindes aus Syrien. Aber auch die Bereitschaft der Lehrperson, daraus ein Pro-

[22] Aus Datenschutzgründen wurden hier die Angaben zum konkreten Fall wie Alter und die Namen verändert.

jekt zu entwickeln, muss stark genug sein, sodass die Kinder auch tatsächlich zu Projektarbeit geführt werden.

2. Didaktische Begründung

Eine weitere fundamentale Bedingung, dass aus dieser Ausgangssituation ein Projekt wird, liegt darin, dass die Lehrperson didaktisch die Potentiale dieser Problematik analysiert hat und weiß, welche exemplarische Bedeutung darin liegt.

Und sie muss persönlich hinter diesen Zielen stehen. Julia Hänßler hat dies bedacht. Für sie geht es bei diesem Projekt „um Gerechtigkeit, Ungleichheit, Menschlichkeit, Lebensglück, Macht, Demokratie und Freundschaft.

Exemplarisch steht das Thema 'Abschiebung' für eine Vielfalt an Inhalten, die für Grundschulkinder spannend sind: Sie lernen, dass es notwendig ist, sich für seine Rechte und die Rechte anderer einzusetzen und dass ihre Handlungen Veränderungen bewirken" (Hänßler 2011). Die mit Migration zusammenhängenden Probleme in Deutschland sind auch für Grundschulkinder erfahrbar, sie äußern sich in Vorurteilen, aber auch in Abwehr. „Daher wäre es illusorisch, Grundschule heute als Modell einer heilen Kinderwelt, einer pädagogischen Kinderprovinz, eines abgesonderten Kindheits-Schutzraums gestalten zu wollen" (Klafki 1993, 4). Von daher hat die Thematik „Abschiebung" ihre Legitimation, weil Kinder diese Fragen wahrnehmen und davon betroffen sind.

3. Fachliche Basisinformationen

Die heutige Alltagswelt von Kindern ist durch internationale Verflochtenheit gekennzeichnet. Durch Warenaustausch, weltweite Kommunikation im Netz und Migration wird diese Globalisierung sichtbar. „Unstrittig wirken sowohl das Phänomen der Globalisierung in all seinen Zusammenhängen als auch Fragen aus dem Bereich der Ökonomie auf verschiedenste Bereiche der kindlichen Lebenswelt ein" (Wulfmeyer 2004, 125). Diese globale Entwicklung ist aber kein freier und gleicher Austausch, sondern ist von massiven Ungleichheiten gekennzeichnet. Das gilt für die Reichtumsverteilung innerhalb von Staaten wie auch zwischen Weltregionen, die unter dem Etikett „Nord-Süd-Konflikt" diskutiert werden. Auch die Rechte der Menschen sind ungleich verteilt. Zusätzlich zu Hunger, Armut und Bedrohung von Menschen führen auch Kriege zu Migration. Gleichzeitig entwickeln einzelne Staaten aus den prosperierenden Teilen der Welt Maßnahmen, um diese Migration einzuschränken. Dazu zählt in Deutschland auch das Ausländergesetz, das u. a. Abschiebungen regelt. Unter Abschiebung wird die „zwangsweise Durchsetzung der Ausreisepflicht" (Heinold 2003, 207) einer Person verstanden. Gemeint ist damit konkret, dass jemand ohne deutsche Staatsangehörigkeit (Ausländer) das Bundesgebiet verlassen muss. Von Abschiebung betroffen sind in Deutschland jährlich etwa 30000 Menschen[23].

Der rechtliche Rahmen von Abschiebung wird in den §§ 58 bis 62 des Aufenthaltsgesetzes (AufenthG) beschrieben. Die Abschiebung erfolgt, wenn nichtdeutsche Personen über keine rechtlich gültige Aufenthaltsgenehmigung verfügen. Dafür gibt es mehrere Gründe, nämlich die Verurteilung zu einer Haftstrafe bzw. das Begehen von Straftaten (§§ 53, 54 AufenthG), das Überschreiten einer von den Behörden gesetzten Ausreisefrist, die Mittellosigkeit der betroffenen Person, der Nicht-Besitz eines Passes oder adäquaten Dokuments, bei Angabe falscher Angaben gegenüber der Ausländerbehörde, bei willentlicher Widersetzung gegenüber der Ausreisefrist und auch bei Verdacht auf Zugehörigkeit zu einer terroristischen Vereinigung oder bei Definition der Person als „geistiger Brandstifter" (§ 58 AufenthG). In der Praxis kann Schwarzfahren, Drogenkonsum bzw. Drogenhandel, der Verdacht auf Zugehörigkeit zu einer terroristischen Vereinigung oder das Überschreiten der zugewiesenen Aufenthaltszone als ausweisungsrelevante strafbare Handlung gewertet werden[24]. Im Falle des Vorliegens von ausweisungsrelevanten Gründen muss die Behörde handeln (§49 AuslG) und ein Ausweisungsverfahren einleiten. Die ministerielle Verantwortung für Abschiebeverfahren liegt beim Auswärtigen Amt.

Das Prozedere der Abschiebung beginnt mit einem schriftlichen Bescheid, in dem eine klare Frist gesetzt wird. Als Ausnahme gilt nur, wenn die Abschiebung in den Staat der Herkunft zu Verfolgung oder Gewalt und Folter bis hin zur Todesstrafe gegenüber dieser Person, etwa aus religiösen oder politischen Gründen, führen würde. Wenn die Behörden fürchten, dass sich diese Person der Abschiebung durch „Untertauchen" widersetzen könnte, kann durch richterliche Anordnung eine Sicherungshaft angeordnet werden (vgl. Heinold 2003, 213ff.). Vielfach wissen die Betroffenen nichts von der Möglichkeit, Eilanträge zum Vollzugsaufschub zu stellen. Die Abschiebung wird von Polizeibeamten begleitet, welche die betreffende Person zur Grenzstation bringen. Die Kosten für die Abschiebung (nach § 82 AuslG), etwa Flugticket, Kosten von Medikamenten, für die Abschiebehaft oder für Bereitstellung von Dokumenten, werden in der Regel der betroffenen Person in Rechnung gestellt. Es können aber auch frühere Arbeitgeber oder die Einreisefluggesellschaft belangt werden.

Gegen die Praxis der Abschiebung in Deutschland gibt es seitens verschiedener Menschenrechtsgruppen heftigen Protest[25]. Die Gegner der Abschiebung begründen dies mit einer möglichen fehlerhaften Beurteilung der Lage im Abschiebeland. Reale Fälle belegen, dass Behörden etwa die Behandlung von Frauen in

---

[23] Vgl. http://aktivgegenabschiebung.de/abschiebungsrelevante-gruende-des-auswaertigen-amtes/ (Abruf: 18.7.2011)

[24] Vgl. http://www.aktivgegenabschiebung.de/abschiebungsrelevante-gruende-des-auswaertigen-amtes/ (Abruf: 18.7.2011)

[25] Vgl. http://www.aktivgegenabschiebung.de/abschiebung/ (Abruf: 18.7.2011)

Ländern mit anderen sozialen Normen nicht angemessen einschätzen konnten. Die gesetzliche Formulierung von Abschiebegründen ist wenig präzise und eröffnet Tor und Tür für unterschiedliche Interpretationen der Sachbearbeiter. Auch die psychischen und physischen Folgen während des Abschiebeprozesses haben zu Kritik geführt. Es wird etwa von Organisationen wie Pro Asyl eine Verletzung der Menschenwürde bei derartigen Verfahren angeklagt. Besonders die als Willkür empfundenen Entscheidungen von Behörden, die Familien mit hoher gesellschaftlicher Integration oft urplötzlich inhaftieren und abschieben, stehen unter Kritik. Die abzuschiebende Person hat allein die Beweislast, das Gegenteil zu belegen. Allerdings ist für eine Abschiebung immer ein richterlicher Beschluss erforderlich. Die Polizei darf dann aber auch gegen den Willen der Schulleitung das Schulgelände betreten. Indes besteht keine Pflicht dazu, Schülerinnen und Schüler direkt aus dem Unterricht zur Abschiebung herauszuholen.

Es sind auch Fälle belegt, dass man Kinder aus dem Unterricht herausholt, um sie danach abzuschieben[26]. Der jeweilige Grund ist oft, dass sie nur über eine Duldung und nicht über eine dauerhafte Aufenthaltsbescheinigung verfügen – insbesondere wenn die Duldung nur weniger als ein Jahr andauert.

Es gibt Fälle, wie der 2004 an der Berliner Fritz-Karsen-Schule, bei dem eine Schule gemeinsam erfolgreich gegen die drohende Abschiebung eines Schülers vorgegangen ist. Für derartige erfolgreiche Aktionen bei der Ausweisung von Schülerinnen und Schülern ist es nötig, über den genauen Aufenthaltsort Bescheid zu wissen und telefonisch in Kontakt zu bleiben.

4. Verlaufsideen

Julia Hänßler hat einen sehr klaren Projektverlaufsplan in Anlehnung an Gudjons entwickelt. Nach der o. g. Ausgangssituation folgt die Planung:

- „Die Mitschülerinnen und Mitschüler sind von dem Problem ergriffen und wollen helfen. Sie fragen nach Ursachen/Gründen im Sitzkreis und überlegen, wie sich die Familie fühlen mag (Unsicherheit/Angst; der Mitschüler ist in Deutschland aufgewachsen und für ihn ist Syrien ein fremdes Land) (Soziales Lernen) (Problembezug).

1. Selbstorganisation: Sie planen in aller Naivität, wie sie der Familie helfen können. Sie machen spontane Hilfsvorschläge, z. B. 'Wir können das Baby verstecken'. Alle Ideen dieses Brainstormings werden festgehalten.
2. Der Wunsch, etwas zu ändern, führt zu immer tiefergehenden Fragestellungen:
   a. Warum lebt diese Familie überhaupt hier? Wollen die nicht lieber in Syrien wohnen? Wie ist das Leben in Syrien? Was ist eine Aufenthaltsgenehmigung? Haben wir auch eine Aufenthaltsgenehmigung? Wer denkt sich das aus?

[26] Vgl. http://www.geblieben.net/infoschulen/Hier_geblieben.pdf (Abruf: 18.7.2011)

b. Wer hat den Brief geschrieben? Mit welchem Ziel? Was genau steht in dem Brief? Wer hat sich die Abschiebung ausgedacht? Gibt es ein Gesetz dazu? (Orientierung an den Interessen der Beteiligten)

3. Können wir der Familie helfen? Was können wir tun? Wen könnte man über die Probleme befragen? Es werden Ideen gesammelt (z.B. Polizei, Ausländerbehörde, Gericht, Anwalt/Rechtsberater, die Familie selbst, andere Ausländer, Eltern/Großeltern, Bibliothekar, Internet).
4. Die Kinder organisieren sich selbst zu Gruppen und planen konkrete Vorhaben: Welche Fragen wollen wir untersuchen? Welche Experten wollen wir einladen/besuchen? (Selbstorganisation).
5. Die Gruppen tragen ihre Ergebnisse zusammen und stellen sie einander vor (z.B. die Ausländerbehörde hat das beschlossen oder die Polizei sagt, da könne man nichts machen). Alles Zusammengetragene wird dokumentiert.
6. Die Schülerinnen und Schüler überlegen, ob weitere Erkundungsschritte gemacht werden sollen.
7. Sie überlegen gemeinsam, welche Handlungsschritte nun folgen sollen, z.B. Aktion in der Fußgängerzone oder das Schreiben eines offenen Briefes (Produktorientierung). Dabei bekommt jedes Kind eine ihm angemessene Aufgabe, alle machen mit (soziales Lernen).
8. Die Schülerinnen und Schüler reflektieren das Projekt (Produkt: Bildung)“ (Hänßler 2011).

5. Ergebnis, Projektprodukt, Präsentation

In diesem Fall ist das Produkt des Projekts einerseits das bessere Verstehen der Problemlage und die Identifikation mit den Betroffenen, andererseits auch das Nachvollziehen des politische Prozesses auf verschiedenen Ebenen, um die Abschiebung des Säuglings zu verhindern. Dazu gehören auch öffentliche Manifestationen der Klasse wie „Leserbrief, offener Brief an die Behörde, Plakataktion in der Fußgängerzone mit Informationen und Fotos sowie Informationen an die Presse mit dem Ziel, dass ein Artikel im redaktionellen Teil erscheint“ (Hänßler 2011). In diesem Projekt kann ebenso eine abschließende Dokumentation der jeweiligen Schritte erfolgen, aber auch das Festhalten der Schritte in einer Projektmappe oder in ähnlicher Form würde ausreichen, weil das Produkt nicht nur punktuell die Verhinderung der Abschiebung, sondern schon der gesamte Prozess dahin ist.

Dieses Projekt geht von einem konkret erfahrbaren Einzelfall aus und zielt auf Intervention in politische Prozesse. Derartige Projekte können leicht nur als Informationssammlung enden, denn politische Entscheidungen zu beeinflussen ist nicht einfach. Hier wurde über Öffentlichkeitsarbeit als Endprodukt des

Projekts versucht, Einfluss auf die politischen Entscheidungen zu nehmen und den Ermessensspielraum bei Verwaltungsentscheidungen möglicherweise auszuweiten.

3.4.3 Gedenken an Holocaust
(Nach einem Projektbericht von Melanie Heitz)

1. Ausgangssituation

Nach dem Besuch des historischen Galli-Viehmarktes in Leer trägt eine Grundschulklasse aus Leer Wissen über die Geschichte zusammen. In Gruppen wird recherchiert. Dabei „berichtet eine Gruppe davon, dass irgendwann einmal auch Juden im Viehmarkt zusammengetrieben und misshandelt worden sind. Aufgrund dieser Aussage beginnt eine Diskussion, denn eine Schülerin erzählt, dass sie schon mal davon gehört hat, dass Juden früher verfolgt und getötet wurden. Dass dies allerdings in ihrer Heimatstadt stattgefunden haben soll, kann sich hingegen keiner vorstellen. Es gebe schließlich auch einen jüdischen Friedhof gleich in der Nachbarschaft eines Schülers, das wäre doch der Beweis, dass die Juden ‘immer ganz normal’ gestorben sind. Fragend wenden sich die Schülerinnen und Schüler an ihre Lehrkraft. Sie bietet ihnen die Möglichkeit an, sich im Sachunterricht in einem Projekt mit diesen Fragen zu beschäftigen, was mit Begeisterung aufgenommen wird“ (Heitz 2011).

2. Didaktische Begründung

„Kinder sind in ihrer Lebenswelt allgegenwärtig mit Problemen (Diskriminierung, Verfolgung, Krieg) der Gesellschaft konfrontiert, die nicht nur einen Gegenwartsbezug haben, sondern sich oftmals auch in der Vergangenheit begründen. Becher (2008) weist darauf hin, dass der Beginn und die gesamte Entwicklung der Bundesrepublik Deutschland an die Befreiung vom Nationalsozialismus und die Schuld am Holocaust geknüpft seien.

Dies äußere sich nicht nur in der Gesetzgebung, sondern auch in der Tatsache des ‘Lebens im Land der Täter’. Demnach sind alle Menschen in Deutschland direkt und indirekt betroffen. In einer empirischen Erhebung belegt die Autorin das vorhandene Vorwissen von Kindern. Hierbei wird deutlich, dass Kinder beispielsweise Vorstellungen wie ‘Hitler, der Alleinverantwortliche’ und ‘Juden sind bestimmt anders’ haben (vgl. Becher 2008, 1-11).

Ebenso lassen sich aktuelle Tendenzen der Verleugnung, Verdrängung und eines Anstiegs von Neofaschismus in unserer Gesellschaft ausmachen, die eine Notwendigkeit der Behandlung dieses Themas im Unterricht erfordern (vgl. Dagan 1998, 37).

Das Wissen von Krieg und damit verbundenen Grausamkeiten erfahren Kinder unter anderem aus verschiedenen Medien, aber auch aus der zwischenmenschlichen Kommunikation und Erziehung (vgl. Hempel 2004, 84ff.; Zipf 2004, 94).

Ein Verständnis von der globalen Betroffenheit ermöglicht kontextbezogenes Denken und Lernen. Es sollte jedoch das Nachdenken über eigene Wertvorstellungen und das Finden möglicher Lösungsansätze im Fokus der Auseinandersetzungen stehen (vgl. Hempel 2004, 84 ff.).

Pech (2004) weist darauf hin, dass die Bearbeitung des Holocaust kein von Klafki gefordertes aktuelles Problem ist und somit auch nicht den Schlüsselproblemen zuzuordnen sei. Dies wird dadurch relativiert, dass eben aufgrund der Aufarbeitung des (nicht aufgearbeiteten) Problems der Menschheit – die Grausamkeiten des Holocaust – eine Möglichkeit aufgezeigt wird, einer Wiederholung vorzubeugen (vgl. Pech 2004, 145 ff.). In dem Sinne steht Holocausteducation exemplarisch für 'Frieden' und als Inhalt exemplarisch für die Entstehung von Hass, Rassismus, Diktatur, Antisemitismus, aber auch für Mut, Hoffnung und Widerstand. Das Beispiel Judenverfolgung und Antisemitismus ermöglicht Kindern, Ursachen von Verfolgung und Krieg ebenso wie menschliches Handeln nachzuvollziehen. Diese Auseinandersetzung und Betrachtung soll hierbei nicht auf den Grausamkeiten liegen, sondern ausgehend von Kinderfragen eigene Wertvorstellungen entwickeln.

Mögliche Kinderfragen könnten beispielsweise sein: 'Wie hat die Verfolgung der Juden begonnen?' oder 'Was hätte man dagegen tun können?' Dagan (1998) schlägt vor, den Fokus hierbei auf Aspekte wie 'Heldentum' oder 'Hilfeleistungen' zu legen, um bei den Kindern Ängste und Unsicherheiten gering zu halten (vgl. Dagan 1998, 44). Menschen, die Hilfe geleistet haben oder im Widerstand aktiv waren, stehen exemplarisch für Solidarität, Mut und Menschlichkeit. Sie ermöglichen den Glauben an das Gute im Menschen und stärken das moralische Empfinden des Kindes (vgl. Dagan 1998, 44).

Adorno (1970) betont die Bedeutung der Entwicklung von Empathie im Hinblick auf gesellschaftliches Geschehen für die Zukunft, da sie zur Perspektivübernahme befähigt und Gleichgültigkeit entgegenwirkt. Die Auseinandersetzung mit dem Thema deckt Mechanismen wie Schweigen, Mitläufer sein und Selbstschutz auf. Die Bewusstwerdung könnte dies verhindern oder dem entgegenwirken (vgl. Adorno 1970, 106). Indem Kinder lernen, dass das Individuum, der Einzelne, das Besondere bedroht sein kann von gesellschaftlichen Strukturen, können sie eine autonome Haltung hierzu, aber auch Handlungsstrategien entwickeln und eine 'blinde' Identifikation mit dem Kollektiv vermeiden (vgl. Adorno 1970, 92–100).

Beck (1998) merkt weiterhin an, dass das Thema Aspekte des Verbotenen, Heimlichen, Verbogenen impliziere und Angst, aber auch Faszination bei Kindern hervorrufen könnte. Sie geht davon aus, dass mit steigendem Alter eine größere Abwehr der Kinder zur differenzierten Betrachtung des Themas auszumachen ist. Jüngere Kinder seien unbefangener und hätten einen größeren Wissensdrang. Deshalb plädiert sie dafür, schon im Grundschulalter mit der Bearbeitung zu beginnen (vgl. Beck 1998, 110–119).

Weiterhin ermöglicht die Behandlung des Themas den Übertrag auf globale Abläufe (Kriege, Verfolgungen). Das menschliche Handeln kann also universell betrachtet werden. Dass der Mensch abhängig von der jeweiligen Situation zum Opfer oder Täter werden kann, ist hierbei ein wesentlicher Aspekt“ (Heitz 2011).

3. Fachliche Basisinformationen

„Die Analyse bezieht sich auf die Zeit des Nationalsozialismus (Abk. NS) (1933–1945) in der Stadt Leer in Ostfriesland.

Hierbei richtet sich der Fokus der Beschreibungen auf den NS-Terror gegen Juden.

Zu Beginn der NS-Diktatur lebten in Leer ungefähr 290 Menschen jüdischer Abstammung.

Erste antisemitische (Antisemitismus umschreibt die Feindschaft gegen Juden) Übergriffe lassen sich auf das Jahr 1933 zurückführen, in dem zwei deutsche Nationalflaggen zusammen mit zwei jüdischen Schächtmessern verbrannt wurden. Kurz darauf, am 1. April 1933 begann der Boykott jüdischer Geschäfte (vgl. Eimers 1993, 105). Fortan erlebten die Juden Hetzkampagnen und Ausgrenzung (vgl. Hensmann 2008, 124). Im Jahr 1936 wurden Gesetze verabschiedet, welche jüdischen Händlern auferlegten, auf dem so genannten Galli-Viehmarkt ihre Stände getrennt von denen der Christen zu platzieren. Ihre Rechte wurden nun fortschreitend beschnitten, in einem letzten Schritt ist ihnen die Teilnahme am Handel vollkommen verweigert worden (vgl. Kramer 2008, 64). Der alljährlich im Oktober stattfindende Galli-Viehmarkt, gegründet 1508, war ursprünglich ein Markt mit großem Handelsplatz für verschiedene Waren wie Honig oder Flachs, aber auch Vieh (vgl. Kramer 2008, 13 ff.).

Im 19. Jahrhundert wandelte sich der Markt verstärkt in ein Volksfest, wobei ein Rückgang von Warenbuden und ein Anstieg von Schaubuden prägnant waren. In diesem Jahrhundert gewann der Viehhandel an Bedeutung und wandelte sich zum wirtschaftlich wichtigsten Teil des Marktes (vgl. Kramer 2008, 47 ff.).

Im 20. Jahrhundert wurde der Markt aus einem Vorort in das Zentrum der Stadt verlegt (vgl. Kramer 2008, 56). Der Viehmarkt fand in direkter Nähe statt.

In der Reichspogromnacht am 9.10.1938 wurden jüdische Geschäfte zerstört, die Synagoge verbrannt, Juden verprügelt und aus ihren Wohnungen gejagt und durch die Stadt zu den Hallen des Viehmarktes getrieben und dort für die Nacht eingesperrt (vgl. Eimers 1993,105; Hensmann 2008, 125).

Bis zum Jahre 1939 verließen viele Juden die Stadt Leer, die 106 verbliebenen Juden wurden bis zum Jahr 1940 in Vernichtungslager deportiert (vgl. Eimers 1993, 107). In diesem Zeitmaß ist auch die Auflösung der ‘Jüdischen Kultusvereinigung Synagogengemeinde Leer’ besiegelt worden (vgl. Hensmann 2008, 125)“ (Heitz 2011).

4. Verlaufsideen

- Beschluss, nach der Viehmarktrecherche ein Projekt zu starten
- Einführung der Lehrperson ins Thema durch ein Kinderbuch: indirekt z. B. „Der Frosch und der Fremde" von Max Velthuijs (1993) oder direkt „Judith und Lisa" von Elisabeth Reuter (1988)
- im Anschluss philosophisches Gespräch
- Sammeln von Projektfragen:
  - Was wissen wir?
  - Was möchten wir wissen?
  - Wie können wir unsere Fragen beantwortet bekommen?
  - Wer bearbeitet was?
  - Wie lange soll es dauern?
  - An welcher Stelle brauchen wir Hilfe?
- im Anschluss Strukturierung durch eine Mindmap zur Inhaltsaufgliederung und Zeitstrahl für den Arbeitsablauf beim Erfüllen der Aufgaben (Internetrecherche, Exkursionen, Interviews, Berichte schreiben, Fotografieren,...)
- Recherche in Gruppenarbeit
- Sammeln von weiteren Erkenntnisquellen:
  - mögliche Kontaktpersonen in der Stadt für Interviews ausfindig machen, Suche nach Zeitzeugen
  - Exkursionsorte in der Stadt finden (jüdische Friedhöfe, Gedenkstätten, Synagoge, Häuser, in denen Juden gelebt haben, Stadtarchiv)
- Recherche in Gruppenarbeit an außerschulischen Orten, dabei auch Suche nach Sachquellen für eine spätere Ausstellung
- Sammeln der Ergebnisse und Gespräch in der Klasse, Markieren des Arbeitsstandes an Mindmap und Zeitstrahl
- Herstellen von abstrakten Skulpturen aus Ton zum Ausdruck der eigenen Gefühle
- Erarbeitung eines Kinderbuches zum Leben jüdischer Kinder in Leer
- Vorbereitung der Ausstellung

5. Ergebnis, Projektprodukt, Präsentation

Öffentliche Veranstaltung zum Thema „Holocaust in Leer" mit Plakaten aus den Rechercheergebnissen, Audiodokumenten der Zeitzeugeninterviews, den Skulpturen und den Ergebnissen der Analyse des Bilderbuchs; Kinder führen die Besuchenden durch die Stadt auf dem Pfad der Erinnerung entlang der Orte, die im Projekt als Verbindungsglieder zum Holocaust gefunden wurden (Stadtarchiv, Standort der ehemaligen Synagoge, Wohnhäuser, in denen jüdische Familien wohnten, Galli-Viehmarkt).

Vereinbarung mit der Stadtbücherei und dem „Zollhaus" in Leer, dass ein kleiner Teil der Ausstellung als Dauerausstellung in diesen öffentlichen Einrichtungen präsentiert wird

Bei diesem Projekt wird anders als bei anderen Themen nicht gleich differenziert von den Kindern am Projektproblem gearbeitet. Vielmehr wird ein von der Lehrperson gesteuerter Beginn mit Kinderbüchern gewählt, damit eine gemeinsame inhaltliche Orientierung entsteht. Im Grundschulalter ist besonders bei dieser Thematik die Orientierung von Lehrpersonen von Bedeutung. Im Sekundarstufenalter gibt es auch Projekte, die weitgehend allein von Schülerinnen und Schülern initiiert werden und die auch über Jahre hinweg unabhängig von schulischen Zusammenhalten fortgeführt werden. Ein besonderes Beispiel ist die Initiative von ehemaligen Schülerinnen und Schülern der Klasse 10a der Schule Wangerooge. Eltje Wolf, Martje Lindner, Janna Wilhelmi, Rieka Beewen, Antje Brüggerhoff, Marlien Tryba, Thore Folkerts, Felix Kuhn, Timo Kipp, Merle Janssen und Svea Hanssen haben lange recherchiert und herausgefunden, dass auf ihrer Heimatinsel auch jüdische Opfer der NS-Diktatur zu finden sind. Sie haben die Geschichte der Familie Levi zu verfolgen versucht und nach vier Jahren die Verlegung von Stolpersteinen auf der Straße, an der die Familie Levi bis zu ihrer Deportation gelebt hat, in einer öffentlichen Zeremonie durchgesetzt.

3.5 Lokale und regionale Veränderungen und Probleme

3.5.1 Wir retten den Tante-Emma-Laden

(Nach einem Projektbericht von Carolin Knorr-Hahnenfeld)

1. Ausgangssituation

Die Inhaberin des schulnahen kleinen „Tante-Emma-Ladens" schüttet ihr Leid gegenüber einer jungen Kundin aus dem 3. Schuljahr aus. „Frau Krick vertraute Lisa an, dass ihr Laden schon längere Zeit nicht mehr so gut lief wie früher. Doch in letzter Zeit wurde es noch schlechter. Die Kunden würden immer weniger bei ihr einkaufen. Sie müsse den Laden wohl bald zumachen, da sie einfach nicht genug Geld einnimmt, um weiterhin die Miete zu bezahlen und ihn halten zu können, erklärte sie Lisa. Lisa wurde traurig, sie fühlte mit ihr und auch wenn sie sich sicherlich nicht das komplette Ausmaß vorstellen konnte, da sie gar nicht wusste, was an so einem Laden eigentlich alles dran hängt, wusste sie, dass es ernst war" (Knorr-Hahnenfeld 2011). Tief beeindruckt von diesem Dialog berichtet Lisa der Klasse von ihrem Gespräch und bewegt alle, sich für den Erhalt des Tante-Emma-Ladens einzusetzen.

2. Didaktische Begründung

„Das Umfeld des Kindes hat sich in den letzten Jahrzehnten erheblich gewandelt. Sein Lebensraum ist wesentlich weiter geworden und lange nicht mehr so zentriert um das Kind herum, wie es vor ca. 50 Jahren der Fall war. Dies betrifft vor allem die Kinder, die auf dem Land aufwachsen. Kinder aus ländlichen Gebieten bekommen relativ früh zu spüren, dass sich für sie viele Aktivitäten und Angebote nach außen in die umliegenden Städte verlagern. Ein wesentlicher Aspekt, der im Folgenden den Kernpunkt dieser didaktischen Analyse umfasst, ist der Tante-Emma-Laden, der immer seltener für den privaten Konsum zur Verfügung steht. Die ländlichen Gebiete verlieren ihre Einkaufsmöglichkeiten, weil die kleinen Läden der Konkurrenz der günstigeren Discounter nicht standhalten können.

Kinder wollen und sollen früh Selbstständigkeit erproben können. Der traditionelle Tante-Emma-Laden ermöglicht ihnen eigenständig ein paar Kleinigkeiten kaufen zu können: ein neues Schulheft oder eine kleine Tüte Bonbons. Doch es geht keinesfalls allein um die Materialien, die die Kinder dort erwerben können. Es geht um die Freizeitgestaltung, die Selbstständigkeit und ein Gefühl für Eigenständigkeit, welches die Kinder erfahren sollen" (Knorr-Hahnenfeld 2011). Gleichzeitig bedeutet der projektmäßige Einblick in einen Versuch, der Konzentration im Handel auf lokaler Ebene Einhalt zu gebieten, eine Chance, allgemeine Mechanismen der Konzentration besser zu begreifen.

3. Fachliche Basisinformationen

Die ständig zunehmende lokale Konzentration in der Wirtschaft hat Auswirkungen auf das Alltagsleben aller Menschen. In der Regel ist das einzelne Individuum nicht in der Lage, diesen Prozess aufzuhalten. Ökonomische Monopolisierung und Globalisierung erfolgt weltweit und äußert sich in Krisen, die auch die ökonomische Existenz des Einzelnen gefährden können. Auch im Handel sind diese Prozesse der Konzentration zu beobachten, die zu großen Einkaufszentren am Ortsrand führen, was für Menschen mit eingeschränkter Mobilität, wie Kinder oder ältere Menschen, Probleme hervorruft, da sie vom Transport mit Autos abhängig sind. Discounter wiederum können nach Ausschalten der örtlichen Konkurrenz im Handel die Preise diktieren und Menschen abhängig machen. Institutionalisierte Wettbewerbsschutzformen – wie das Kartellrecht oder die Etablierung eines EU-Kommissariats zum Wettbewerbsschutz – haben bislang nur punktuell einzelne Prozesse entschleunigt. Die Konzentration in Produktion und Distribution setzt sich zunehmend fort. Nur wenige große Konzerne können beispielsweise in Deutschland über Energiepreise bestimmen.

4. Verlaufsideen

Anstelle eines konkreten Verlaufsplans sei hier die Ideensammlung in der Planungsphase vorgestellt:

Tab. 3 nach Knorr-Hahnenfeld 2011

Inhaltliche Ideen	**Handlungsformen**	**Materialien, Medien, außerschulische Lernorte**
möglich: Rückblicke und Recherche zu den Einkaufsmöglichkeiten vor ca. 50–60 Jahren; Funktion von Tante-Emma-Läden; Geschichte der Einkaufsmöglichkeiten/des Tante-Emma-Ladens; Werbung für den „neuen“ Tante-Emma-Laden etc. *unverzichtbar:* Gründe für Schließung des Tante-Emma-Ladens/der Tante-Emma-Läden; Warum können Discounter ihre Waren günstiger anbieten?; Wie muss ein Tante-Emma-Laden gestaltet sein, damit er eine Chance hat zu bestehen? Warum kann meist nicht beides (Discounter und Tante-Emma-Laden) bestehen? Was könnte einen Tante-Emma-Laden konkurrenzfähig machen? **➔ wirtschaftliche Perspektive** Was bedeutet die mögliche Ladenschließung für die Existenz und Zukunft der Ladenbesitzerin? **➔ soziale Perspektive**	*erwünscht:* Gruppenarbeit, Partnerarbeit, Klasse als Team *dringend:* Gruppenplanung, Gruppendiskussion und Absprachen, gegenseitiges Informieren über Erfolge bzw. Misserfolge und Informationsaustausch	*kurzfristig beschaffbar:* Recherchemöglichkeiten, Plakate, ggf. Regale, Werkzeug und Materialien (Holz etc.) für Umbau, Infoabend einberufen ➔ Helfer werben(?); Elternbriefe bzw. Infoabend für Eltern; Spendenaufrufe für die Umbaumaßnahmen *längerfristig organisieren:* ggf. Umbauarbeiten; Veränderung in der Schwerpunktsetzung im Verkauf (z. B. Backwaren anbieten, Verkauf von Brötchen am Sonntag, Verkauf von Blumen, Kaffeestand u. a.); Gelder für Umbau; ggf. Genehmigungen für Umbau; Handwerker und Helfer suchen; Pressearbeiten: evtl. kurzen Film über den Laden oder Interview mit der Besitzerin; Aufmerksamkeit beschaffen

Die tatsächliche Projektdurchführung wurde anhand der folgenden Fragen strukturiert, die in den verschiedenen Projektgruppen arbeitsteilig bearbeitet wurden. „Die Klasse sammelt als Team die wesentlichen Aspekte, Ziele, Fragen und Inhalte, die das Projekt umfassen:

- Was ist unser Ziel, was wollen wir am Ende erreicht haben?
- Was müssen wir tun, organisieren, planen etc., damit wir dieses Ziel, den Tante-Emma-Laden vor der Schließung zu retten, erreichen können?
- Wie können wir den Laden konkurrenzfähig machen gegenüber den günstigeren Discountern?
- Wer hilft uns, den Laden dementsprechend umzubauen?

- Wer bezahlt den Umbau? Wo bekommen wir die Gelder her?
- Wie lange wird der Umbau dauern?
- Wie ist die finanzielle Lage während des Umbaus? Kann der Laden die Umbauzeit finanziell bestehen?
- Wer beliefert den Laden nach der Umbauphase?
- Wen können wir zur Hilfe holen?

Die Fragen und Inhalte, die in Bezug auf unser Projekt gestellt werden müssen, sammeln die Schülerinnen und Schüler auf einem großen Plakat und hängen es gut sichtbar im Klassenraum auf, sodass sich alle in der nächsten Zeit daran orientieren und die nötigen Inhalte und Handlungsschritte bestimmen können“ (Knorr-Hahnenfeld 2011).

Der konkrete Verlauf des Projekts untergliedert sich in Recherchephase und Umsetzungsphase:

1. Recherche und Ideen über die Konkurrenzfähigkeit des Ladens:
   - In welchen Aspekten unterscheidet sich der Tante-Emma-Laden von den Discountern? Was haben Discounter, was die Leute in die Läden zieht?
   - Was fehlt am Tante-Emma-Laden, was man realistisch umbauen/ergänzen könnte?
   - Wie könnte man den Laden langfristig attraktiver und effizienter gestalten?
   - Wie können wir es schaffen, dass der Tante-Emma-Laden nicht wesentlich teurer ist als die Supermärkte und Discounter?
   - Wie funktioniert Internetverkauf?
2. Umsetzung/Handlungsmöglichkeiten:
   - Beschaffung von Geldern für den Umbau
   - Helfer finden und die Gemeinde aufmerksam machen auf die Rettung
   - Plakate erstellen und verteilen
   - die Bürgermeisterin einweihen/informieren
   - Spenden sammeln
   - Informationsveranstaltungen planen
   - Veranstaltungen/Basare/Aktivitäten planen, um Gelder einzunehmen
   - ggf. einen ‘Sponsor’ finden, der den Laden günstig beliefert, im Gegenzug dafür evtl. Werbung etc.
   - Hilfe der Kinder und einiger älterer Geschwister bei der Internetvermarktung der Marmelade
   - Werbesprüche für den Internetverkauf erfinden (z. B. ein Klick für leckere Krick-Marmelade)
   - Pressearbeit

5. Ergebnis, Projektprodukt, Präsentation

„Das Produkt soll der konkurrenzfähige Tante-Emma-Laden sein, der der Ladenbesitzerin ihre Existenz sichert und den Kindern im Dorf eine für sie eigenständig erreichbare Einkaufsmöglichkeit erhält. Eine denkbare Präsentation, wenn der Projektverlauf die Erreichung des Ziels ermöglicht, wäre der Einbezug der Presse. Die Schülerinnen und Schüler könnten Interviews geben und unter anderem berichten, was sie zu diesem Projekt antrieb, wie sie in ihrem Projekt vorgegangen sind und was sie wie geplant haben. Ein Interview mit der Ladenbesitzerin oder ein kurzer Film über den Laden wäre ebenfalls eine Möglichkeit“ (Knorr-Hahnenfeld 2011). Um tatsächlich verändertes Handeln umzusetzen, helfen die Kinder der Ladenbesitzerin beim Aufbau einer Internetplattform, um bestimmte Waren (z. B. die leckere Marmelade von Frau Krick) über das Internet zu verkaufen, damit sich der Laden durch diese zusätzliche Einnahmequelle trägt, aber gleichzeitig ein wohnortnaher „Tante-Emma-Laden“ bleibt.

In diesem Projekt wird eine scheinbar kleine lokale Veränderung zum Anlass genommen, kritisch ökonomische Entwicklungen mit ihren konkreten Auswirkungen auf die Menschen zu betrachten und nach praktischen Lösungen zu suchen, dem ökonomischen Trend in diesem Einzelfall Einhalt zu bieten. Hier ist es sehr schwierig zu handeln, weil die ökonomischen Verhältnisse und Entwicklungen dagegen stehen. Von daher bedarf es vielfältiger Maßnahmen und Kooperationen, um dem Projekt zum Erfolg zu verhelfen.

3.5.2 Baumfällen für Baumaßnahme. „Blutbuchen im Neubaugebiet“

(Nach einem Projektbericht von Sabrina Mensching)

1. Ausgangssituation

Mitten im Einzugsgebiet einer Schule liegt die Fläche eines alten Freibades. Dort konnten bislang die Kinder spielen, Tiere beobachten und sich in den Schatten der Bäume setzen. Das Projekt hatte die folgende konkrete Ausgangssituation:

„Am Abend kommt ein Kind aus der Klasse vom Spielen auf dem alten Freibadgelände zurück. Die Mutter berichtet, dass die Blutbuchen auf dem Gelände des alten Freibades wahrscheinlich gefällt werden, weil dort neue Häuser gebaut werden sollen. Diese Bäume waren bisher oftmals der Treffpunkt zum Spielen von vielen Kindern der Umgebung. Das Kind ist sehr traurig und enttäuscht. Die Nachricht trifft es schwer, denn der Platz stellt nicht nur eine Möglichkeit zum Spielen dar. Oftmals haben die Kinder Vögel oder andere kleine Tiere in der Nähe der Bäume beobachtet. Am nächsten Tag berichtet das Kind in der Schule von der Aussage der Mutter und fragt die Lehrerin, ob man die Bäume nicht retten könne. Die Bäume haben nicht nur für die Kinder eine Bedeutung, sondern sind auch Lebensraum für viele Tiere. Warum sollen diese Bäume abgeholzt werden? Einige Kinder der Klasse stimmen der Schülerin zu, da viele von ihnen schon einmal an dem genannten Ort gespielt haben. Jedoch können nicht alle Kinder mit dem Bedenken der Schülerin etwas verbinden oder diese verstehen. Deshalb wird beschlossen, den Ort des Problems zu besichtigen.Nach Ankunft der

Schülerinnen und Schüler entwickelt sich zwischen ihnen zunächst ein Spiel. Es wirde auf den Bäumen geklettert, und Vögel werden beobachtet. Dieses wird die Lehrerin nicht unterbrechen, um Erfahrungen aller Kinder mit dem Platz zu ermöglichen. Nach einiger Zeit ruft die Lehrerin alle Schülerinnen und Schüler der Klasse zusammen, um noch einmal die Problematik zu besprechen. Nach dieser kurzen Besichtigung können sich alle Kinder mit dem Projekt identifizieren und wollen etwas über die Bäume wissen und diese natürlich auch erhalten" (Mensching 2011).

2. Didaktische Begründung

In diesem Projekt wird ein kommunalpolitischer Konflikt exemplarisch am Kampf um den Erhalt eines Freiraumgeländes zum Spielen erfahrbar. Die Akteure sind erfassbar, sodass schon Grundschulkinder den Machtkampf unterschiedlicher Interessen verfolgen und verstehen können. Gleichzeitig bietet das Projekt aber auch Erkenntnisse über Ökosysteme. Die natürlichen Räume bestehen immer aus komplexen ökologischen Wechselbeziehungen. Das verlassene Gelände hat durch wenig Pflege eine besondere Artenvielfalt entwickeln können. Für die Kinder hat dies zuerst nur als Spielgelände einen Wert. Durch näheres Hinsehen, um Argumente für die Rettung zu finden, lernen sie aber auch seinen Wert als Ökosystem kennen. So erarbeiten sich Kinder – gesteuert durch die Motivation, das Gelände zu erhalten – vielfältiges Wissen über ökosystemische Zusammenhänge.

3. Fachliche Basisinformationen

„Der nachfolgende Ausschnitt eines Zeitungsartikels[27] aus dem Oktober 2010 beschreibt die anfängliche Situation:

> *'Zukunftskonzept für das Alte Freibad*
> *BAD NENNDORF (Ka). Seit Jahren verwilderte das Gebiet des Freibades und der Tennisplätze an der Bahnhofstraße in Bad Nenndorf zunehmend. Mehrere Investoren scheiterten bereits an dem Wunsch, dort ein städtebaulich angemessenes Konzept zu verwirklichen. Nunmehr hat ein Investor dieses Areal vom Land Niedersachsen aufgekauft, um es entwickeln zu können. [...] Neben seniorengerechter Bebauung werden weitere Mehr- und Einfamilienhäuser entstehen können. Wünschenswert wäre es nach Auffassung der SPD, wenn der Investor die dort stehenden Buchen in seine Konzeption mit einbezieht. Auch dann, wenn Ausgleichsmaßnahmen durch Baum-Neubepflanzungen der Ökobilanz rein baurechtlich gerecht werden. Es wird lange dauern, bis solche Vegetation wieder entsteht. [...].'*

Dieser Artikel erschien zu Beginn der Debatte um das Baugebiet 'Westlich Kurpark' und stellt die Situation relativ neutral dar. In der Realität wurde nach dem Verkauf an den Investor heftig und öffentlich über das Vorhaben diskutiert. Dieses geschah durch Zeitungsartikel, Leserbriefe, Ratssitzungen, Nachbarschafts-

[27] Schaumburger Wochenblatt vom 2.10.2010. Unter: http://www.schaumburger-wochenblatt.de/content/artikel.php?a=136273 (Abruf: 15.12.2010)

gespräche, Unterschriftenaktionen usw.. Das Hauptproblem ist, dass der Investor die ca. 90 Jahre alten Blutbuchen fällen will, um Flächen für das Baugebiet zu schaffen. Dieses hat für ihn bauliche und finanzielle Vorteile. Dagegen stehen die Anwohner und Naturschützer, die die Bäume erhalten wollen. Diese wollen zwar, dass das Gelände wieder genutzt wird, dabei sollte jedoch der alte Baumbestand berücksichtigt werden" (Mensching 2011).

4. Verlaufsideen

- gemeinsame Festlegung des Projektziels: Rettung der Blutbuchen
- Planung der Projektinhalte, Dokumentation in einer Mindmap
- Aufstellen eines Rechercheplans
- Bildung von Gruppen:
  - Konkretes Teilziel 1: Herstellen eines Flyers mit Pro- und Contra-Argumenten
  - Konkretes Teilziel 2: Fotocollage mit den verschiedenen Pflanzen und Tieren auf dem Gelände
  - Konkretes Teilziel 3: Rollenspiele einüben für eine Veranstaltung
- Gruppe 1: Wissenssammlung über die Bäume und das Zusammenleben der Lebewesen: Expertenbefragung (Förster) zur Bedeutung von Bäumen
- Gruppe 2: Dokumentation des Lebens auf dem Gelände: Beobachtungsprotokolle, Fotos, Filmaufnahmen für kleine Videoclips vom Leben auf dem Gelände, Sammlung von Blättern und Bucheckern, Audioaufnahmen des Vogelgezwitschers auf dem Gelände
- Gruppe 3: Ethische Fragen: Dürfen so alte Buchen überhaupt gefällt werden? Befragung in der Bevölkerung und in der Stadtverwaltung, Interviews mit Anwohnern und der Bürgermeisterin, Einübung eines Rollenspiels zur Veranschaulichung verschiedener Positionen
- Gruppe 4: Sammlung von Argumenten für beide Seiten; Brief an den Investor schreiben, Befragung von Bauinteressenten, die ein Gartengrundstück für ihre Familien erwerben wollen, das nicht so weit entfernt vom Arbeitsplatz liegt
- Abschlusspräsentation der Gruppenergebnisse für die gesamte Klasse

5. Ergebnis, Projektprodukt, Präsentation

Den vorläufigen Abschluss des Projekts bildet eine Ausstellung, für die mit dem Flyer in der gesamten Stadt geworben wurde. Die Bürgermeisterin und die Investorengruppe wurden auch eingeladen. Im großen Ausstellungsraum werden die Ergebnisse der Gruppenarbeit vorgestellt sowie Videoclips und Rollenspiele vorgeführt. Es werden Unterschriften gesammelt, um dem Investor und der Bürgermeisterin Argumente zu zeigen, warum gerade für Kinder und Anwohner dieses naturbelassene Gelände von so großer Bedeutung ist.

Dieses Projekt kann nicht eine endgültige Lösung des Problems bieten, aber einen sichtbaren Schritt in diese Richtung aufzeigen, indem durch die Ausstellung der Widerstand gegen die Bebauung des Geländes erfahrbar verbreitet wird. Für Grundschulkinder ist diese politische Auseinandersetzung konkret durchschaubar, so dass sie auch die Argumente von Familien, die einen Bauplatz mit größerem Garten suchen, verstehen können.

3.5.3 Massentierhaltung

(Nach einem Projektbericht von Malin Schalla)

1. Ausgangssituation

„Als im Januar 2011 ein Schweinemaststall in der näheren Umgebung der Grundschule gebrannt hat und dabei 550 Ferkel gestorben sind (vgl. Pressestelle der Polizeiinspektion Cloppenburg/Vechta 2011), waren viele Kinder der Klasse merklich erregt. In den Pausen und in Unterrichtsgesprächen wurde immer wieder über das Thema der Haltung von Nutztieren in unserer Umwelt gesprochen" (Schalla 2011). Diese Debatte war besonders intensiv, weil in der vorigen Unterrichtseinheit Astrid Lindgren als Autorin und engagierte Tierschützerin thematisiert wurde. Die daraus entstandenen Fragen wurden im Unterricht aufgenommen. Gemeinsam haben die Kinder nach dem Sinn der Massentierhaltung gefragt und nach Lösungen gesucht. Diese problemhaltige Situation wurde von der Lehrperson aufgegriffen und in ein Projekt ausgeschmückt.

2. Didaktische Begründung

Kinder haben durch ihre anthropologisch intensive Tierliebe stets einen besonderen Bezug zu Tieren. Sie reagieren sensibel und aufmerksam, wenn sie etwas über Tiere in der Öffentlichkeit hören. „Dioxin-Skandale, Neubauplanungen von Großbetrieben für landwirtschaftliche Intensivhaltung von Tieren und Großschlachthöfen sind fortwährend in den regionalen Medien in Niedersachsen. Diese Dinge geben vielen Eltern regelmäßig Gesprächsstoff und bleiben auch Kindern nicht verborgen. Kinder greifen Informationen aus Medien oder ihrem familiären Umfeld auf und können sich einem derart komplexen gesellschaftlichen Problem gegenüber schnell hilflos fühlen und Ängste entwickeln. Um ihnen Handlungsfähigkeit auch bei problemhaltigen Sachlagen zu ermöglichen, ist das Aufgreifen solcher Konflikte im Unterricht von großer Bedeutung" (Schalla 2011).

3. Fachliche Basisinformationen

„In einer Tierzählung der landwirtschaftlichen Betriebe in Deutschland im Jahr 2007 wurden insgesamt 26 Millionen Schweine gezählt. Die meisten – etwa acht Millionen Schweine – werden davon allein in Niedersachsen gehalten. Über 90 Prozent von ihnen müssen ihr kurzes Dasein in nicht artgerechter Intensivhaltung fristen (vgl. Deutscher Tierschutzbund e. V., (a)). Zur Fleisch- und Milcherzeugung wurden im Jahr 2009 in Deutschland 12,9 Millionen Rinder gehalten. Etwa ein Drittel der Milchkühe leben in veralteter Anbinde-Haltung. Diese Kühe dürfen bei dieser nicht artgerechten Haltung ihren Platz, mit dem sie über eine schwere Kette verbunden sind, nicht verlassen (vgl. Deutscher Tierschutzbund e. V., (b)). Zahlen aus dem Jahr 2006 belegen, dass in Deutschland jährlich über 36 Millionen Hühner als Legehennen gehalten werden. Mehr als zwei Drittel dieser Hühner werden in engen Käfigen unter nicht artgerechten Bestimmungen gehalten. Einer Legehenne wird hier etwas weniger als die Fläche einer DIN A 4 Seite zugesprochen, auf Stroh oder Einstreu wird verzichtet. Oftmals halten Großbetriebe mehr als 100000 Hühner (vgl. Deutscher Tierschutzbund e. V., (c))" (Schalla 2011).

4. Verlaufsideen

- Ausgangsdiskussion über das Leiden von Tieren in Massentierhaltung
- Entwicklung eines Projektplans:
  1. Fragen zum Thema sammeln und gemeinsam nach Antworten suchen
  2. „Zielfestlegung: andere Menschen (Kinder und auch Erwachsene) über die Haltung von Nutztieren in Massenform zu informieren und Ideen zu sammeln, was für eine verbesserte, artgerechtere Haltung von Nutztieren in Deutschland getan werden könnte" (Schalla 2011); Fixierung der weiteren Projektfortschritte auf einer Wandzeitung: dazu zählen Ankündigungen von Aktivitäten der Gruppen, Ergebnisse oder neue offene Fragen; zwei Rubriken auf der Wandtafel: Ankündigung von Gruppenaktionen und Ergebnisse der Recherchearbeit
  3. Arbeitsgruppen bilden: AG „Interviews", AG „Theater", AG „Zeitungsartikel", AG „Schweine", AG „Mastschweinestall-Nachbau", AG „Hühner", AG „Rinder", AG „Demonstration", AG „andere Zukunft", AG „Vegetarische Küche", u.a. (vgl. Schalla 2011)
  4. handelnde Auseinandersetzung mit dem Projektziel in den Gruppen

  Recherscheschritte:
    - Fragen nach der Vergangenheit von Nutztieren
    - Folgen der Massentierhaltung hinsichtlich nicht direkt beobachtbaren Verhaltens
    - Besuch eines Biobauernhofs
    - Organisation des Besuchs eines Betriebes mit Massentierhaltung, notfalls entsprechende Filme anschauen und veranschaulichender Nachbau eines Tierkäfigs
    - Analyse und Vergleich von Kinderbüchern über Tiere bezüglich der dort vorgeschlagenen Umgangsweisen mit diesen

5. Ergebnis, Projektprodukt, Präsentation

Da dieses Projekt auf ein verändertes Konsumverhalten hinzielt, wird sich „eine Präsentation und Ausstellung der Projektergebnisse durch die Projektteilnehmerinnen und –teilnehmer an der Grundschule anbieten. Dazu können vordergründig die eigenen Familien und die Kinder der eigenen Grundschule eingeladen werden, auch können deren Eltern und Geschwister eine Einladung erhalten. Denkbar ist auch das Einladen des Bürgermeisters oder lokaler Politiker.

Einzelne Arbeitsgruppen können an diesem Präsentationstag ihre Ergebnisse vorstellen. Vorab kann die Wandzeitung überarbeitet und vervollständigt worden sein, oder die einzelnen Arbeitsgruppen haben während ihrer Projektarbeit eigene Plakate oder Visualisierungshilfen für ihre Themen hergestellt. Die Schülerinnen und Schüler sollten bei der Präsentation ihrer Ergebnisse und Erkenntnisse auch auf den Verlauf des Projekts und ihren persönlichen Nutzen eingehen“ (Schalla 2011).

Dabei können auch die verschiedenen Arbeitsgruppen ihre Ergebnisse präsentieren und einige Theaterszenen aufführen, das Modell eines Legehennenkäfigs zeigen oder den Verkauf von vegetarischen Snacks durch die AG „Vegetarische Küche“ durchführen. Ziel könnte es sein, an der Schule einen Verkaufsstand für vegetarischen Imbiss aufzubauen, zu organisieren und durchzuführen (vgl. Schalla 2011).

In diesem Projekt geht es nicht um ein Pro und Contra, sondern um eine gerade von Kindern angesichts ihrer großen Identifikation mit Tieren sehr eindeutig vertretene Tendenz zum Schutz dieser. Allerdings können die Kinder kaum etwas in ihrem unmittelbaren Kontext gegen Massentierhaltung unternehmen. Sie können aber aufklärerisch wirken und andere davon überzeugen, sich der Massentierhaltung gegenüber kritisch zu verhalten. Es gibt aber auch kleine Schritte im alltäglichen Konsumverhalten, die ebenfalls dazu beitragen, der kritisierten Tendenz zur Massentierhaltung Einhalt zu gebieten. So können Eier nach ihrer Kennzeichnung unterschieden werden, ob sie von Käfighennen gelegt wurden, aus Bodenhaltung entstammen oder von freilaufenden Hühnern. Insgesamt ist der Verzehr von weniger tierischen Produkten ein Weg, der Massentierhaltung die ökonomische Basis etwas zu entziehen. In diese Richtung wird das Projekt auch ausgerichtet, somit kann auch hier dem Kriterium der gesellschaftlichen Veränderung durch ein Projekt Genüge getan werden.

3.5.4 „Wir wollen eine Streuobstwiese!“
(Nach einem Projektbericht von Kristina Groen)

1. Ausgangssituation

„In einer kleineren Ortschaft mit knapp 3000 Einwohnern wurden in den letzten Jahren mehrere Neubaugebiete erschlossen. Es wurde dabei besonders darauf geachtet, junge Familien in den Ort zu holen. Zu diesem Zweck sind aufwändige

Spielplätze entstanden. Auch ein Supermarkt wurde errichtet. In einem der Neubaugebiete nahe der Grundschule wurde vom Bürgermeister versprochen, eines der Baugrundstücke zu einer Streuobstwiese umzugestalten. Ein Jahr nach diesem öffentlichen Versprechen wurde die Wiese jedoch wieder als Baugrundstück ausgewiesen und soll nun verkauft werden. Die Einwohner des Ortes und vor allem die direkten Anwohner diskutieren über den geplanten Verkauf und die Bebauung der geplanten Streuobstwiese. Gerade die Kinder haben die Wiese im Sommer als Ort zum Lernen und Spielen genutzt. Mitten im Neubaugebiet gelegen, wurde selbst die unbepflanzte und natürlich überwucherte Wiese von den Kindern des Ortes vielfältig genutzt. Durch die Diskussionen, die im Ort vorherrschen, und auch durch Zeitungsartikel über das geplante Bauvorhaben auf der Streuobstwiese werden die Kinder auf die Problematik aufmerksam und tragen es in die Schule.

Kinder, die auf der Wiese ihre Freizeit verbracht haben, dort gespielt und sich mit Freunden verabredet haben, beschäftigt das Bauvorhaben sehr. Sie würden einen für sie bedeutsamen Raum für Erfahrungen jeglicher Art verlieren. Auch das gebrochene Versprechen des Bürgermeisters ist für die Kinder nicht verständlich. Viele hatten schon mit ihren Eltern über die entstehende Streuobstwiese gesprochen und sich darauf gefreut.

Emotional aufgewühlt sprechen die Kinder auch innerhalb der Schule, in der Pause und auch im Morgenkreis über die Streuobstwiese und fühlen sich von dem Bürgermeister übergangen. Sie überlegen, was sie gegen den Verkauf der Wiese machen können. Diese Gespräche greift die Lehrkraft auf und schlägt den Kindern vor, daraus ein gemeinsames Projekt zu gestalten. Alle sind damit einverstanden und machen sich sofort Gedanken, wie sie die geplante Streuobstwiese retten könnten“ (Groen 2011).

2. Didaktische Begründung

„Dieses Projekt greift die Umweltfrage in dem Sinne auf, dass eine Streuobstwiese die Erhaltung der natürlichen Grundlagen und somit auch gewissermaßen die menschliche Existenz sichert. Sie kann als Nahrungsquelle gesehen werden, ist aber gleichzeitig auch für das Ökosystem von Bedeutung. Das Eingreifen in die Natur und die durch Bebauung und Verstädterung schwindenden Lebensräume der Pflanzen und Tiere können im Rahmen des Projekts diskutiert und somit zum Inhaltsbereich werden. Auch die Effektivität von Obstanbau in der heutigen Zeit – im Vergleich zu den naturnahen Streuobstwiesen – muss bedacht werden. Die Kinder fühlen sich durch den Beschluss des Bauamtes übergangen und versuchen, ihr Mitbestimmungsrecht gegenüber der Gemeinde durchzusetzen“ (Groen 2011). Sie sind also unmittelbar in ihrer Erfahrungswelt tangiert. Das Projekt bietet einen erfahrbaren Anlass, auf kommunalpolitischer Ebene eine Auseinandersetzung zur Durchsetzung der eigenen Interessen zu führen.

Gleichzeitig lernen die Schülerinnen und Schüler an diesem Beispiel, die noch vorhandenen Naturräume zu schützen.

„Durch ein Projekt sollte das Kind sich als Individuum und auch im sozialen Sinne weiterentwickeln. Diese Ausbildung ist nach Dewey nur durch eigene Erfahrungen möglich. Dieser Anforderungsbereich ist in dem Projekt 'Wir wollen eine Streuobstwiese!' vorhanden. Die Kinder sollten selbstständig erarbeiten, was sie bewirken und auch realisieren können, wobei natürlich auch Diskussionen entstehen, die auf demokratische Weise zu lösen sind. Gleichzeitig sind alle Schülerinnen und Schüler in diesem Projekt gleichberechtigt und übernehmen die Organisation und Verantwortung für den Verlauf des Projekts.

Mit dem hier vorgestellten Projekt werden vor allem die sozialen Fähigkeiten der Kinder sich zu einigen, Rücksicht zu nehmen, aber gleichzeitig ihre Ideen und Meinung zu äußern und durchzusetzen, gefördert. Auch kognitiv und emotional werden die Kinder gefordert. Wenn es zum Beispiel darum geht, Argumente gegen die Bebauung zu finden, müssen sie sich emotional kontrollieren, um mögliche Diskussionen professionell zu führen" (Groen 2011).

3. Fachliche Basisinformationen

Unter Streuobstwiese verstehen wir tradierte naturnahe Arten des Obstbaus. Ursprünglich hat sich der Begriff aus der „Streulage", in der Obstbäume – primär Hochstämme – zu verschiedenen Zeiten gepflanzt wurden, entwickelt. Die Obstbäume sind nicht in Reih und Glied wie in Plantagen angeordnet, sondern in einer Mischung aus verschiedenen Sorten und Bäumen diversen Alters. In den historischen Streuobstwiesen wurde eine große Vielfalt an alten Sorten kultiviert, die im modernen Plantagenbetrieb keinen Platz haben. Gegen Schädlinge werden durch die Artenvielfalt der sonstigen Pflanzen und Tiere auf dem Terrain einer Streuobstwiese natürliche Schutzmechanismen genutzt, ohne durch Spritzen von Insektiziden oder anderen chemischen Mitteln die Bäume und ihre Früchte zu belasten. Die alten Sorten sind jedoch auch gegen Schädlingsbefall und Obstkrankheiten besonders resistent.

In den vor allem in Süddeutschland noch vorfindbaren Streuobstwiesen wird oft eine sekundäre Grünlandnutzung zur Heugewinnung betrieben.

Streuobstwiesen sind schon seit mehr als 200 Jahren nachgewiesen. Ihre Entstehung basiert auf der Auslagerung von Obstbäumen aus den Gärten im Zuge einer stärkeren Nutzung von Obst für die Ernährung der Bevölkerung. Dies geschah in absolutistischen Zeiten sogar durch Zwang der Feudalherren. Oft folgte der Anbau von Obstbäumen dem Weinanbau. Erst in den letzten 50 Jahren wurde die Anzahl an Streuobstwiesen so dezimiert, dass sie als gefährdete Biotope auf die Rote Liste eingetragen wurden. Forciert wurde diese Entwicklung durch Pläne der EG zur Förderung von Obstplantagen 1974, bei denen für das Fällen von Hochstammbäumen Prämien gezahlt wurden. Besonders für Straßenbaumaßnahmen und Neubaugebiete wurden bestehende Streuobstwiesen als Hindernis betrachtet.

Die früheren Streuobstwiesen hatten für die Gemeinden nicht nur ökonomische und ökologische Funktion, sondern auch die Aufgabe, durch ihre Ortsrandlage die Dörfer vor Unwettern und starkem Wind zu schützen. Die große Artenvielfalt – es werden über 1000 Arten geschätzt – an Tieren und weiteren Pflanzen macht die Attraktivität von Streuobstwiesen als Biotope aus. An Tieren sind Frösche, Eidechsen, Feldmäuse, Fledermäuse und viele Vögel zu finden. Gerade Vögel finden in altem Geäst gute Nistmöglichkeiten.

4. Verlaufsideen

- Ausgangsdiskussion über das Problem
- „Um die Streuobstwiese retten zu können, setzen sich die Schülerinnen und Schüler mit realen Problemen und Methoden, wie zum Beispiel der Durchsetzung ihrer eigenen Meinung in öffentlichen Gesprächen und dem Mitbestimmungsrecht, auseinander“ (Groen 2011).
- Kinderfragen und -ideen:
  - „Wer bestimmt überhaupt, was mit den Grundstücken passiert?“
  - „Wer kümmert sich um die Streuobstwiese und pflanzt die Bäume?“
  - „Wir müssen demonstrieren und Plakate aufhängen.“
  - „Können wir nicht einfach selbst eine Streuobstwiese pflanzen?“
  - „Wir müssen das bekannt machen, damit auch andere was dagegen tun können.“
  - „Wie kann man die Streuobstwiese retten?“
  - „Was können wir gegen die Entscheidungen des Bürgermeisters/des Rates machen?“
- Vorbereitung der Befragung des Bürgermeisters: Formulierung der vorbereiteten Fragen:
  - Warum soll das Grundstück verkauft werden?
  - Wer hat den Verkauf beschlossen?
  - Kann man die Streuobstwiese irgendwie retten?
  - Was ist mit Ihrem Versprechen?
- Gruppenarbeit, um fachliche Argumente für die Streuobstwiese zu erarbeiten:
  - Gruppe 1: Artenreichtum, Biotop, Wechselwirkungen
  - Gruppe 2: natürlicher Pflanzenschutz
  - Gruppe 3: gesunder Obstanbau
  - Gruppe 4: Geschichte der Streuobstwiesen
  - Gruppe 5: Schutz vor Wind und Sturm durch Streuobstwiesen
- Zusammenfassung der fachlichen Argumente und konkrete organisatorische Vorbereitung des Besuchs beim Bürgermeister: Terminverein-

barung, Auswahl der Gruppe, die das Gespräch führt, Vorbereitung dieser Gruppe durch auf Karteikarten festgehaltene Argumente

- Besuch beim Bürgermeister
- Auswertung der Ergebnisse: neue Strategien sind notwendig, da der Bürgermeister nicht einlenken wollte
- erneute Gruppenarbeit:
  - Gruppe 1: Vorbereitung einer Demonstration und Gestaltung von Plakaten
  - Gruppe 2: Gestaltung der Demonstration: Sprüche, die skandiert werden können, Spruchbänder herstellen
  - Gruppe 3: Öffentlichkeitsarbeit
  - Gruppe 4: Infobroschüre: Welche Vorteile hat eine Streuobstwiese?
  - Gruppe 5: Planung einer neu anzulegenden Streuobstwiese
- Entscheidung für Demonstrationsvorbereitung
- Durchführung der Demonstration und Erfahren von breiter Unterstützung
- Auswertung der Demonstration: Beschluss einer Geldsammelaktion, um den Kauf eines wenig genutzten Geländes für die Anlage einer eigenen neuen Streuobstwiese zu ermöglichen
- „Die Kinder, die weiterhin hoffen, den Bürgermeister überzeugen zu können, versuchen durch Öffentlichkeitsarbeit, Gespräche mit dem Gemeinderat und auch Mobilisierung von kleineren Gruppen innerhalb der Gemeinde (Sportvereine, Frauen-/Senioren-Treff usw.) den Verkauf des Grundstückes zu verhindern" (Groen 2011).
- Anfragen mit Erwachsenen bei Grundstückseigentümern: Feststellung, dass ein Grundstück viel zu teuer ist
- Gespräch mit der Schulleitung: Die Kinder erfahren, dass es ein Mitglied des Fördervereins gibt, der eine Brachlandfläche, nicht weit von der Schule entfernt, dieser für den Aufbau einer Streuobstwiese überlässt. Das Geld der Sammlung kann für Pflanzenkauf verwendet werden.
- Nach erfolgreicher Sammelaktion beginnt die Planung, wie eine eigene neue Streuobstwiese angelegt werden kann. Genehmigungsverfahren mit Unterstützung von Eltern
- Anfragen an Baumschulen mit der Bitte um Sachspenden wie Pflanzen und Geräte
- weitere Recherche über die konkrete Anlage einer Streuobstwiese
- konkrete Planung: „Ein Kostenplan der Erstbepflanzung und der Pflege wird erstellt und mit der Schule abgesprochen. Die Kinder beschließen die Pflege der Streuobstwiese im späteren Sachunterricht und in ihrer Freizeit in wechselnden Gruppen zu übernehmen. Auch hängen sie einen

Plan in der Schule auf, falls Kinder anderer Klassen Interesse an der Mitarbeit haben“ (Groen 2011).

5. Ergebnis, Projektprodukt, Präsentation

Wochenendaktion der Klasse mit Eltern: Bepflanzung der Wiese und anschließendes Picknick

Ausstellung in der Schule über den Projektverlauf und Führung der anderen Klassen über die Streuobstwiese

Einladung der Ortsöffentlichkeit zur Ausstellung

Dieses Projekt ist ein Beispiel für Projekte des gemeinsamen Handelns im Umfeld der Schule. Allein unter der Aufbauperspektive wäre das Streuobstprojekt kein Projekt, sondern ein Vorhaben. Durch die soziale Eingebundenheit in gemeindenahe politische Konflikte ergibt sich ein Problemhorizont, welcher der Komplexität eines Projektes genügt.

3.5.5 Stellenabbau bei VW in Emden

(Nach einem Projektbericht von Petra Frauke Spekker)

1. Ausgangssituation

„Ein Schüler der vierten Jahrgangsstufe spricht während des Morgenkreises die Pläne des Volkswagen-Werks (Abk. VW) an. Er befürchtet, dass seine Eltern, die beide bei ‘Volkswagen’ beschäftigt sind, arbeitslos werden könnten. Zudem bekundet der Schüler Unverständnis gegenüber der geplanten Firmenschließung im Volkswagenwerk Emden.

Die Mitschülerinnen und Mitschüler sowie die Lehrkraft können die Befürchtungen des Schülers gegenüber den Plänen des VW-Werks Emden nachvollziehen. Die Klasse entwickelt nachfolgend ein explizites Interesse daran, eine Erklärung für die problemhaltige Sachlage zu finden. Daraufhin schlägt die Lehrkraft vor, die Gründe für den geplanten Stellenabbau im VW-Werk Emden im Rahmen eines Projektes zu erkunden“ (Spekker 2010).

2. Didaktische Begründung

„Den Kindern der vierten Jahrgangsstufe einer Grundschule in der Stadt Emden ist das VW-Werk vertraut. Die Vertrautheit beruht zum einen darauf, dass Eltern oder andere Familienangehörige direkt oder indirekt (z. B. in Zulieferbetrieben) für ‘Volkswagen’ arbeiten. Zum anderen hatten die Kinder das VW-Werk bereits bei einem ‘Tag der offenen Tür’ besichtigt. Es kann davon ausgegangen werden, dass nahezu jede Schülerin und jeder Schüler der vierten Jahrgangsstufe einer Grundschule in der Stadt Emden Menschen kennt, die unmittelbar für ‘Volkswagen’ oder indirekt in Zulieferbetrieben des VW-Werks arbeiten. Indem das persönliche Umfeld der Schülerinnen und Schüler über den geplanten Stellenabbau im VW-Werk diskutiert, werden Informationen meist unvollständig an die Kinder herangetragen. Diese Informationsbruchstücke resultieren aus einem unzureichenden Kontextwissen der Schülerinnen und Schüler, da sie die Sachlage wahrscheinlich nicht in einen gesamtwirtschaftlichen Rahmen einordnen können (vgl. Wulfmeyer 2005, 3). Weitere Informationsbruchstücke erhalten die Kinder z. B. aus Schlagzeilen der lokalen Presse, aus Diskussionen in der Öffentlichkeit sowie aus Kundgebungen oder Streiks. Der geplante Stellenabbau im VW-Werk Emden ist damit sowohl für die Beschäftigten als auch für den gesamten Nordwesten Deutschlands ein zentrales Thema. Auch Kinder setzen sich mit den aktuellen Informationen auseinander und verankern diese in ihrer Lebenswelt.

Dass der größte industrielle Arbeitgeber der Region den Abbau von Arbeitsplätzen ankündigt, verursacht sowohl bei den Beschäftigten des VW-Werks als auch bei anderen politisch interessierten Menschen Zukunftsängste. Kinder spüren diese Emotionen der Erwachsenen und können auf ein für sie unlösbares Problem sehr unterschiedlich reagieren.

Der geplante Stellenabbau im VW-Werk Emden hat in jedem Fall Auswirkungen auf die Zukunft einer ganzen Region und der hier lebenden Kinder. Die bei 'Volkswagen' entlassenen Mitarbeiterinnen und Mitarbeiter werden im strukturschwachen Nordwesten Deutschlands nur schwer einen ihrer Qualifikation entsprechenden neuen Arbeitsplatz finden. Daher ist anzunehmen, dass die Zahl der Arbeitssuchenden steigt und viele ehemalige VW-Beschäftigte die Region verlassen werden. Das wiederum hat Auswirkungen auf die regionale Sozialstruktur und Kaufkraft. Es werden mehr Menschen von sozialstaatlicher Unterstützung abhängig sein, so dass die Anzahl der in Armut lebenden Bevölkerung steigen wird. Für die betroffenen Kinder sind mit den geringen finanziellen Mitteln der Erziehungsberechtigten eingeschränkte Konsummöglichkeiten (z. B. Verzicht auf Urlaub, eingeschränkte Freizeitaktivitäten) sowie beengte Wohnverhältnisse verbunden.

Kommt es zu einem Stellenabbau im VW-Werk Emden, werden die Schülerinnen und Schüler in der Region nur schwer einen Ausbildungsplatz finden, zumal 'Volkswagen' in vielen Zulieferbetrieben und Dienstleistungsunternehmen ebenfalls Arbeitsplätze sichert.

Der geplante Stellenabbau steht exemplarisch für alle problemhaltigen, politisch-ökonomischen Sachlagen einer Region. Im Rahmen eines Projekts können die Schülerinnen und Schüler die problematische Ausgangslage zwar nicht modifizieren, aber diese für sich selbst nachvollziehen sowie für andere Menschen verstehbar machen. Hierbei erwerben die Kinder inhaltsbezogenes und methodisches Wissen, welches sie auf andere sozialwissenschaftliche Problemlagen übertragen können. Das Projekt über den geplanten Stellenabbau im VW-Werk trägt somit dazu bei, dass die Schülerinnen und Schüler die Ereignisse ihrer unmittelbaren Umgebung besser verstehen lernen. Ihnen wird so das zukünftige Handeln und Mitgestalten in der Welt schrittweise ermöglicht“ (Spekker 2010).

„Die in der Region lebenden Kinder sind nicht unmittelbar vom geplanten Stellenabbau im VW-Werk betroffen. Auch können sie die Folgen, die mit einer Entscheidung des Konzerns verbunden sind, nicht abschätzen. Kinder greifen aber Informationen und Ängste der Erwachsenen auf und verarbeiten diese. Bei einem derart komplexen gesellschaftlichen Problem, an dem Kinder aus eigener Kraft nichts ändern können, fühlen sie sich der Situation gegenüber hilflos ausgeliefert. Damit sie auch in solch einer Situation handlungsfähig bleiben und nicht dem Gefühl der Ohnmacht überlassen sind, ist das Aufgreifen problemhaltiger Sachlagen im Unterricht von fundamentaler Bedeutung“ (Spekker 2010).

3. Fachliche Basisinformationen

„Im Jahre 1964 gründete der Autohersteller ‘Volkswagen’ einen neuen Standort in der Stadt Emden (vgl. Volkswagen Media Service 2008). Die Entscheidung für den Standort fiel aufgrund der preisgünstigen, erweiterungsfähigen Flächen und der unmittelbaren Hafenanbindung auf die kreisfreie Stadt Emden.

Seit Jahrzehnten ist das Volkswagenwerk der größte industrielle Arbeitgeber der Region. Einer Pressemitteilung vom 31. Dezember 2008 zufolge sind im VW-Werk Emden sowie in den Tochtergesellschaften insgesamt 8.900 Mitarbeiterinnen und Mitarbeiter beschäftigt (vgl. Volkswagen Media Service 2008). Darüber hinaus sind viele weitere Arbeitnehmerinnen und Arbeitnehmer der Region in Zulieferfirmen tätig oder bieten Dienstleistungen für das VW-Werk sowie für die Beschäftigten an. Die mit dem VW-Werk verbundene Kaufkraft sichert noch weitere Arbeitsplätze im strukturschwachen Nordwesten Deutschlands.

Seit einigen Wochen berichtet die lokale Presse über einbrechende Absatzzahlen beim VW-Passat. Nachdem vor gut zweieinhalb Jahren die durchschnittliche Wochenarbeitszeit von 28,5 auf 33 Stunden angehoben wurde, beabsichtigt der Konzern – einem aktuellen Bericht zufolge – aus wirtschaftlichen Gründen 1.500 Arbeitsplätze abzubauen.

Das VW-Werk Emden begründet den geplanten Stellenabbau mit wirtschaftlichen Schwierigkeiten, da die Absätze des VW-Passats rückläufig seien. Um eine drohende Insolvenz abzuwenden, muss ‘Volkswagen’ die Betriebskosten senken. Da sich die variablen Kosten für z. B. Material und Energie bei geringer Auftragslage automatisch reduzieren, kann der VW-Konzern hierbei keine weiteren Einsparungen vornehmen. Im Vergleich zu den Gesamtausgaben eines Unternehmens beanspruchen die Personalkosten den größten Anteil. Hinzu kommt, dass die Beschäftigten bei geringen Aufträgen im Unternehmen nicht anderweitig eingesetzt werden können. Daher ist der geplante Stellenabbau aus Sicht von ‘Volkswagen’ die effektivste Möglichkeit, die Betriebskosten zu senken.

Die finanziellen Aufwendungen für das Personal können sowohl den fixen als auch den variablen Kosten eines Unternehmens zugeordnet werden (vgl. Krammberg 2007, 1).

Den Beschäftigten des VW-Werks, die für Leiharbeitsfirmen tätig sind sowie den Beschäftigten mit Zeitverträgen (z. B. Saisonarbeitnehmende) kann kurzfristig gekündigt werden. Die Unternehmenskosten für das oben genannte Personal sind somit variabel. Verfügen die Arbeitnehmenden dagegen über ein tarifvertragliches Beschäftigungsverhältnis, ist eine kurzfristige Kündigung oder eine Anpassung des Arbeitsverhältnisses an die Auftragslage nicht möglich. Die Unternehmensausgaben für die tarifvertraglich Beschäftigten sind daher den fixen Kosten zuzuordnen. Über ein Jahr betrachtet sind die Personalkosten jedoch variabel, weil sich z. B. die Beschäftigtenzahl ändert oder in einer Tarifverhandlung die Verlängerung der Arbeitszeit ohne Lohnausgleich ausgehandelt wird (vgl. Krammberg 2007, 1). Um den geplanten Stellenabbau möglichst kurzfristig umzusetzen, könnte das VW-Werk auch die Abfindungen bei Kündigungen heraufsetzen.

Alternativ zum geplanten Stellenabbau besteht die Möglichkeit, dass ‘Volkswagen’ die vor zweieinhalb Jahren angehobene Wochenarbeitszeit wieder herabsetzt, was auf das Arbeitsmodell ‘Kurzarbeit’ hinausläuft. So müssten die Arbeitnehmerinnen und Arbeitnehmer zwar eine reduzierte Arbeitszeit und ein geringeres Einkommen in Kauf nehmen, dafür würde ‘Volkswagen’ sie aber weiterhin beschäftigen. Auch könnte der VW-Konzern prüfen, ob sich für den VW-Passat noch weitere Absatzmärkte erschließen lassen“ (Spekker 2010).

4. Verlaufsideen

- Befürchtungen der Kinder, dass durch den geplanten Stellenabbau bei VW auch für sie negative Auswirkungen folgen
- Gespräch über das Problem mit der Möglichkeit, eigene Vorerfahrungen und Einstellungen zu äußern, mögliche Hypothesen der Kinder als Erklärung der Massenentlassungen sind:
  - „Die Menschen brauchen nicht jedes Jahr ein neues Auto.“ (geringe Nachfrage)
  - „Es gibt auch andere Autos als VW.“ (große Konkurrenz)
  - „VW ist zu teuer. Meine Eltern kaufen sich lieber einen günstigen Japaner.“ (hoher Preis)
  - „Alles ist teurer geworden.“ (steigende Produktionskosten)
  - „Die Manager verdienen zu viel.“ (Diskussion über Gehälter in der Führungsebene)
- Festhalten von ungeklärten Begriffen, Vorstellungen sowie Fragen
- gemeinsam einen Projektplan erstellen

- Auswahl von Gruppenarbeitsthemen
- Gruppe „Konkurrenz“ betreibt Marktanalyse:
  - Suche im Branchenbuch nach Autohändlern in der Stadt, Fixierung mit Pinnnadeln auf dem Stadtplan
  - Gespräche mit Autohändlern führen
  - Menschen auf der Straße zur eigenen Automarkenpräferenz befragen
  - eigenständig recherchieren
- Auswertungsgespräch der Gruppenarbeit
- Formulierung neuer Erkundungsfragen für die handelnde Auseinandersetzung mit dem Problem
- Besichtigung des VW-Werks:
  - Beobachtung des Exports
  - Experteninterview mit der Marketingabteilung (Wer kauft die Autos? Wie wird für die Autos geworben?)
- Werbung aller Automarken miteinander vergleichen
- Umfrage auf der Straße (Wie viel würden Sie für ein Auto ausgeben? Welche Automarke würden Sie kaufen? Warum?)
- VW-Werke in Deutschland miteinander vergleichen
- Beschäftigte des VW-Werks zur Arbeitssituation befragen
- Auswertung der Ergebnisse und Dokumentation auf Plakaten
- Präsentationstag für Eltern, andere Klassen und weitere Personen (vgl. Spekker 2010)

5. Ergebnis, Projektprodukt, Präsentation

Am Präsentationstag werden Schautafeln, Materialien an Ausstellungstischen und Rollenspiele gezeigt. Am Schluss des Präsentationstages wird ein offener Brief an die Verantwortlichen des VW-Werks geschickt und von den Ausstellungsbesuchenden unterschrieben, wenn sie sich mit den geäußerten Argumenten einverstanden erklären.

Dieses Projekt berührt ein heikles ökonomisches Thema. Eine besondere Gefahr besteht dabei darin, dass sich einzelne Kinder negativ etikettiert fühlen oder beschämt sind, weil ihre eigenen Eltern von Erwerbslosigkeit durch den geplanten Stellenabbau potenziell bedroht sind. Hier ist es wichtig, sehr sensibel vorzugehen und die Kinder sicher sein zu lassen, dass sie nicht verletzt werden. Kinder erfahren in der Auseinandersetzung mit dem Projekt, dass in ökonomischen Zusammenhängen Menschen und Menschengruppen unterschiedliche Interessen vertreten.

3.5.6 Bau einer Biogasanlage auf Sportplatzgelände

(Nach einem Projektbericht von Eike-Thea Strodthoff-Schneider)

1. Ausgangssituation

„Am Freitagmorgen bringt ein Schüler meiner Klasse einen Zeitungsartikel ‘Sportplatz soll Biogas weichen’ aus der lokalen Zeitung mit zur Schule. Als ich an diesem Morgen den Klassenraum meiner Klasse betrete, herrscht außergewöhnliche Aufregung. Eine große Diskussion ist im Klassenzimmer entstanden. Alle Kinder möchten genauere Angaben von mir über dieses Thema erfahren. Ich bitte den Schüler, seinen Zeitungsartikel vorzulesen, damit ich, wie auch alle anderen Schülerinnen und Schüler, gleichermaßen informiert bin. Der Artikel beschreibt, dass der Landwirt aus dem Dorf eine Biogasanlage bauen möchte. Hierfür benötigt er möglichst viel Land, um Rohstoffe für die Biogasanlage anzubauen. Da sich der Sportplatz der Grundschule auf dem Land des Landwirtes befindet, verlangt dieser die Auflösung des Sportplatzes, damit er sein Land selbst nutzen kann“ (Strodthoff-Schneider 2011).

Die Klasse ist aufgewühlt und empört und will dies verhindern. Ein Kind sagt aber, dass Biogas ja wichtig ist, damit keine Atomkraftwerke gebaut werden. Die Lehrerin weist darauf hin, dass hier alle Seiten geprüft werden müssen und schlägt vor, ein Projekt zu dieser Thematik zu machen.

2. Didaktische Begründung

„Das Thema Biogas ist nicht nur ein aktuelles Problem, sondern auch für das zukünftige Leben der Schülerinnen und Schüler relevant. Für Kinder, die heute die Grundschule besuchen, wird die umfassende Nutzung von erneuerbaren Energien wie Biogas in der Zukunft ein selbstverständlicher Teil des Alltags sein. Somit ist es besonders wichtig, sie schon heute an die Thematik heranzuführen (vgl. Bundesministerium für Umwelt, Naturschutz und Reaktorsicherheit 2010, 1).

Das Thema Biogas steht exemplarisch für alle Formen erneuerbarer Energie, einschließlich der gesellschaftlichen Probleme bei ihrer Einführung. Es soll eine aktive Erarbeitung von verallgemeinerbaren Kenntnissen, Einstellungen, Fertigkeiten, Gesetzmäßigkeiten und übergeordneten Zusammenhängen erfolgen und nicht die Reproduktion von Einzelkenntnissen und -fertigkeiten im Vordergrund stehen (vgl. Meyer/Meyer 2007, 126ff.). Der Gegenstand Biogas stellt ein echtes Problem dar, welches sich aus dem Leben ergibt und an die Erfahrungswelt der Schülerinnen und Schüler der vierten Klasse anknüpft (Gegenwartsbedeutung). Es ist ein Problem, welches sie lösen möchten“ (Strodthoff-Schneider 2011).

3. Fachliche Basisinformationen

„Im Gegensatz zu den fossilen Energieträgern wie Öl, Kohle und Gas sind die erneuerbaren Energien wie Biogas umwelt- und ressourcenfreundlicher und stehen nahezu unendlich zur Verfügung (vgl. Bundesministerium für Umwelt, Naturschutz und Reaktorsicherheit 2010, 1). In Deutschland und der EU sollen erneuerbare Energien aufgrund von wirtschaftlichen und ökologischen Gründen bis zum Jahr 2020 auf 30 % [28] des gesamten Bruttostromverbrauchs erhöht werden“ (Strodthoff-Schneider 2011).

Gegenwärtig gibt es große Gewinne für die Betreiber von Biogasanlagen, denn durch eine Europäische Richtlinie sind für die nächsten 20 Jahre die Absatzpreise gesichert (vgl. Lahl 2009, 167 ff.). Für manche Landwirte bedeutet das Betreiben von Biogasanlagen einen neuen ökonomischen Impuls. Gleichzeitig erhöht ein steigendes Angebot an Biogas für die nächsten Jahre die Versorgungssicherheit der Bevölkerung mit Energielieferungen.

Auch aus ökologischer Perspektive bietet eine Ausweitung von Biogasförderung Vorteile, denn Biogas ist weniger schädlich für die Umwelt als fossile Energien, die zudem ohnehin begrenzt sind. Bei der Erzeugung von Biogas können auch die für die Umwelt ansonsten problematischen Produkte landwirtschaftlicher Produktion – wie die aus der Tierhaltung hervorgebrachte Gülleproduktion – problemlos eingesetzt werden. Gleichzeitig werden aber auch für die kontinuierliche Biogaserzeugung pflanzliche Produkte wie Mais als nachwachsende Rohstoffe auf den Feldern angebaut. Dabei werden einerseits brachliegende Flächen wieder genutzt, es kann aber auch zu Engpässen von landwirtschaftlicher Nutzfläche führen, wenn die mehr rentablen nachwachsenden Rohstoffe zur Erzeugung von Biogas verstärkt angebaut werden.

Lahl belegt, dass der verstärkte Anbau von nachwachsenden Rohstoffen nicht zu erhöhten Nahrungsmittelpreisen führt und keinesfalls als ursächlich für Hunger auf der Welt anzuführen ist (vgl. Lahl 2009, 65).

4. Verlaufsideen

- Viele Fragen und Gedankengänge der Kinder werden zum Thema Biogas gesammelt, wie zum Beispiel:
  - Was ist eigentlich eine Biogasanlage?
  - Wozu braucht man eine Biogasanlage?
  - Warum wird unser Sportplatz für eine Biogasanlage benötigt?
- Ein gemeinsamer Plan wird erstellt mit den drei zentralen Planungsschritten nach Gudjons:
  - Einführung der neuen Unterrichtsform
  - vorbereitende Projektplanung der Lehrkraft, u. a. Erstellen eines didaktischen Netzes, Broschürenbestellung beim BMU (Bundesministerium für Umwelt), Gespräche mit Landwirten über Biogasanlagen
  - kooperative Planungsphase mit der Klasse (vgl. Gudjons 2008, 93)

[28] Mittlerweile gelten im Zuge der verstärkten politischen Abkehr von der Kernenergie andere Richtzahlen

- Erstellen einer Mindmap auf einem großen Plakat zur Frage Biogas, diese Mindmap wird zum „Orientierungsfahrplan“ für das weitere Projekt
- Bildung von Arbeitsgruppen durch die Zuordnung der Kinder zu den jeweiligen Themenaspekten der Mindmap:
  - Was ist eine Biogasanlage?
  - Was benötigt eine Biogasanlage und was produziert sie dafür?
  - Wie verändern sich das Dorf und die Landschaft durch eine Biogasanlage?
  - Welche Einstellungen bzw. Meinungen gibt es zu Biogas?
- Arbeit an den Schwerpunkten der Projektarbeit in den verschiedenen Gruppen, vor allem mit Interviews, um die kontroversen Meinungen zu eruieren, aber auch zur Erkundung der Sache mit Informationsbroschüren innere Strukturierung der Gruppen nach „Ämtern“ (Archivierung von Ergebnissen/Fotos/Videoclips/Interviewmitschnitten in einer Sammelkiste, kurze Texte für die Wandzeitung schreiben, Zeitplan einhalten)
- Präsentation der Gruppenergebnisse für die Klasse
- Planung der Abschlussveranstaltung

5. Ergebnis, Projektprodukt, Präsentation

Die von den Kindern gestalteten Plakate laden zu einer Abschlussveranstaltung ein.

Dort halten die Kinder verschiedene Vorträge für die Schulöffentlichkeit (andere Schulklassen, Eltern usw.).

Höhepunkt der Abschlussveranstaltung ist eine Podiumsdiskussion mit Schülerinnen und Schülern, die verschiedene Sichtweisen vertreten, Landwirten, die ebenso ihre Meinung kundtun, Bürgermeisterin, Anwohnern und der Pressevertretung.

Zur Veranstaltung werden auch Informationsbroschüren zur Kontroverse „Biogasanlage oder Erhalt des Sportplatzes“ erarbeitet und verteilt.

Dieses Projekt ist ein klassisches Projekt der Einmischung in die öffentliche Auseinandersetzung, wie sie sich Gudjons vorgestellt hat.

Die Projektbeteiligten mischen sich in die lokale oder regionale Entwicklung ein, wie es bei dieser Thematik der Fall ist (vgl. Gudjons 1994, 20). Wichtig ist dabei, dass die Kontroverse der verschiedenen Standpunkte immer sichtbar bleibt und auch in allen Projektschritten bis hin zur Podiumsdiskussion und in der Informationsbroschüre zum Abschluss deutlich artikuliert wird.

3.6 Probleme in der Welt, die Kinder berühren

3.6.1 Naturkatastrophe in Japan

(Nach einem Projektbericht von Lina Lea Beeskow)

1. Ausgangssituation

„Als ich am Montag, den 14.03.2011, in meine 4. Klasse kam, herrschte große Unruhe unter den Schülerinnen und Schülern. Es hatten sich Grüppchen gebildet und mir fiel auf, dass ein Schüler am meisten umringt wurde. Ich entschloss mich, die Stunde mit einem Morgenkreis zu beginnen um zu erfahren, was meine Schülerinnen und Schüler so aus der Ruhe gebracht hat. Alle wollten gleichzeitig etwas sagen. Ich verstand zunächst nur Bruchstücke, begriff aber schnell, dass die Katastrophe in Japan vom vergangenen Freitag der Grund für die vielen Fragen, Diskussionen und Vermutungen war.

Ich erinnerte die Kinder an unsere Gesprächsregeln und bat die Klassensprecherin eine Meldekette zu starten, so dass sich jeder nacheinander äußern durfte. Die Gesprächsrunde zeigte, dass viele in der Klasse bereits von der Naturkatastrophe in Japan gehört hatten. Einige berichteten über Details, die sie durch ihre Eltern und Bekannten, Fernsehen, Radio, Internet und Zeitungen erfahren hatten. Andere waren völlig ahnungslos und bestürzt, wollten mehr erfahren und konnten nicht glauben, was ihre Klassenkameraden erzählten.

Die Schülerinnen und Schüler zeigten sich bei jedem Beitrag interessiert. Vor allem, als Kaito von seinen Verwandten berichtete, die in der Nähe von Tokio leben, lauschten alle Kinder gebannt. Er führte aus, dass er sich bisher wenig mit Japan verbunden gefühlt habe, da er und seine älteren Geschwister hier in Deutschland geboren seien. Doch nun würde seine Mutter häufiger mit seiner Oma und seiner Tante telefonieren und öfter dabei auch weinen. Ob ihnen etwas passiert sei, wollten seine Mitschülerinnen und Mitschüler wissen und atmeten auf, als Kaito dies verneinte. Seinen Verwandten ginge es gut, aber sie berichten von großer Verwüstung, dessen Ausmaß wir uns in Deutschland nicht vorstellen können. Kaitos Tante arbeite in einer Schule in einem kleinen Dorf, doch zu dieser Zeit könne sie wegen der Warnungen vor neuen Erdstößen und der beschädigten Straßen nicht dorthin. Viele Menschen seien sogar gestorben oder obdachlos und wissen nicht, wie sie weiterleben sollen, referiert Kaito weiter. Das habe ihm seine Mutter erzählt“ (Beeskow 2011).

2. Didaktische Begründung

Katastrophen werden über Medien verbreitet, entsprechende Schreckensbilder kommen bei Kindern an. Auch entfernte Orte der Erde werden so für die Kinder psychisch nah. Sie sehen andere Jungen und Mädchen oder Tiere, die aus Trümmern gerettet werden und fühlen mit. Damit diese Katastrophen nicht nur auf der Sensationsseite wahrgenommen werden, ist es wichtig, dass die eigene Betroffenheit nicht im Sinne einer „Katastrophenpädagogik“ verstärkt wird, sondern dass den Kindern auch Möglichkeiten der Prävention und des Schutzes vor Katastrophen eröffnet werden (vgl. Kaiser 2008b). Dies hat auch Zukunftsbedeutung für Kinder, da sie in ihrem zukünftigen Leben durch zunehmende Klimaveränderungen verstärkt auch selbst von Katastrophen bedroht sein können. So ist das Gefühl, dass Menschen in so einem Falle auch von anderen Personen Hilfe bekommen können, eine tröstliche Perspektive. Aber vor allem der Blick auf Präventionsmöglichkeiten – und seien es bei Erdbeben auch nur Schutzmöglichkeiten – ist wichtig, um die Kinder nicht passiv gegenüber Katastrophen ausgeliefert sein zu lassen, sondern ihnen zu zeigen, dass es auch bei so massiven Beeinträchtigungen des menschlichen Alltagslebens viel zum eigenen Schutz zu tun gibt.

3. Fachliche Basisinformationen

Naturkatastrophen können verschiedenen Ursprungs sein (vgl. Hidajat 2006, 4). Sie sind in ihren Auswirkungen aber eng gekoppelt an gesellschaftliche Entscheidungen. Dies gilt nicht nur für meteorologische Katastrophen, wie Überschwemmungen oder Trockenheit bzw. biologische Katastrophen bei der überregionalen Ausbreitung von Epidemien, sondern auch für geologische Katastrophen wie Erdbeben und Tsunamis (Seebeben). Diese beiden Katastrophenszenarien sind eng miteinander verbunden. Auf Erdbeben können Tsunamis folgen. Erdbeben werden mit der Richterskala bis zur Stärke von 6,5 gemessen. Darüber liegende Werte werden mit der Momente-Magnituden-Skala gemessen. „Erdbeben sind Folgen der inneren Wärme, die die Erde seit ihrer Entstehung vor 4,6 Milliarden Jahren nach außen abgibt. [...] Dabei steigt heißes Mantelmaterial aus Tiefen bis zu 2900 km [...] auf und transportiert die Wärme an die Oberfläche“ (Zschau u. a. 2001, 47). Die Entstehung von Erdbeben ist an tektonische Plattengrenzen gekoppelt, „wobei die stärksten Erdbeben entlang von Subduktionszonen auftreten“ (Kopp/Weinrebe 2009, 20). Dahinter steckt das Modell von sich verschiebenden Platten, die sich sowohl aufeinander zu bewegen wie auch voneinander entfernen. „Die Erdkruste ist aus 7–10 Großplatten und etwa 20 kleinen Platten aufgebaut, die sich alle auf dem oberen Erdmantel bewegen“ (Müller 2000, 5). Das Entstehen von Tsunamis ist an mehrere Bedingungen geknüpft: „Dafür muss das Hypozentrum unter Wasser oder in direkter Küstennähe in Tiefen von weniger als 30 km liegen, das Beben hinreichend stark sein [...] (mindestens 7,0 auf der Skala) [...] und zu einem vertikalen Versatz des Ozeanbodens führen, damit große Wassermassen verdrängt werden“ (Kopp 2009, 21).

Große Tsunamis sind schon in der Geschichte bekannt. Besonders dramatisch ist das Erdbeben mit Tsunami vom 1. November in Lissabon im Jahre 1755 verlaufen (vgl. Müller 2000, 5). Über bis 10 Meter hohe Flutwellen wurde damals berichtet (vgl. Müller 2000, 5), die 60000 Menschenopfer forderten. 1896 soll ein Erdbeben auf der japanischen Insel Honschu, also der Insel, auf der sich auch 2011 im März riesige Schäden zeigten, eine 24 Meter hohe Tsunamiwelle nach sich gezogen haben (vgl. Müller 2000, 5). Ein drittes aus der Geschichte bekanntes riesiges Erdbeben mit anschließendem Tsunami ist von Messina in Italien bekannt, das 1908 sogar 75000 Menschenleben forderte (vgl. Müller 2000, 5).

Das wesentliche Gefährdungsgebiet ist der Pazifik, für den schon 1960 beim größten je gemessenen Erdbeben in Chile ein pazifisches Warnsystem eingesetzt wurde, das größere Schäden in anderen Ländern verhindert hat.

Auch wenn Erdbeben rein geologischen Ursprungs sind, sind sie in den Auswirkungen auch an von Menschen beeinflusste Faktoren gebunden. Physische Faktoren wie die technische Bauweise und Siedlungsstruktur, ökonomische Faktoren wie Zugang von Menschen zu Ressourcen, die Armuts- und Ernährungslage, Umweltfaktoren wie die Biodiversität und soziale Faktoren wie Risikowahrnehmung, Bürgerbeteiligung, Wissenssysteme etc. bedingen wesentlich die Anfälligkeit im Falle einer Naturkatastrophe (vgl. Hidajat 2006, 5). Der Mensch als Akteur kann also auch bei derartigen Ereignissen wie Erdbeben oder Tsunamis etwas ausrichten. Insofern sind ebenso Bildungsprozesse, die diese Katastrophen thematisieren, von großem Wert. Denn auch gegenwärtig kann man Erdbeben nicht zuverlässig vorhersagen (vgl. Müller 2000, 5). Allerdings ist die Tsunamiforschung nach dem katastrophalen Tsunami von 2004 im Großraum des indischen Ozeans stark angestiegen (vgl. Scheffers/Kelletat/Engel 2009, 12–18). Eine Folge war der Aufbau eines Frühwarnsystems, analog dem im Pazifik schon seit 1960 angewendeten. Faktisch haben aber ökonomische Bedingungen dazu geführt, dass nicht dem Schutzprinzip Priorität eingeräumt wird. So wurde in Sri Lanka keine Pufferzone entlang der Küste mit breitem, unbebauten Streifen durchgesetzt, sondern für größere Hotelanlagen Ausnahmen bei der Aufbaugenehmigung gegeben (vgl. Brückner/Brill 2009, 9).

4. Verlaufsideen

Sobald sich herausschält, dass ein Projekt begonnen wird, sollte die Lehrerin/der Lehrer eine eigene Planung machen, um sich selbst auf mögliche Varianten einzustellen. Lina-Lea Beeskow (2011) hat zu diesem Projekt einen sehr übersichtlichen Planungsentwurf gemacht:

Tab. 4 nach Beeskow 2011

Inhaltliche Ideen	Handlungsformen	Materialien, Medien, außerschulische Lernorte
möglich: – Kontakt zu einer Hilfsorganisation – Bezug auf die Katastrophe im AKW (Atomkraftwerk) Fukushima ➔ Thema Energie/erneuerbare Energie ➔ Verbrauch, Stromanbieter ➔ Strahlung, Risiken, Folgen – Umfragen – Informationsveranstaltung – Demonstration **unverzichtbar:** – Entstehung eines Erdbebens – Entstehung eines Tsunamis – Geographische Lage Japans – Folgen der Katastrophe – Ideen für Hilfe entwickeln – Spendenaktion ➔ Geld sammeln, Basar, Flohmarkt, Theater, Sport, Benefizveranstaltung – Besteht Gefahr für Deutschland? – Schülerzeitung als Informationsweitergabe nutzen – Zielformulierung – Abschlusspräsentation	**erwünscht:** – Gruppenarbeit – Partnerarbeit – Teambildung in der Klasse **dringend:** – gemeinsame Planung – Absprachen – Gruppendiskussion – Vorstellen der Gruppenergebnisse zu festgelegten Zeiten: Klären von Konflikten und Unklarheiten, gegenseitiges Informieren und Austausch	**kurzfristig beschaffbar:** – Gestaltungsmaterialien für Plakate: Stifte, Pappen, Kleber, Scheren, farbiger Tonkarton, Pinsel, Acrylfarben usw. – Recherchemöglichkeiten: Computerraum/Internet, Zeitungsartikel, Lexika – Stellwände für die Präsentation/Ausstellung **längerfristig organisieren:** – Infotag: Werbung, Genehmigung, Helfer, Experten – Kooperationspartner um Spendenhilfe bitten, Infobriefe an Eltern

Der tatsächliche Projektverlauf beginnt mit dem Entschluss, ein Projekt zu machen. Es folgen die weiteren Schritte:

- Fragen zum Thema „Erdbeben in Japan“ werden auf Zetteln notiert:
  - „Wo genau liegt Japan?
  - Wie entsteht eine Riesenwelle? Wo ist das Wasser jetzt?
  - Wo wohnen jetzt die Leute, deren Haus weggespült wurde?
  - Wer baut neue Häuser, Schulen und Spielplätze?
  - Wo kriegen die Menschen jetzt Essen und Kleider und so her?
  - Können wir irgendwie helfen?
  - Was fehlt den Menschen am meisten?
  - Kann das bei uns auch passieren?

    - Was ist alles kaputt gegangen?
    - Wie viele Erwachsene und Kinder sind gestorben?“ (Beeskow 2011)
- Einteilung in Arbeitsgruppen
- Austausch der Gruppenergebnisse
- Organisation und Durchführung einer Spendenaktion
- Vorbereitung und Durchführung der Abschlussausstellung

5. Ergebnis, Projektprodukt, Präsentation

Das Ergebnis kann sowohl „die Organisation und Durchführung einer Spendenaktion sein, durch die das Bedürfnis der Kinder, den Menschen in Japan durch eigenes Engagement helfen zu wollen, erfüllt wird, In welcher Form Gelder, Kleidung, Esspakete, Spielsachen oder andere Gegenstände gesammelt werden könnten“ (Beeskow 2011), ist Sache der Diskussionen der Kinder. Abschließend wurde in diesem Projektbeispiel eine Ausstellung für Sponsoren, Eltern und andere Interessierte der Öffentlichkeit geplant und durchgeführt.

Dieses Projekt ist einerseits wichtig, damit Kinder aktiv handeln angesichts der von ihnen durch mediale Präsentation erfahrenen Katastrophen. Andererseits ist der Ort der Katastrophe sehr entfernt, so dass es nur wenige direkte Handlungsmöglichkeiten gibt. Die gängige Form Spenden einzusammeln und zu übergeben, kann leicht in eine eurozentristisch hierarchisch herablassende Form abgleiten. Hier gilt es, die Projektarbeit so zu steuern, dass die Kinder sich primär als Lernende und nicht als „Gönner“ wahrnehmen. In diesem Fall des Projekts war es gelungen, dass ein aus Japan stammender Junge die Balance hielt. Gerade in derartigen Projekten ist es von großem Nutzen, wenn Vertreter des jeweiligen Katastrophengebietes persönlich mit der Klasse kooperieren, damit keine Gönnerhaltung entstehen kann.

3.6.2 Schokolade – warum hat sie so verschiedene Preise?
(Nach einem Projektbericht von Marlen Brüggemann)

1. Ausgangssituation

„Ein Mädchen der dritten Klasse hat Geburtstag und sie möchte gerne etwas Süßes für die Kinder ihrer Klasse mitbringen. Am Vortag werden sie und eine Klassenkameradin von der Mutter in die Stadt geschickt, um eine kleine Leckerei auszusuchen, die sie dann mit in die Schule zum Verteilen nehmen kann. Außerdem sollen die zwei der Mutter noch Kaffee aus dem Eine-Welt-Laden mitbringen. Die beiden Mädchen machen sich auf den Weg und steuern den nächsten Supermarkt an. Sie sind sich einig, dass es irgendetwas aus Schokolade sein soll. Beim Stöbern durch die Regale entdecken sie viele Leckereien, doch ihnen fällt auf, dass die Preise alle sehr unterschiedlich sind. Da reicht der Preis für 100 g Schokolade von 0,35 Euro bis hin zu 3,00 Euro. Letztendlich entscheiden sie sich für ein günstiges Produkt, in dem viele kleine Schokoladenartikel stecken. Als sie den Kaffee für die Mutter besorgen, fällt ihnen auf, dass die Schokolade in dem Eine-Welt-Laden auch nicht besonders günstig ist und sie sich keine mehr von ihrem Restgeld leisten können. Mit der Frage auf den Lippen 'Warum hat Schokolade so unterschiedliche Preise?' gehen die zwei wieder nach Hause und tragen die Frage am nächsten Tag an die Lehrerin heran" (Brüggemann 2010).

2. Didaktische Begründung

„Anhand des Themas 'Schokolade – warum hat sie so unterschiedliche Preise?' kann der Aspekt der globalen Vernetzung exemplarisch aufgezeigt werden. Damit wir in Deutschland Schokolade verzehren können, sind wir abhängig von Ländern, in denen die klimatischen Bedingungen vorherrschen, um Kakaopflanzen anbauen zu können. Durch das Herausarbeiten der globalen Vernetzung können unterschiedliche Auswirkungen dieser aufgezeigt werden. Der Unterschied zwischen sog. 'entwickelten Ländern' und den 'Entwicklungsländern' wird auf verschiedenen Ebenen bewusst. Diese Differenzierung lässt sich auch auf die vorherrschenden Lebensbedingungen, Reichtum/Armut der Länder und das Klima erweitern. Durch die Beschäftigung mit verschiedenen Ausgangslagen der Länder kann auch die Frage nach der sozialen Ungleichheit sowie den ökonomisch-gesellschaftlichen Machtpositionen aufkommen. Mittels dieses Themas können demnach die Beziehungen zwischen unterschiedlichen Ländern transparent gemacht werden. Es wird aufgezeigt, in welchem Zusammenhang sie zueinander stehen und welche Handlungsmöglichkeiten vorherrschen. Das Thema ermöglicht im Sinne von Klafki (1996) allgemeine Zusammenhänge, Beziehungen, Gesetzmäßigkeiten, Strukturen, Widersprüche und Handlungsmöglichkeiten aufzuzeigen. Mittels des Inhalts 'Schokolade – warum hat sie so unterschiedliche Preise?' werden Kinder dahingehend sensibilisiert, dass sie durch ihr Konsumverhalten größere Prozesse beeinflussen können, wodurch das Thema in einen weiteren Sinnzusammenhang gerückt wird. Anhand der Problematik 'Schokolade – warum hat sie so unterschiedliche Preise?' wird auch der Unterschied zwischen 'Entwicklungsländern' und 'sog. entwickelten Ländern' deutlich. Diese Tatsache kann die Schüler und Schülerinnen so beeinflussen, dass sie im späteren Leben für Menschen aus sog. Entwicklungsländern einstehen und ihr Leben so sozial verträglich gestalten, wie es in der eigenen Gesellschaft nur möglich ist" (Brüggemann 2010).

3. Fachliche Basisinformationen

„Schokolade ist bei vielen Kindern eine beliebte Nascherei und ist somit ein Produkt, das sie aus ihrem Lebensalltag kennen. Kein Wunder! Schließlich verzehren die Deutschen im Durchschnitt 11,4 kg/Jahr und liegen somit im internationalen Vergleich auf dem zweiten Platz des Schokoladenkonsums[29]. Auch die

[29] Vgl. http://www.chocosuisse.ch/web/chocosuisse/de/documentation/facts_figures.html (Abruf: 22.2.2010)

Schokoladenindustrie hat Kinder längst als ihre Zielgruppe erkannt. Es gibt viele Produkte, die speziell auf die 'Bedürfnisse' von Kindern abgestimmt sind. Die Nascherei wird kombiniert mit einer Überraschung, die Frühstücksschokoflocken gibt es in Form von Düsenringen. Durch diese Tricks werden Kinder zum Einen als aktuelle Konsumenten und Konsumentinnen gewonnen, aber zum Anderen wird auch die Vorliebe für Schokolade im Erwachsenenalter bereits angebahnt.

Kinder unterliegen demnach dem ständigen Einfluss der Werbung, die ihr Produkt an das Kind bringen möchte, womit sie als Zielgruppe wiederum einen wirtschaftlichen Zweig beeinflussen. Kinder kaufen zunächst nach dem Lustprinzip. Das was sie anspricht, wird gekauft. Dies ist besonders gravierend, weil die Deutschen zu dem Volk gehören, das die meiste Schokolade verzehrt. Besonders aus diesem Grund ist darauf zu achten, wo die Zutaten für die Schokolade eigentlich herkommen. Aber nicht nur bei Schokolade gilt es darauf zu achten, fair gehandelte Produkte zu kaufen. Dieselben Überlegungen sollten bei anderen Produkten, wie beispielsweise Kaffee, Bananen, Wein oder Baumwollprodukte, ebenso vollzogen werden. Indem der Prozess des globalen Handelns für die Kinder transparenter und bewusster wird, können sie in ihrer Zukunft Einkäufe tätigen, die mit einem sozialen Gewissen eher verträglich sind" (Brüggemann 2010).

4. Verlaufsideen

Mit der Initialfrage ist es Aufgabe der Lehrperson, selbst eine mögliche Ablaufplanung zu machen und Unterstützung zu planen, falls die Klasse auch einzelne dieser antizipierten Schritte planen will.

Marleen Brüggemann (2010) hat dazu folgende Idee:

Tab. 5 nach Brüggemann 2010

möglich	unverzichtbar	kurzfristig beschaffbar	längerfristig organisieren
Arbeitsbedingungen der ArbeiterInnen (und Kinder) auf den Kakaoplantagen und in den Fabriken		Prospekte, Reportage aus „neuneinhalb“[30], (evtl. Kinderarbeit)	Jemand, der früher auf einer Plantage gearbeitet hat und jetzt in Deutschland lebt
Erlebnisse mit Schokolade, z. B. Trinkschokolade, backen, Schokofiguren herstellen etc.		Rezepte, Zutaten	Elternteil zur Unterstützung einladen
Produktinformationen analysieren		verschiedene Schokoladen	
Wachstumsregionen der Kakaobohne betrachten		Bücher, Artikel, Landkarten, Zeitschriften, gezielte Internetlinks, Globus etc. (spezielles Material je nach Thema)	
Länder, an die Kakao geliefert wird, recherchieren			
Schokolade für alle			
Entdeckung der Kakaobohne und deren Weiterentwicklung hin zur Schokolade und deren Verbreitung			
Entwicklung der Schokoladenpreise			Wirtschaftsexperten aus der Schokoladenindustrie einladen
Transportkosten herausfinden			
Kosten der einzelnen Zutaten			
den weiten Transportweg und die Umwelteinflüsse betrachten			
Zusammenhang zwischen Geschmack, Preis und Verpackung erkunden		Verschiedene Schokoladensorten	
	Wachstum und Ernte der Kakaobohne kennenlernen	Reportage, Bilder	
	Verarbeitungsweisen der Kakaobohne zur Schokolade herausfinden	Anleitung	Kakaobohnen organisieren, Schokoladenfabrik besichtigen
	Fair-Trade und seine Bedeutung	Internet, Prospekte, Reportage etc.	Besuch eines Eine-Welt-Ladens
	Ausbeutung von Kakaobauern		einen ehemaligen Kakaobauern einladen, der jetzt in Deuschland lebt

30 Kindersendungen des WDR: http://neuneinhalb.wdr.de/

Projektverlauf in der Klasse:

- Gesprächskreis zu den Preisdifferenzen: konkrete Schokoladensorten werden betrachtet; es entsteht eine Kontroverse, welche Preise gerechtfertigt sind oder nicht
- Betrachten und Untersuchen der Schokoladenpackungen in arbeitsgleichen Kleingruppen
- Entwickeln von Hypothesen und Fragen in den Gruppen
- Zusammenstellung der Projektfragen, z. B.:
  - Woraus wird Schokolade gemacht?
  - Woher kommt die Kakaobohne?
  - Was bedeutet das Fair-Trade-Siegel?
  - Wie wächst und erntet man die Kakaopflanze?
  - Wer erntet die Kakaobohne? Unter welchen Arbeitsbedingungen?
  - Wie viele verschiedene Sorten Schokolade gibt es?
- Einteilung in Arbeitsgruppen zu den Projektfragen
- Austausch der Gruppenergebnisse
- gemeinsame Entwicklung eines Theaterstücks
- Vorbereitung der Aufführung des Theaterstücks
- Aufführung des Theaterstücks
- Auswertung des Projektverlaufs

5. Ergebnis, Projektprodukt, Präsentation

Ein Theaterstück zur Schokoladenproblematik wird von den Kindern entwickelt, erprobt und aufgeführt. Dazu gibt es als begleitendes Material eine Fotodokumentation, in der der Weg der Schokolade von der Ernte der Kakaobohne über den Weltmarkt bis zum Kindermund präsentiert wird.

Dieses Projekt endet mit einem ästhetischen Event. Da das Ziel des Projekts nicht allein auf der Ebene der Aufklärung liegt, sondern vor allem auf der Ebene der Einstellung, nämlich auch fair gehandelte Schokolade zu kaufen, sind ästhetische Zugangsweisen ein wichtiger Weg zum Ziel.

4 Praxishilfen für die Projektplanung

4.1 Allgemeine Ablaufskizze eines Projekts
(von Svenja de Groot und Astrid Kaiser)

Phasen:

1. *Problemfindung* in der Klasse

2.1 *Planungsphase*: Didaktisches Netz nach Kahlert (2002) und Projektskizze (Vorbereitung der Lehrperson)

2.2 *Planungsphase in der Klasse*: Kooperative Phase mit den Schülerinnen und Schülern durch eine Mindmap

3. *Erkundungsphase*: Schülerinnen und Schüler ordnen sich Themengebieten zu, bearbeiten diese auf unterschiedliche Art und Weise in Kleingruppen und untersuchen die Problematik

4. *Auswertungsphase*: Schülerinnen und Schüler werten ihre Ergebnisse aus und bereiten diese für die Projektpräsentation vor

5. *Präsentationsphase*: Projektpräsentation in der Schule oder Öffentlichkeit

4.2 Projektreflexionen

4.2.1 Projekttagebuch
(von Yvonne Grünker)

Führen eines Projekttagebuchs zur Reflexion:

Jedes Kind oder jede Gruppe bekommt ein Projekttagebuch, das folgendermaßen aussehen kann:

Datum: ________________

Was habe ich heute geschafft?

Was habe ich heute nicht geschafft?

Wie zufrieden bin ich mit meinem Arbeitsverhalten?

Wie zufrieden bin ich mit meinem Sozialverhalten?

Was nehme ich mir für die nächste Stunde vor?

Wie zufrieden war ich mit der Gruppenarbeit?

Gab es Konflikte in der Gruppe?

Konnten diese gelöst werden?

Was nimmt sich die Gruppe für die nächste Stunde vor?

4.2.2 Reflexionsbogen
(von Caroline Knips)

Datum:
Das waren heute unsere Ziele:
Das haben wir geschafft:
Das hat gut geklappt:
Das hat nicht gut geklappt:

4.3 Beispiele aus Projektberichten

4.3.1 Kinderäußerungen – Protokoll zum Thema Erdbeben in Haiti
(von Solveigh Raabe)

Lehrerin: „Guten Morgen alle miteinander."

Schüler: „Guten Morgen Frau Lehmann."

Lehrerin: „Wie jeden Montagmorgen gebe ich nun den Erzählstein herum und ihr dürft nun erzählen, was ihr am Wochenende gemacht habt, was euch vielleicht beschäftigt hat [. . .]."

Karlotta: „Ich war am Samstag auf Thores Geburtstag. Das war total lustig. Wir haben eine Übernachtungsparty gemacht und 'Mord im Dunkeln' gespielt. Das war aber auch ein bisschen gruselig [. . .]."

Nora: „Ich war auch auf Thores Geburtstag und am Sonntag war meine Oma da. Das war schön! Aber gestern Abend hatte mein kleiner Bruder ziemlich dolle Nasenbluten. Und Papa und Mama mussten dann mit ihm zum Notarzt. Gut, dass meine Oma da war, weil ich hatte richtig Angst [. . .]."

Felix: „Ist dein Bruder jetzt immer noch im Krankenhaus?"

Nora: „Neeiiiin, Mama und Papa haben Jonas wieder mitgenommen. Ihm geht es wieder gut."

Lehrerin: „Das ist schön! So, der Nächste ist dran. Nora, gibst du den Erzählstein weiter an Ben?"

Ben: „Ich hatte gestern ein Fußballspiel. Und wir haben gewonnen. Mehr hab ich nicht zu erzählen."

Ole: „Am Freitag waren Leon und ich mit meinem großen Bruder im Universum. Das war toll! Und danach waren wir bei dem Freund von meinem Vater zum Werder gucken eingeladen."
Ben: „Ich war Samstag mit Lucas schwimmen und dann im Kino, in 'Vorstadtkrokodile 2'. Der Film war echt cool."
Lena: „Ich hab den auch schon gesehen."
Lehrerin: „Wer ist als nächstes dran?"
Jana: „Ich bin dran."
Lehrerin: „Ben, gibst du den Erzählstein bitte weiter?!"
Jana: „Ich war am Samstag mit Marie und meiner Mama in der Stadt."
Lehrerin: „Und was habt ihr dort gemacht?"
Marie: „Wir haben uns die Bremer Stadtmusikanten und die Sögestraße angeschaut. Und später waren wir dann noch ein Eis essen."
Aimée: „Ich hatte ein sehr trauriges Wochenende. Meine Oma und ihre Bekannten hatten ein Erdbeben bei sich zu Hause."

***Die Schülerinnen und Schüler sowie die Lehrerin schweigen, schauen* Aimée gebannt an.**

Alexander: „Was?"
Jan Hendrik: „Ja mein Papa hat mir auch Samstag erzählt, dass es ein Erdbeben gegeben hat. Ich glaube das war in Haiti oder so."
Aimée: „Ja genau."
Thore: „Ein Erdbeben?"
Aimée: „Ja."
Thore: „Wie ist das denn passiert?"
Lehrerin: „Seid mal bitte leise, Aimée ist ja jetzt an der Reihe mit dem Erzählen."
Aimée: „Ja, meine Oma wohnt ja auch in Haiti. Und da war am Dienstag ein Erdbeben."
Felix: „Haben die sich verletzt oder sind die jetzt tot?"
Aimée: „Meine Oma ist ja zum Glück gerade bei uns zu Besuch. Ich bin so froh! Aber von ihren Bekannten hat sie immer noch nichts gehört."
Lehrerin: „Aimée, das ist ja wirklich furchtbar! Wie habt ihr denn versucht, mit den Bekannten deiner Oma Kontakt aufzunehmen?"
Aimée: „Meine Oma hat erstmal versucht sie anzurufen. Aber sie hat sie nicht erreicht. Weil das Handynetz in Port-au-Prince ist durch das Erdbeben kaputt gegangen ist. Dann hat meine Mama im Krankenhaus angerufen, wo zwei der Bekannten meiner Oma als Krankenschwestern arbeiten. Aber auch da hat sie bisher niemanden erreicht."

Die anderen Schülerinnen und Schüler schweigen, sind sprachlos.

Lehrerin: „Das ist wirklich ganz grausam! Dann können wir alle nur ganz fest an die Bekannten deiner Oma denken und hoffen, dass ihr ganz bald etwas von ihnen hört. Wer von euch hat noch von dem Erdbeben gehört?"
Ben: „Kennst du die Bekannten deiner Oma gut?"
Aimée: „Nein, ich kenne sie selber gar nicht. Ich war auch noch nie in Haiti. Aber meine Familie und ich wollten diesen Sommer das erste Mal meine Oma dort besuchen."
Mayla: „Meine große Schwester hat gestern am Abendbrottisch irgendetwas erzählt von einem Erdbeben, aber ich habe es nicht so richtig verstanden."
Finn: „Ich habe heute Morgen ein ganz schreckliches Bild auf dem Deckblatt unserer Zeitung gesehen. Da waren glaube ich auch Erdbebenopfer abgebildet. Ich werde nachher noch mal genauer nachgucken."

Lehrerin: „Ich habe euch heute sowieso einen Artikel mitgebracht, den ich gestern in meiner Tageszeitung gefunden habe. In diesem Zeitungsartikel geht es auch um das Erdbeben in Haiti. Ich würde euch diesen gerne einmal vorlesen.

Lehrerin liest den Zeitungsartikel über das Erdbeben in Haiti vor.

Mayla: „Oh, die armen Kinder!"
Lia: „Frau Lehmann, können wir den Menschen nicht irgendwie helfen?"
Greta: „Genau, können wir nicht irgendetwas für die Kinder tun?"
Marie: „Die armen Kinder. Es wäre toll, wenn wir ihnen helfen könnten. Nur wie?"

Lehrerin hält sich gezielt aus dem Gespräch heraus und lässt die Schülerinnen und Schüler erst einmal untereinander diskutieren.

Tamia: „Ja aber wie soll das gehen? Wir können da doch nicht hinfahren."
Ole: „Das nicht, aber wir könnten den Menschen dort Essen und Trinken schicken."
Leon: „Ja aber das geht ja nicht. Das ist doch viel zu weit weg, oder?
Ben: „Hm, ich glaube Haiti ist ziemlich weit weg. Liegt das nicht in der Karibik?"

Lehrerin nickt.

Leon: „Wenn wir da was hinschicken, wird das doch bis dahin schlecht!"
Ole: „Stimmt, das geht dann nicht. Hm ..."
Aimée: „Aber wir können doch etwas tun! Dann müssen wir den Menschen dort Geld schicken."
Marie: „Naja, aber wo sollen sich die Menschen dort etwas kaufen. Die Geschäfte wurden doch auch zerstört."
Aimée: „Ja, das weiß ich. So meine ich das auch nicht. Ich habe von meiner Oma gehört, dass man, wenn man den Menschen dort helfen möchte, das Geld einem Hilfswerk oder so geben kann und die bringen den Menschen dann mit Flugzeugen oder Schiffen das Essen oder auch Medizin."
Lehrerin: „Ihr habt ja tolle Ideen. Ich freue mich sehr darüber, dass ihr sofort darüber nachdenkt, den Menschen in Haiti zu helfen. Das finde ich großartig! Was halten denn die anderen davon?"

Einige Schülerinnen und Schüler haben sich immer noch nicht zu Wort gemeldet und schauen sehr bedrückt aus.

Lucie: „Ich finde das auch eine sehr gute Idee. Ich möchte den Menschen dort auch helfen."
Greta: „Ich auch. Unbedingt!"
Lucas: „Das ist eine gute Sache. Ich bin dabei."
Finn: „Frau Lehmann, wie entsteht eigentlich so ein Erdbeben?"
Lehrerin: „Jetzt hört mal alle zu. Wie ich merke, seid ihr alle sehr interessiert an diesem Ereignis. Was haltet ihr davon, wenn wir im Rahmen unserer Sachunterrichtsstunden gemeinsam ein Projekt zu diesem Thema planen? Das würde dann erstmal so aussehen, dass wir uns gemeinsam Gedanken darüber machen, was wir über dieses Thema wissen wollen und was wir vielleicht in Bezug auf das Thema unternehmen möchten usw.. Was meint ihr dazu?"
Jan Hendrik: „Ja das wäre klasse!"
Aimée: „Oh ja, das wäre spannend. Dann könnte ich meine Oma auch nochmal genauer fragen."

Jana: „Ja ich würde das auch gerne machen."
Lehrerin: „Was sagen die anderen Kinder dazu? Wir machen jetzt mal eine kleine Abstimmung. Wer ist dafür? Bitte melden! Wer ist dagegen?

Alle Schülerinnen und Schüler sind sich einig darüber, das Projekt gemeinsam planen zu wollen.

Alexander: „Aber was machen wir denn dann da?"
Lehrerin: „Wie wir diese Projektzeit gestalten, bleibt uns überlassen. Wir wollen die Stunden gemeinsam planen. Ich würde vorschlagen, dass ihr euch zur nächsten Sachunterrichtsstunde schon mal Gedanken darüber macht, was wir in diesem Projekt bearbeiten wollen. Also das heißt, welche Themengebiete euch rund um das Rahmenthema 'Erdbeben in Haiti' interessieren. Ich möchte euch bitten, diese Vorschläge bis zum nächsten Mal aufzuschreiben und mitzubringen."

4.3.2 Gruppenarbeit im Grundschulprojekt Jade-Weser-Port
(von Wiebke Albers)

„Am nächsten Tag setzen sich die Gruppenmitglieder zusammen und besprechen, was sie zu Hause herausgefunden haben. Es stellt sich heraus, dass der Onkel eines Gruppenmitgliedes als Containerbrückenfahrer am Hamburger Hafen arbeitet. Dies sieht die Gruppe als Glücksfall, da sie so Informationen über einen Containerhafen bekommen kann sowie den Beruf des Containerbrückenfahrers vorstellen kann. Die Gruppe beschließt, dass sich das Gruppenmitglied mit dem Onkel in Verbindung setzt und ihm Fragen stellt, die die Gruppe gemeinsam herausarbeiten möchte. Außerdem möchte die Gruppe jemanden von der Baufirma fragen, ob sie einen Plan für den 'JadeWeserPort' bekommen könnten, damit sie ihn in einem Modell nachbauen kann. Allerdings wissen die Kinder nicht, wen sie fragen könnten. Bei einem Gespräch mit der Lehrerin weist diese die Kinder darauf hin, dass direkt am Geniusstrand eine sehr große Plakatwand steht, auf dem das Bauvorhaben des 'JadeWeserPorts' skizziert ist. Dort ist auch aufgezeichnet, wo welcher Teil des Hafens gebaut wird. Für den nächsten Tag beschließen die Kinder die Fragen zusammenzustellen, die dem Bürgermeister und dem Containerbrückenfahrer gestellt werden sollen. Ein Junge möchte am Nachmittag mit seinem Vater zum Strand fahren und die Plakatwand fotografieren und evtl. abzeichnen, damit die Vorlage für das Modell der gesamten Gruppe vorliegt. Außerdem hat die Gruppe auf einer Informationsbroschüre über den Hafen in Bremerhaven einen Hinweis auf das 'Deutsche Schifffahrtsmuseum' entdeckt. Ein Gruppenmitglied übernimmt den Auftrag, dort am Nachmittag anzurufen und nach Informationen über Containerhäfen zu fragen. Zuletzt begibt sich die Gruppe gemeinsam in den schuleigenen Computerraum und verfasst in Absprache mit der Lehrerin eine E-Mail an den Bürgermeister, mit der Bitte um ein Gespräch über den wirtschaftlichen Nutzen des 'JadeWeserPorts'. Der 'Schreiber' notiert im Protokoll folgendes:

Zu erledigen:

- E-Mail an den Bürgermeister verfassen, mit der Bitte um ein Gespräch
- Beschluss, den Beruf des Containerbrückenfahrers vorzustellen
  Beschluss, Modell zu bauen
- Fragen für den Onkel vorbereiten; weitere Informationen über Containerhäfen sammeln (Schifffahrtsmuseum, Onkel); Aufsteller fotografieren und evtl. abzeichnen (für Modell des 'JadeWeserPorts')

Überlegungen zum Produkt:

- Steckbrief eines Containerbrückenfahrers (mit Foto)
- Modell des 'JadeWeserPorts' (gezeichnet und aus Pappmaché und anderen Materialien, mit Informationslegende)
- Interview mit Bürgermeister (evtl. als Comic-Zeichnung ausstellen)

Der nächste Tag beginnt erneut mit einem gemeinsamen Treffen. Der Schüler, der beim Schifffahrtsmuseum angerufen hat, berichtet, dass die Frau am Telefon sehr freundlich gewesen sei und ihm einige Broschüren zuschicken würde. Diese würden vermutlich am nächsten Tag ankommen. Das Gruppenmitglied, das den Aufsteller fotografieren und abzeichnen wollte, stellt seine Zeichnung und die Fotos vor. Die Gruppe beschließt, auf das Material aus Bremerhaven zu warten und dann den Bau des Containerhafenmodells und dessen Legende zu beginnen. Der Onkel des anderen Gruppenmitglieds kommt am nächsten Wochenende zu Besuch. Er hat sich gern bereit erklärt, mit der Gruppe über seinen Beruf und auch über den Containerhafen zu sprechen. Ein Gruppenmitglied merkt an, das es wichtig sei, den Interviewleitfaden für das Interview mit dem Bürgermeister zu erstellen. Aufgrund des Zeitplanes beschließt die Gruppe, sich für diesen Tag zu teilen. Eine Teilgruppe erarbeitet die Fragen bzw. den Steckbrief für den Containerbrückenfahrer und die andere Teilgruppe erstellt den Interviewleitfaden für den Bürgermeister.

Im Protokoll steht folgendes:

- Leitfäden zu den Interviews erstellt

Zu erledigen:

- Antwort des Bürgermeisters abwarten
- Modell des Containerhafens bauen

Am folgenden Tag erhält die Gruppe eine Antwort vom Bürgermeister, der sich interessiert zeigt und ihnen vorschlägt, nach dem Wochenende am Dienstag in die Schule zu kommen. Die Gruppe setzt sich mit der Lehrerin zusammen, bespricht die Entwürfe der Interviewleitfäden und bessert einiges nach. Da am Nachmittag der runde Tisch für alle geplant ist, sollen die Entwürfe auch dort noch mal vorgestellt werden und die anderen Gruppen um ihre Meinung gebeten werden. Die Gruppe möchte das Gespräch gern auf einem Diktiergerät aufnehmen und fragt die Lehrerin, ob sie eines bekommen könnten. Die Lehrerin sagt der Gruppe zu, sich um ein Diktiergerät zu kümmern. Sie weist die Kinder jedoch daraufhin, dass sich die Befragten erst damit einverstanden erklären müssen, dass ihre Antworten aufgezeichnet werden. An diesem Tag erstellt die Gruppe mit den Fotos von dem Aufsteller zum Bauvorhaben des 'JadeWeserPorts' eine kleine Collage, die sie neben das geplante Modell hängen möchte.

Die Collage wird an ein Mitglied der Designgruppe weitergereicht.

Der 'Schreiber' notiert im Protokoll:

- Interviewleitfäden berichtigt, Endfassungen erstellt
- Zusage vom Bürgermeister (Diktiergerät)
- Collage für Modell gebastelt

Zu erledigen:

- Interview mit Containerbrückenfahrer am Wochenende
- Bau des Modells
- Skizze des Modells vergrößern

Die nächste Projektphase schließt an das Wochenende an. Drei Gruppenmitglieder haben an diesem Wochenende den Containerbrückenfahrer befragt und stellen dies den anderen Gruppenmitgliedern vor. Die Gruppe bespricht, wie sie die gewonnenen Informationen für die Ausstellung gestalten kann. Sie einigt sich darauf, für den Containerbrückenfahrer einen Steckbrief zu gestalten, den sie exemplarisch neben das Modell hängen möchte. Zwei der Gruppenmitglieder beginnen den Steckbrief zu gestalten. Auch die Informationen vom Schifffahrtsmuseum sind angekommen. Die anderen Gruppenmitglieder beginnen mit der Planung und der Vergrößerung der Skizze für den Bau des Modells.

Im Protokoll wird folgendes notiert:

- Gestaltung des Steckbriefes für den Containerbrückenfahrer
- Beginn der Arbeiten am Modell

Zu erledigen:

- Interview mit dem Bürgermeister (morgen)
- Modell weiterbauen
- Steckbrief beenden

Für das Interview mit dem Bürgermeister hat die Gruppe gemeinsam mit der Lehrerin einen Raum vorbereitet, in dem auch eine Kanne Kaffee und ein paar Kekse bereitgestellt sind. Die Kinder hatten den Wunsch, sich dem Bürgermeister gut zu präsentieren und fragten nach Unterstützung bei der Lehrerin. In der Projektphase dieses Tages führt die gesamte Gruppe ein Interview mit dem Bürgermeister, wobei die Fragen abwechselnd gestellt werden und die Kinder, die das Einverständnis des Bürgermeisters erhalten, die Antworten per Diktiergerät aufzunehmen.

Protokoll dieses Tages:

- Interview mit dem Bürgermeister über wirtschaftliche Nutzen des 'JadeWeserPorts' für Wilhelmshaven

Zu erledigen:

- Modell weiterbauen
- Steckbrief beenden
- Interview mit Bürgermeister verarbeiten

Am folgenden Tag trifft sich die Gruppe zunächst erneut um zu besprechen, wie weit der Gruppenprozess fortgeschritten ist und welche Arbeiten noch erledigt werden müssen. Es entsteht eine Diskussion darüber, ob die Zeit ausreicht, um das Modell, das aufwändiger ist als die Gruppe gedacht hatte, fertig zu bauen und zusätzlich eine Comic-Zeichnung über das Interview mit dem Bürgermeister zu gestalten. Ein Teil der Gruppe ist dagegen, der andere Teil meint, dass dies zu schaffen sei. Die Lehrerin bemerkt die Komplikationen in der Gruppe und nimmt auch Schwierigkeiten in anderen Gruppen wahr. Sie beschließt einen außerordentlichen runden Tisch einzuberufen, damit sich die Gruppen untereinander austauschen können und gemeinsam den Zeitrahmen neu stecken können" (Albers 2010).

4.3.3 Gemeinsam einen Plan zur Problemlösung entwickeln (vgl. Gudjons 2008, 82ff.)

(von Eike-Thea Strodthoff-Schneider)

„Der Projektschritt zwei stellt für mich, wie auch für Gudjons, den wichtigsten Schritt eines Projekts dar. In diesem Schritt werden die 'Grundsteine für das Projekt gelegt, welche bei schlechter Planung zum Einstürzen kommen können' (Gudjons 2008, 93).

Daher werde ich die von Gudjons genannten drei zentralen Planungsschritte berücksichtigen:

1. Einführung der neuen Unterrichtsform
2. Vorbereitende Projektplanung der Lehrkraft
3. Kooperative Planungsphase mit der Klasse (vgl. Gudjons 2008, 93).

Wie bereits in der Ausgangssituation beschrieben, sind meine Schülerinnen und Schüler mit Formen offenen Unterrichts vertraut, sodass die Einführung und Erklärung in die Projektmethode nicht zu viel Zeit beanspruchen wird. Damit die Kinder und ich ein gemeinsames und vergleichbares Verständnis von Projektunterricht haben, werden wir die wesentlichen Merkmale davon sammeln und gegebenenfalls diskutieren. Um mich vielseitig auf das Projekt vorzubereiten und die Fülle des Themas überschauen zu können, fertige ich zu Hause ein didaktisches Netz nach Kahlert (vgl. Kahlert 2005, 239) an. Eine große Hilfe bei diesem Punkt bietet mir das Buch 'Ölwechsel-Biokraftstoffe der nachhaltigen Mobilität' von Lahl, welches mir einen sehr guten Einblick in die Thematik verschafft. Das Planungsmodell von Kahlert beinhaltet sowohl die fachliche Perspektive auf das Thema als auch die lebensweltlich orientierte Dimension. Die Verknüpfung dieser beiden verschiedenen Sichtweisen fasst er als polares Paar zusammen (vgl.

Kahlert 2005, 228). Durch seine Gliederung der Welt entstehen neun polare Paare, durch die das didaktische Potential eines Themas ausgeschöpft werden kann. Mit Unterstützung dieses didaktischen Netzes gehen keine Aspekte des Themas verloren und ich kann dadurch besser vorbereitet auf Kinderfragen und Vorschläge reagieren. Zu beachten ist in diesem Zusammenhang, dass durch das didaktische Netz keine Überfrachtung stattfinden soll und der Bezug zur Lebenswelt der Kinder nicht verloren gehen darf. So sollte man sich 'nichts aus den Fingern saugen' und Inhalte der Thematik nicht beliebig zusammenführen, wenn einem zu der einen oder anderen Perspektive nichts einfällt (vgl. Kahlert 2005, 241). Dadurch stellt das didaktische Netz für mich ein strukturelles Hilfsmittel dar, um Ideen zu entwickeln. Zu den einzelnen Themen, welche mir als sinnvoll erscheinen, überlege ich mir passende Arbeitsformen, wie z. B. Exkursion, Interview, Beobachtung oder Bauen/Herstellen.

Außerdem suche ich aus meinen Unterrichtsmaterialen Inhalte, die zum Thema Biogas passen. Ich nehme Kontakt zum Bundesministerium für Umwelt, Naturschutz und Reaktorsicherung auf, wodurch ich auf die Themenhefte 'Erneuerbare Energien – Arbeitsheft für Schülerinnen und Schüler der Grundschule' und 'Erneuerbare Energien – Materialen für Bildung und Information' und die dazugehörigen Handreichungen für Lehrkräfte stoße. Ebenfalls suche ich das Gespräch mit einem Landwirt, der mir viel über eine Biogasanlage erzählen kann. Durch dieses Gespräch werden mir hoffentlich viele Punkte, die für, aber auch gegen Biogas sprechen, aufgezeigt.

Jetzt überlege ich, wie ich die Projektarbeit räumlich und zeitlich strukturieren kann. Zwei Gruppen könnten im Klassenraum arbeiten, eine weitere in die Bibliothek gehen. Weiterhin besteht die Möglichkeit für eine Gruppe, die Sitzecke in der Pausenhalle zu nutzen.

Da ich vermute, dass die Kinder gerne eine Exkursion, z. B. zu einer Biogasanlage im Nachbardorf, machen möchten, halte ich es für sinnvoll, das Projekt nicht zu sehr zu komprimieren, um genügend Zeit für flexible Planungen zu lassen. Aus diesem Grund entscheide ich mich dafür, den Donnerstag und Freitag von der ersten bis zur fünften Stunde für das Projekt zu nutzen. Deshalb muss ich zwei Unterrichtsstunden mit einer Kollegin tauschen, was aber kein Problem darstellen sollte. Die Anzahl der Wochen lasse ich bei meinen allerersten Überlegungen noch offen, jedoch sollte das Projekt vor den Osterferien abgeschlossen werden. Der Vorteil der Arbeit in der Grundschule ist, dass man als Klassenlehrerin die meisten Stunden in seiner eigenen Klasse unterrichtet, sodass nur wenige Stunden am Tag getauscht werden müssen.

Ich fertige eine Projektskizze nach Gudjons an (vgl. Gudjons 1998, 254 ff.). Besonders wichtig ist mir dabei der Lehrplanvergleich, um das Projekt vor verschiedenen Personen (Schulleitung, Eltern) und vor mir selbst rechtfertigen zu können. Aufgrund der Auflistung der Kompetenzbereiche aus den Fächern Sachunterricht, Mathematik und Deutsch, die gefördert und benötigt werden, kann ich die hohe Stundenzahl begründen.

Zum Thema Leistungsbewertung muss ich mir leider auch Gedanken machen. Ich beschließe, dass die Kinder am Ende des Tages in wenigen Sätzen in einem individuellen Lerntagebuch dokumentieren sollen, was sie an jedem Tag gelernt bzw. nicht gemacht haben. Dabei sollen sie zwischen inhaltlichen und sozialen Aspekten unterscheiden. Aus meiner eigenen Studienzeit weiß ich, wie 'lästig' es ist, wenn man sich nicht richtig in eine Sache 'reinknien' kann, weil man immer an die Bewertung denken muss.

Am Donnerstag, nach dem vorbereitenden langen Wochenende, beginnt unser Projekt. Meine Aufgabe ist es zunächst, den Schülerinnen und Schülern ein Verständnis von Projektunterricht zu vermitteln, da sie zum ersten Mal mit dieser Methode in diesem Umfang konfrontiert werden. Um ihnen wichtige Schritte zu verdeutlichen, unterstütze ich diese mit Beispielen. Damit die genannten Aspekte auch während des Projekts für alle (Schülerinnen und Schüler und mich) sichtbar sind, werden sie auf farbigen Plakaten festgehalten, welche anschließend im Klassenraum befestigt werden. Außerdem überlege ich mit den Schülerinnen und Schülern, welche Methoden und Arbeitsformen es gibt. Auch diese werden auf großen Plakaten dokumentiert und aufgehängt. Ich nutze das Beispiel von Gudjons (vgl. Gudjons 2008, 101) und erkläre, dass ein Vorgehen, wie es ein Kriminologe praktiziert, gut ist, da er versucht, alles aufzudecken. Regeln zum Umgang miteinander werden anhand unserer Klassenregeln, z. B. 'Wir informieren uns gegenseitig über neue Erkenntnisse' oder 'Wir akzeptieren die Meinungen von allen', ergänzt. Ich weise darauf hin, dass die Ergebnisse später präsentiert werden sollen, wodurch alle Kinder diesen Aspekt im Hinterkopf behalten.

Mein Ziel ist es jetzt, mich aus dem Unterrichtsgeschehen raus zu halten und nur noch Impulse zu geben. Ich reiche ihnen den Hinweis, dass die am Freitag aufgetauchten Themen, Fragen und Gedankengänge dokumentiert werden könnten, sie dies jedoch selber organisieren müssen. Die Kinder kommen gleich auf die Idee, eine Mindmap auf einem großen Plakat zu machen, um die wichtigsten Aspekte des Themas Biogas zu sammeln. In diesem Zusammenhang übernehme ich die Aufgabe, Fehlentwicklungen zu vermeiden, indem ich durch Fragen an die Schülerinnen und Schüler auf die richtige Zuordnung zu den passenden Strängen hinweise. Nach ersten Verwirrungen, wer denn jetzt schreiben dürfe, entscheiden sie sich dafür, dass es der Tafeldienst dieser Woche übernimmt (demokratisches Vorgehen). Dadurch, dass die Kinder sich für die Erstellung einer Mindmap entschieden haben, bekomme ich einen Einblick in das Vorwissen der Klasse in diesem Themenbereich. So melden sich die Kinder und es werden Aspekte vom Freitag wie auch neue Inhalte, welche durch die Kommunikation entstehen, zusammengetragen. Nachdem alle Gesichtspunkte zusammengetragen wurden, entscheiden sie sich, die Themen in Gruppen zu beleuchten. Bei der Zuteilung der Themen tritt wiederum der demokratische Gedanke in den

Vordergrund. Sie entscheiden sich dafür, dass alle Themen an die Tafel geschrieben werden und daraufhin jedes Kind seinen Namen unter seinen 'Wunschaspekt' schreiben darf. Hier kommt es zu dem Problem, dass einige Themen 'überladen' sind und andere hingegen kaum Beachtung gefunden haben. Ich werde von den Schülerinnen und Schülern um Rat gefragt, was sie jetzt machen können. Ich wiederum gebe diese Frage in die Klasse zurück, wodurch eine Diskussion angekurbelt wird. Nach ersten kleinen Streitigkeiten und vielen Argumenten ist eine relativ gleich große Verteilung entstanden. In diesem Schritt wurde die Selbstorganisation und Selbstverantwortung nach Gudjons berücksichtigt (vgl. Gudjons 2008, 83). Meine Aufgabe war in diesem Schritt ausschließlich für wiederkehrende Ruhe und eine angenehme Arbeitsatmosphäre zu sorgen.

Durch die Mindmap haben sich Gruppen zu folgenden Aspekten des Themas gebildet:

- Was ist eine Biogasanlage?
- Was benötigt eine Biogasanlage und was produziert sie dafür?
- Wie verändern sich das Dorf und die Landschaft durch eine Biogasanlage?
- Welche Einstellungen bzw. Meinungen gibt es zu Biogas?

Nach der Gruppenfindung kündige ich an, dass fortan der ganze Donnerstag und Freitag für das Projekt genutzt werden. An diesen Tagen bleibt der Zeitrhythmus des 45-Minuten-Taktes unberücksichtigt. Die Schülerinnen und Schüler können dann Pausen einrichten, wenn sie diese benötigen. Am Donnerstag gibt es in dieser Zeit keine Hausaufgaben auf, damit sich die Schülerinnen und Schüler am Nachmittag weiter mit dem Projekt beschäftigen können. Die letzte Stunde am Freitag soll dafür genutzt werden, um mit der ganzen Gruppe zusammen zu kommen, damit der derzeitige 'Stand der Gruppe' kurz dargestellt und gegebenenfalls mögliche Fragen, Schwierigkeiten, Ideen und Hilfestellungen besprochen werden können. Diese Fixpunkte stellen einen wichtigen Aspekt in der Projektarbeit nach Gudjons dar, damit die Schülerinnen und Schüler kurze Zwischenbilanzen ziehen können und über die Arbeit und neuen Erkenntnisse ihrer Mitschüler informiert werden. Zudem können Abstimmungen, Varianten, neue Ideen usw. in diesem Rahmen thematisiert werden. Ebenso beinhalten sie die Metainteraktion über Gefühle, Konflikte und Konkurrenz, da diese soziale Kompetenz ein wichtiger Bestandteil der Demokratie ist (vgl. Gudjons 2008, 100ff.). Zudem wird die letzte Stunde am Freitag dafür genutzt, dass die Schülerinnen und Schüler ihre Befindlichkeit und zum anderen ihren individuellen Lernerfolg anhand der Stellungnahme mit dem Dimensionskreuz (vgl. Landesinstitut für Schule und Weiterbildung 1997, 70) darstellen. So können die Kinder durch die Visualisierungsmaßnahme noch einmal ihre beiden Projekttage reflektieren. Mögliche Schwierigkeiten sind so leichter ansprechbar. Zudem soll der Klassenraum an dieser Stelle mit einer großen Zeitleiste versehen werden, wie es Gudjons vorschlägt. Dadurch können die Kinder dann sehen, was in ihrer und in anderen Gruppen als nächstes anstehen wird. Sie bietet den Gruppen eine zeitliche

Strukturierungsmaßnahme. Auch das Thema Leistungsbewertung muss in diesem Zusammenhang angesprochen werden (vgl. Gudjons 2008, 98). Ich schlage den Kindern vor, ein kleines Lerntagebuch anzufertigen und erkläre die Methode des Projektlernens. Daraufhin erwähne ich noch einmal kurz, welche Rahmenbedingungen eine Projektarbeit umfasst. Ich verweise darauf, dass das Projekt möglichst selbst organisiert ablaufen soll und ich als Lehrkraft lediglich eine Beraterrolle einnehmen werde.

Jetzt beginnt die Arbeit in Kleingruppen und ich ziehe mich aus dem Unterrichtsgeschehen heraus. Ich weise lediglich daraufhin, dass sie die von mir mitgebrachten Materialien nutzen können. Die Kleingruppen beginnen mit ihren individuellen Planungen. Jede Gruppe sammelt Ideen, um ihren Aspekt bzw. ihre Fragestellung zu behandeln. Dieses halten die Gruppen ebenfalls mit Hilfe einer Mindmap fest. Als die Kinder überlegen, wie sie ihre Gruppen organisieren können, gebe ich den Impuls, dass es in der Gruppe verschiedene 'Ämter' geben könnte. Einige Schülerinnen und Schüler sind für die Archivierung von Daten zuständig, andere für die Texterstellung oder für den Zeitplan. So können die Schülerinnen und Schüler den Ablauf nach ihren Vorlieben organisieren. Zudem bekommt jede Gruppe als Strukturhilfe von mir einen Materialienkasten (Druckerpapierkarton), um ihre Materialien zu sammeln und um das Verschwinden von Materialien zu verhindern" (Strodthoff-Schneider 2011).

4.3.4 Planung und Strukturierung der Gruppenarbeit
(von Carolin Würtz)

„Nachdem das Produkt und dessen Adressaten festgelegt worden sind, geht es im nächsten Schritt um die Festlegung von Arbeitsmethoden, Zeitplänen sowie Gruppenzuweisungen. Es wird sich an der erstellten Mindmap orientiert und entschieden, die Projektgruppe in sechs Arbeitsgruppen aufzuteilen, die sich mit den jeweiligen Themenaspekten beschäftigen. Jede Gruppe soll einen Gruppensprecher oder eine Gruppensprecherin festlegen, die bei Fragen als Ansprechpartner agieren kann. Die Lehrkraft nimmt während des gesamten Projektvorhabens lediglich eine beratende Rolle ein. Es wird täglich, je nach Möglichkeit und Bedarf, ein Teil der Unterrichtszeit für die Arbeit in den Projektgruppen zur Verfügung gestellt. Die Aufgabe der einzelnen Gruppen wird es sein, über den jeweiligen Themenaspekt zu recherchieren, Artikel zu verfassen etc.. Jede Gruppe verfügt über einen festen Arbeitsplatz (bestimmte Tische in der Klasse, eventuell Gruppenräume) und eine Bearbeitungsablage (Kasten, Karton), in dem gesammelte Informationen und verfasste Artikel abgelegt werden können. Außerdem erhält jede Gruppe jeden Tag einen vorstrukturierten Tagesplan, auf dem die für den Tag vorgenommenen Ziele, Arbeitseinteilungen, benutztes Material und die Projektzeit eingetragen werden. Zusätzlich werden in regelmäßigen Abständen Rückmeldebögen an die Gruppen verteilt, in dem die Schülerinnen und Schüler ihre Arbeitsintensität, ihr Vorankommen in der Gruppe, die Zusammenarbeit und Stimmung in der Gruppe, ihre persönliche Beteiligung sowie die Verabredungsdichte beurteilen können. Häufen sich in einer Gruppe auffällige Bewertungen, werden diese in der Projektgruppe zur Sprache gebracht, um Ursachenerklärungen zu finden und Verbesserungen zu verabreden. Am Ende jeder Projektphase wird eine gemeinsame Besprechungs- und Reflexionsrunde mit der ganzen Klasse eingeplant. Hier präsentieren die Gruppen ihre Ergebnisse und den Stand ihrer bisherigen Arbeit. Probleme und Schwierigkeiten werden erläutert und gemeinsam versucht Lösungen zu finden. Auch das kollektive Vorgehen der Gruppe wird hier beobachtet und reflektiert. Alle verabredeten Planungen werden auf ein großes Plakat, dem Projektplan, eingetragen. Dieser wird übersichtlich in Form einer Tabelle und Zeitleiste (jede Gruppe erhält eine Zeile) regelmäßig in den Besprechungsrunden fortgeschrieben und ebenso wie die Mindmap für alle Schülerinnen und Schüler sichtbar in der Klasse aufgehängt. Nachdem nun alle Regeln und Vorgehensweisen in der Klasse abgesprochen wurden, geht es um die Zusammensetzung der Arbeitsgruppen. Durch Abstimmungen, je nach Interessenschwerpunkt der Kinder, werden nun die Gruppen zusammengesetzt. Es stellt sich heraus, dass es für manche Arbeitsgruppen mehr Interessenten gibt als für andere, jedoch haben sich für jeden Aspekt Kinder gefunden. Die unterschiedlichen Größen der Gruppen haben keine negativen Auswirkungen auf das Projektvorhaben“ (Würtz 2011).

4.4 Didaktische Netze

4.4.1 Didaktisches Netz zum Thema Biogas
(Von Eike-Thea Strodthoff-Schneider)

Bebaute und technisch gestaltete Umwelt ↔ technische Perspektive
- Wie funktioniert eine Biogasanlage? (Versuch: Baue dir eine eigene Biogasanlage)
- Exkursion zu einer Biogasanlage

Kaufen, tauschen, herstellen und handeln ↔ wirtschaftliche Perspektive
- Gewinn für den Betreiber/ Landwirt
- gut gesicherter Absatzpreis auf 20 Jahre laut EEG
- Rohstoffpreise steigen = Nahrungsmittelpreise steigen an
- Tourismus im Dorf könnte eingeschränkt werden (Landschaft verändert sich zum negativen)
- Biogas ist mit Chancen für Landwirte verbunden (Überleben)
- Durch Biogas würde mittelfristig die Versorgungssicherheit deutlich steigen

Mit anderen zusammenleben ↔ soziologische Perspektive
- Flächenkonkurrenz zwischen Landwirten entsteht → Großbauern breiten sich aus, kleinbäuerliche Strukturen sind gefährdet → (Interview mit anderen Landwirten)
- Nutzung der Energie und Wärme
- Veränderung der Lebenswelt meiner Mitmenschen (Interview mit Anwohnern)

BIOGAS

Natürliche Phänomene und Gegebenheiten ↔ naturwissenschaftliche Perspektive
- Fossile Energien sind umweltschädlicher als Biogas
- Umweltverschmutzung durch Abgase, die bei der Ernte der Rohstoffe entstehen
- Gülle wird weiterverwendet
- Maismonokultur entsteht (Maiskrankheiten verbreiten sich) ↔ Umwelt- und Gesundheitsschäden und Wasserverschmutzung durch den extremen Anbau (Düngung)
  (Interview mit dem Landwirt)
- Fossile Energien sind endlich
- Biogas ist unendlich
- es kommt zum Flächenmangel durch Biogas
- brachliegende Flächen könnten wieder Nutzen finden

Räume hier und anderswo ↔ geographische Perspektive
- Nahrungsmittelpreise steigen in allen Ländern an
- Biogas (Energiegewinnung) in anderen Ländern
- Importe aus anderen Ländern, um in Deutschland einen hohen Versorgungsgrad mit Biokraftstoffen erreichen zu können

Wahrnehmen und empfinden, darstellen und gestalten ↔ ästhetische Perspektive
- Erlebnisse mit Biogas
- Gerüche von Biogas
- „Ein Dorf aus Mais“

Wandel im Zusammen-Leben ↔ geschichtliche Perspektive
- Energiegewinnung im Laufe der Zeit
- Entstehung von erneuerbaren Energien
- Wie verändert sich das Leben durch Biogas?
- Wie verändert sich ein Dorf im Laufe der Zeit?

Was ist erlaubt? Was ist gut und richtig ↔ ethische Perspektive
- Umweltverschmutzung
  - Erneuerbare Energiegewinnung
- Umweltbelastung wird verringert durch erneuerbare Energien
- Ist es ethisch zulässig, aus Nahrungsmitteln Kraftstoff/Strom zu gewinnen, wenn gleichzeitig Menschen verhungern?

4.4.2 Didaktisches Netz zum Thema Massentierhaltung

(Von Mallin Schalla)

5 Schlussbemerkungen

Noch gibt es kein einverständliches Konzept von Projekten und Projektunterricht. Doch es gibt noch eine positive Besetzung des Projektbegriffs. Dadurch wird aber auch immer mehr als Projektunterricht bezeichnet, was damit wenig zu tun hat. „Ohne dass man es weiß, wiederholt sich in Deutschland jetzt, was sich in den Vereinigten Staaten sechzig Jahre zuvor ereignet hat: in der Nachfolge von Kilpatrick wird der Projektbegriff oft so weit gefasst, dass er praktisch alles beinhalten kann – vom Apfelweinbrennen über das kreative Schreiben bis zum Überlebenstraining – Voraussetzung ist nur, dass der Lehrer kein 'Planungsmonopol' besitzt“ (Knoll 1993, 62). Meist wird aber auch Unterricht als Projekt bezeichnet, der kaum erkennbar ein gängiges Projektkriterium wie Problemorientierung oder Selbstbestimmung der Lernenden über ihren Lernprozess enthält. So präsentiert Schumacher (1998) unter dem Etikett „Projekt“ einen Unterrichtsvorschlag, bei dem es um eine Geschichte einer kleinen weißen Wolke geht, die über einer Frühlingswiese schwebt und die Ausgrenzung eines Schmetterlings erfährt. Die Autorin schlägt vor, dies als Anknüpfung zu nehmen, wenn in der Klasse Außenseiter sind. Hier wird fälschlicherweise klassischer Literaturunterricht zu einem Thema mit Projektunterricht identifiziert (vgl. Schumacher 1998). Derartige Beispiele anschaulichen fächerübergreifenden Unterrichts oder Unterrichtsideen mit einer Handlungsaufgabe am Schluss sind in der Praxis anleitenden Literatur weit verbreitet (vgl. Post-Lange 1993, Schumacher 1998, Rosenkranz-Hirschhäuser 2005). Sie werden jedoch nicht als handlungsorientierte Unterrichtsbeispiele präsentiert, sondern unter dem Etikett Projektunterricht publiziert. Diese Parallelsetzung mit fächerübergreifendem Unterricht oder handlungsorientiertem Unterricht verwässert die Projektidee. Am häufigsten werden Vorhaben als Projekte veröffentlicht, wie das Beispiel des Vorhabens in einer Berufsschule zum Umbau eines PKW auf Alt-Pflanzenöl (Mathias 2006), dem Gestalten eines Umweltkalenders im 5./6. Schuljahr (Keller 1993) oder das Beispiel einer UNESCO-Projektschule, die ein Projekt zum Umbau der Lüftungsanlagen zur Energieersparnis und Gesundheitsprävention vorstellt (Knapp-Meimberg 2010, 19).

Es gibt sogar schon landesweite Verordnungen bzw. Empfehlungen zur obligatorischen Integration von Projekten in den Unterricht, wie am Beispiel der „Integrierten Förderstufe“ (vgl. Kastner 2008) im Land Sachsen-Anhalt sichtbar wird. „Projektunterricht hat in deutschen Schulen in den letzten Jahren zunehmend einen festen Platz eingenommen und ist an vielen Schulen sogar zu einem Teil des Schulprofils geworden“ (Kastner 2008, 231). Diese wünschenswerte Ausbreitung des Projektunterrichts hat allerdings auch seine Kehrseiten. Das Projekt kann leicht in seinen Ansprüchen ausgedünnt werden und zu einer Pflichtveranstaltung verkommen, weil ja Projektunterricht beispielsweise im Schulprogramm niedergelegt worden ist. Besonders wenn die Orientierung vor allem auf Seiten der Erfüllung von Richtlinienprioritäten liegt, können sich die

Qualitätsansprüche an Projekte reduzieren, wie es sich auch in empirischen Untersuchungen der Projektpraxis an Schulen in Sachsen-Anhalt erwiesen hat: „In der Praxis zeigte sich, dass es umso weniger Projektarbeit im eigentlichen Sinne gab, je mehr die verbindlichen Inhalte fokussiert wurden und umgekehrt. Oder anders formuliert, je systematischer die Lehrer versuchten die ausgelagerten Fachinhalte in den Projekten unterzubringen, umso weniger fand eine gemeinsame Projektentwicklung und –planung statt" (Kastner 2008, 236).

In diesem Buch ist bisher ein sehr anspruchsvolles Konzept von Projekten vertreten worden. Aber die Praxisbeispiele zeigen, dass derartige Ansprüche auch in Schulen umsetzbar sind. Wesentlich ist, dass man das Projekt in seiner Idealform als Ziel setzt, dann kann auch ein praktisch realisierbares Teilziel sinnvoll sein. Wenn das Ziel eines Projekts ist, Atomkraft abschaffen zu wollen, dann ist das Teilziel, zu alternativen Anbietern von Strom zu wechseln (vgl. Rohloff 2011) ein wichtiger Schritt. Damit ist ein Projektansatz auch auf dem Weg zu einem idealen Projekt gegeben. Bei den konkreten Schritten lassen sich Kompromisse mit der Realität schließen, aber nicht bei der Utopie, wie ein Projekt sein sollte. Die Utopie bildet eine Zugkraft, an der man sich orientieren kann und die man dann weiterentwickeln kann. Wenn man aufgibt, wirkliche Projekte in der Schule umzusetzen, hat man auch den Projektgedanken aufgegeben. So werden oft widrige Bedingungen an der Schule als Erklärung oder Ausrede gewählt, um Projekte als zu schwierig zu deklarieren: „Projektunterricht im eigentlichen, anspruchsvollen Sinn wird trotz ministerieller Verordnung in der Grundschule unter den heute bestehenden Bedingungen (Übertrittsdruck, große Klassen, verhaltensauffällige Schüler, Erhöhung des Stundendeputats) keine Zukunft auf breitem Feld haben. Eine Grenze wird deutlich, wenn Lehrer erzählen, es fehle an Kraft, neue Unterrichtsformen auszuprobieren" (Bieberbach/Killermann 2005, 37). Tatsächlich kann aber ein Projekt auch in großen Klassen oder mit Kindern, die sozial-emotionalen Förderbedarf aufweisen, durchgeführt werden.

Gleichwohl ist es noch ein weiter Weg dahin, dass anspruchsvolle Projekte reguläre Bestandteile des schulischen Alltags werden: „Es wäre [...] vermessen, von einem Aufschwung zu sprechen, zumal Projektunterricht oft mit anderen Unterrichtsformen wie handlungsorientiertem Unterricht, offenem Unterricht, Freier Arbeit, Wochenplanarbeit, Stationenlernen oder Epochenunterricht gleichgesetzt wird" (Lang 2009, 571).

Hier wird eine Zweiteilung empfohlen: Unterrichtsschritte auf dem Weg hin zum Projektunterricht und zur Einübung des Projektlernens werden projektorientiert bezeichnet. Das Etikett Projektunterricht wird dagegen nur reserviert für die Projekte, die tatsächlich den in diesem Buch im 2. Kapitel aufgestellten zehn Qualitätsmerkmalen entsprechen. Damit soll für den Projektbegriff nicht die allmähliche Verwässerung erfolgen, wie es beim Reformbegriff erfolgt ist, der jetzt schon fast deckungsgleich mit dem Abbau sozialer Rechte gebraucht wird und ursprünglich innovative Veränderung bedeutet hat.

Der Projektgedanke soll weiterhin lebendig bleiben und durch anspruchsvolle Beispiele umgesetzt werden. Projektunterricht und Demokratisierung müssen zwei Seiten einer Medaille sein und bleiben.

Literaturliste

Becher, Andrea (2009): Die Zeit des Holocaust in Vorstellungen von Grundschulkindern. Eine empirische Untersuchung im Kontext von Holocaust Education. Oldenburg: DIZ-Oldenburger Vordrucke.

Beinke, Lothar (2005): Projektorientierter Unterricht. In: Wirtschaft und Berufserziehung 57 (4), S. 33–35.

Beutel, Wolfgang (2009): Schülerbeteiligung in Projekten. Zum Wechselspiel von Projektlernen, Demokratiepädagogik und Partizipation. In: Pädagogik (Weinheim) 61 (7/8), S. 29–31.

Bieberbach, Monika/Killermann, Wilhelm (2005): Projektunterricht – wirklich sinnvoll? Ergebnisse einer empirischen Untersuchung. In: Grundschulmagazin 73 (2), S. 33–39.

Böcker, Petra (2010): In Projekten lernen. Bewegte Zeit in der ganztägigen Grundschule. In: Grundschule 42 (4), S. 21–23.

Dewey, John (1931): Der Ausweg aus dem pädagogischen Wirrwarr. In: Dewey, John/Kilpatrick, William H. (1935): Der Projekt-Plan. Grundlegung und Praxis. Weimar: Hermann Böhlau, S. 85–101.

Diem-Wille, Gertraud (1982): Die Lehrer-Schüler-Relation im Projektunterricht. In: Erziehung & Unterricht 132 (6), S. 470–478.

Duden (2001): Das Fremdwörterbuch. 7. neu bearb. und erw. Auflage. Mannheim: Dudenverlag.

Duncker, Ludwig/Götz, Bernd (1984): Projektunterricht als Beitrag zur inneren Schulreform. Langenau-Ulm: Vaas Armin Verlag.

Duncker, Ludwig (2004): Projekte im Sachunterricht. Didaktische Etüden für Schüler und Lehrer. In: Duncker, Ludwig/Popp, Walter (Hrsg.): Kind und Sache. Zur pädagogischen Grundlegung des Sachunterrichts. 4. Auflage. München und Weinheim: Juventa Verlag, S. 145–160.

Emer, Wolfgang/Lenzen, Klaus-Dieter (1997): Methoden des Projektunterrichts. In: Bastian, Johannes/Gudjons, Herbert/Schnack, Jochen/Speth, Martin (Hrsg.): Theorie des Projektunterrichts. Hamburg: Bergmann & Helbig, S. 213–229.

Emer, Wolfgang/Lenzen, Klaus-Dieter (2005): Projektunterricht gestalten – Schule verändern: Projektunterricht als Beitrag zur Schulentwicklung. Basiswissen Pädagogik Bd. 6. 2. Auflage. Baltmannsweiler: Schneider Verlag Hohengehren.

Emer, Wolfgang/Lenzen, Klaus-Dieter (2008): Projekteigene und projektnahe Methoden im Überblick. Methodenlernen als Zugang zum Projektunterricht. In: Pädagogik (Weinheim) 60 (1), S. 16–19.

Emer, Wolfgang/Rengstorf, Felix (2008): Projektmethodik I: Planung. In: Pädagogik (Weinheim) 60 (1), S. 20–23.

Emer, Wolfgang/Lenzen, Klaus-Dieter (2009): Projektunterricht gestalten – Schule verändern: Projektunterricht als Beitrag zur Schulentwicklung. Basiswissen Pädagogik Bd. 6. 3. korrig. Auflage. Baltmannsweiler: Schneider Verlag Hohengehren.

Faust-Siehl, Gabriele/Ramseger, Jörg et al. (2001): Die Zukunft beginnt in der Grundschule. Empfehlungen zur Neugestaltung der Primarstufe. 4. Auflage. Reinbek: Rowohlt.

Fournés, Angelika (2005): Bäume als Inspiration. Zur Bedeutung pädagogischer Leitvorstellungen John Deweys für den Sachunterricht. In: Grundschulunterricht 52 (10), S. 39–43.

Frey, Karl (1982): Die Projektmethode. Weinheim und Basel: Beltz.

Frey, Karl (2002): Die Projektmethode. 9. überarb. Auflage. Weinheim und Basel: Beltz.

Frey, Karl (2005): Die Projektmethode. 10. überarb. Auflage. Weinheim und Basel: Beltz.

Gaudig, Hugo (1917): Die Schule im Dienste der werdenden Persönlichkeit. Bd. 1. Leipzig: Quelle und Meyer.

Geist, Sabine (2009): Leistungsbegleitung und -bewertung im Projektunterricht. „Überlegt, welchen Weg ihr nehmt!". In: Pädagogik (Weinheim) 61 (6), S. 14–17.

Goetsch, Karlheinz (2008): Eine Vertretung für das Lernen in Projekten. Der Verein für Projektdidaktik. In: Pädagogik (Weinheim) 60 (1), S. 34–35.

Goetze-Emer, Brigitte / Klaus, Eva / Walluks, Dagmar / Ziebell-Schrank, Christiane (2000): Projektunterricht in altersgemischten Lern-Gruppen. Baltmannsweiler: Schneider Verlag Hohengehren.

Gudjons, Herbert (1989): Handlungsorientiert Lehren und Lernen. Projektunterricht und Schüleraktivität. Bad Heilbrunn: Klinkhardt.

Gudjons, Herbert (1994): Was ist Projektunterricht? In: Bastian, Johannes / Gudjons, Herbert (Hrsg.): Das Projektbuch Bd. 1: Theorie-Praxisbeispiele-Erfahrungen. 4. Auflage. Hamburg: Bergmann & Helbig, S. 14–27.

Gudjons, Herbert (1998): Eine Projektskizze anfertigen. In: Bastian, Johannes / Gudjons, Herbert (Hrsg.): Das Projektbuch Bd. 2: Über die Projektwoche hinaus – Projektlernen im Fachunterricht. Hamburg: Bergmann & Helbig, S. 253–156.

Gudjons, Herbert (2005): Lernen in Projekten. Schritte und Merkmale einer besonderen Unterrichtsform. In: Musik und Unterricht (79), S. 4–9.

Gudjons, Herbert (2008): Handlungsorientiert lehren und lernen. Schüleraktivierung. Selbsttätigkeit. Projektarbeit. 7. aktual. Auflage. Bad Heilbrunn: Klinkhardt.

Gudjons, Herbert (2008b): Projektunterricht. Ein Thema zwischen Ignoranz und Inflation. In: Pädagogik (Weinheim) 60 (1), S. 6–10.

Hänsel, Dagmar (1986) (Hrsg.): Das Projektbuch Grundschule. Weinheim: Beltz.

Hänsel, Dagmar (1997): Projektmethode und Projektunterricht. In: Hänsel, Dagmar (Hrsg.): Projektunterricht. Weinheim und Basel: Beltz, S. 54–93.

Hänsel, Dagmar (1999): Projektunterricht, ein praxisorientiertes Handbuch. 2. neu ausgest. Auflage. Weinheim und Basel: Beltz.

Heimlich, Ulrich (1992): Gemeinsam lernen in Projekten. Bausteine für eine integrationsfähige Schule. Bad Heilbrunn: Klinkhardt.

Henke-Bockschatz, Gerhard (2010): Piraten. In: Geschichte lernen 23 (138), S. 2–5.

Heusler, Martin / Xylander, Birgit (2008): Projektunterricht: eine Säule im Schulkonzept. In: Pädagogik (Weinheim) 60 (1), S. 12–15.

Jäger, Otto (1998): Projektwoche. Möglichkeiten für eine humane Schule und Gesellschaft. Neuwied: Luchterhand.

Jessen, Silke (2011): Schüler im Projektunterricht beraten. Welche spezifische Beratung brauchen die unterschiedlichen Projektphasen? In: Pädagogik (Weinheim) 63 (2), S. 26–29.

Kahlert, Joachim (2002): Der Sachunterricht und seine Didaktik. Bad Heilbrunn: Klinkhardt.

Kahlert, Joachim (2005): Der Sachunterricht und seine Didaktik. 2. überarb. Auflage. Bad Heilbrunn: Klinkhardt.

Kaiser, Astrid (1999): Anders lehren lernen. Ein Übungskurs für emotional fundierte Lehrkompetenz. Baltmannsweiler: Schneider Verlag Hohengehren.

Kaiser, Astrid (2004a): Schlüsselprobleme und umfassende Allgemeinbildung? In: Kaiser, Astrid/Pech, Detlef (Hrsg.): Basiswissen Sachunterricht Bd. 6. Die Welt als Ausgangspunkt des Sachunterrichts. Baltmannsweiler: Schneider Verlag Hohengehren, S. 70–80.

Kaiser, Astrid (2004b): Kommunikativer Sachunterricht. In: Kaiser, Astrid/Pech, Detlef (Hrsg.): Basiswissen Sachunterricht Bd. 2. Neuere Konzeptionen und Zielsetzungen im Sachunterricht. Baltmannsweiler: Schneider Verlag Hohengehren, S. 48–57.

Kaiser, Astrid/Pfeiffer, Silke (2007): Grundschulpädagogik in Modulen. Baltmannsweiler: Schneider Verlag Hohengehren.

Kaiser, Astrid (2007): Möglichkeiten und Grenzen der Messung von naturwissenschaftlichen Kompetenzen im Sachunterricht. In: Lauterbach, Roland/Hartinger, Andreas/Feige, Bernd/Cech, Diethard (Hrsg.): Kompetenzerwerb im Sachunterricht fördern und erfassen. Bad Heilbrunn: Klinkhardt, S. 173–181.

Kaiser, Astrid (2008): Neue Einführung in die Didaktik des Sachunterrichts. 2. Auflage. Baltmannsweiler: Schneider Verlag Hohengehren.

Kaiser, Astrid (2008b): Menschenbildung in Katastrophenzeiten. Baltmannsweiler: Schneider Verlag Hohengehren.

Kaiser, Astrid (2009): Sachunterrichtsbildung in England und Deutschland – ein kritischer Vergleich. In: Röhner, Charlotte/Henrichwark, Claudia/Hopf, Michaela (Hrsg.): Europäisierung der Bildung. Jahrbuch Grundschulforschung. Wiesbaden: VS Verlag für Sozialwissenschaften, S. 189–193.

Kaiser, Astrid/Albers, Stine (2010): Lernen durch Lernaufgaben im Sachunterricht. Eine kritische Schulbuchanalyse. Oldenburg: DIZ-Oldenburger Vordrucke.

Kaiser, Astrid (2010): 1000 Rituale für die Grundschule. 7. Auflage. Baltmannsweiler: Schneider Verlag Hohengehren.

Kaiser, Astrid/Lüschen, Iris/Reimer, Monika (2011): Erneuerbare Energien in der Grundschule. Bd. 2. Windenergie, Wasserenergie, Energie aus Biomasse. Baltmannsweiler: Schneider Verlag Hohengehren.

Kastner, Heiko (2008): „Pflichtprojekte" – Projektunterricht im Spannungsverhältnis zur Institution Schule. In: Breidenstein, Georg/Schütze, Fritz (Hrsg.): Paradoxien in der Reform der Schule. Ergebnisse qualitativer Sozialforschung. Wiesbaden: VS Verlag für Sozialwissenschaften, S. 231–245.

Keller, Barbara (1993): Beschreibung der Projektarbeit: Wir gestalten einen Umweltkalender. In: Stieren, Bruno (Hrsg.): Offener Unterricht im 5./6. Schuljahr. München: Oldenbourg, S. 85–92.

Kerncurriculum Sachunterricht (2006): Herausgegeben vom Niedersächsischen Kultusministerium. Hannover: Unidruck.

Kilpatrick, William H. (1935): Die Projekt-Methode. Die Anwendung des zweckvollen Handelns im pädagogischen Prozeß. In: Dewey, John/Kilpatrick, William H.: Der Projektplan. Grundlegung und Praxis. Weimar: Hermann Böhlau, S. 161–179.

Klafki, Wolfgang (1993): Zum Bildungsauftrag des Sachunterrichts in der Grundschule. In: Grundschulunterricht 40 (1), S. 3–6.

Klafki, Wolfgang (1996): Neue Studien zur Bildungstheorie und Didaktik. Zeitgemäße Allgemeinbildung und kritisch-konstruktive Didaktik. 4. Auflage. Weinheim: Beltz.

Klafki, Wolfgang (2005): Allgemeinbildung in der Grundschule und der Bildungsauftrag des Sachunterrichts. In: http://www.widerstreit-sachunterricht.de; Ausgabe Nr. 4/März 2005, Abruf: 22.6.2011.

Knapp-Meimberg, Margrit (2010): Nachhaltigkeit lernen und leben. Von der Umweltwoche zur systematischen Umweltarbeit. In: Pädagogik (Weinheim) 62 (4), S. 18–23.

Knoll, Michael (1993): Dreihundert Jahre Lernen am Projekt. Zur Revision unseres Geschichtsbildes. In: Pädagogik (Weinheim) 45 (7–8), S. 58–63.

Knoll, Michael (2011): Dewey, Kilpatrick und „progressive" Erziehung. Kritische Studien zur Projektpädagogik. Bad Heilbrunn: Klinkhardt.

König, Eckard (2006): Neun Regeln für erfolgreiches Projektmanagement. Projekte als Instrumente erfolgreicher Schulentwicklung. In: Pädagogische Führung 17 (2), S. 93–96.

Lang, Charlotte (2009): Projektunterricht – was ist das? In: Erziehung & Unterricht 159 (5–6), S. 570–579.

Lange, Dirk (2008): Projektorientiertes Lernen. In: Kaiser, Astrid/Pech, Detlef (Hrsg.): Basiswissen Sachunterricht Bd. 2. Neuere Konzeptionen und Zielsetzungen im Sachunterricht. 2. Auflage. Baltmannsweiler: Schneider Verlag Hohengehren, S. 111–116.

Lohrmann, Kathrin (2008): Langeweile im Unterricht. Münster: Waxmann Verlag.

Mathias, Harald (2006): Unterrichtsprojekt: Umbau eines PKW auf Alt-Pflanzenöl („Frittenfett"). In: Zeitschrift für Berufs- und Wirtschaftspädagogik 102 (1), S. 74–80.

Menger, Julia (2010): Lastentransport mit einfachen mechanischen Maschinen: didaktische Rekonstruktion als Beitrag zum technischen Sachunterricht in der Grundschule. Oldenburg: DIZ-Oldenburger Vordrucke.

Meyer, Hilbert (1987): Unterrichtsmethoden I: Theorieband. Frankfurt am Main: Cornelsen-Scriptor.

Meyer, Hilbert (2004): Was ist guter Unterricht? Berlin: Cornelsen-Scriptor.

Meyer, Hilbert/Meyer, Meinert (2007): Wolfgang Klafki. Eine Didaktik für das 21. Jahrhundert? Weinheim und Basel: Beltz.

Pech, Detlef/Rauterberg, Marcus (2008): Auf den Umgang kommt es an. „Umgangsweisen" als Ausgangspunkt einer Strukturierung des Sachunterrichts – Skizze der Entwicklung eines „Bildungsrahmens Sachlernen". In: www.widerstreit-sachunterricht.de; Beiheft 5 , Abruf: 22.6.2011.

Pech, Detlef/Kaiser, Astrid (2008): Problem und Welt. Ein Bildungsverständnis und seine Bedeutung für den Sachunterricht. In: Pech, Detlef/Kaiser, Astrid (Hrsg.): Basiswissen Sachunterricht Bd. 6. Die Welt als Ausgangspunkt des Sachunterrichts. 2. Auflage. Baltmannsweiler: Schneider Verlag Hohengehren, S. 3–25.

Pech, Detlef/Kaiser, Astrid (2008a): Lernen lernen? Grundlagen für den Sachunterricht. In: Kaiser, Astrid/Pech, Detlef (Hrsg.): Lernvoraussetzungen und Lernen im Sachunterricht. 2. Auflage. Baltmannsweiler: Schneider Verlag Hohengehren, S. 3–29.

Pietsch, Elisabeth (2009): Der Projektgedanke im Geschichtsunterricht. München und Ravensburg: Grin Verlag.

Post-Lange, Eva (1993): Beispiel für einen fächerübergreifenden, projektorientierten Unterricht: „Nachbar Natur". In: Stieren, Bruno (Hrsg.): Offener Unterricht im 5./6. Schuljahr. München: Oldenbourg, S. 18–20.

Ramseger, Jörg (2004): Welterkundung. In: Kaiser, Astrid/Pech, Detlef (Hrsg.): Basiswissen Sachunterricht Bd. 6. Die Welt als Ausgangspunkt des Sachunterrichts. Baltmannsweiler: Schneider Verlag Hohengehren, S. 54–63.

Reichwein, Adolf (1993): Schaffendes Schulvolk – Film in der Schule. Die Tiefenseer Schulschriften – Kommentierte Neuausgabe. Weinheim u. a.: Beltz.

Reinhardt, Claus (2007): Erarbeitung eines Produkts als Methode des Unterrichts. Versuchsstudie zur Effizienz modularer kleiner Projekte im Unterricht. In: Wirtschaft und Erziehung 59 (3), S. 93–98.

Rosenkranz-Hirschhäuser, Sylvia (2005): Wir stellen eine Umweltzeitung und Müllmonster her. Ein fächerübergreifendes Projekt. In: Grundschulunterricht 52 (4), S. 43–45.

Schneider, Karin (2005): Projektlernen. In: Praxis der Naturwissenschaften – Biologie in der Schule 54 (2), S. 35–38.

Schomaker, Claudia (2007): Didaktische Relevanz ästhetischer Zugangsweisen im Sachunterricht für alle Kinder. Oldenburg: BIS-Verlag.

Schumacher, Eva (1998): Handlungsorientierung in der Grundschule. Ein Frühlingsprojekt. In: Grundschulmagazin 13 (3), S. 4–6.

Seitz, Simone (2005): Lehr-Lernforschung für inklusiven Sachunterricht . Oldenburg: DIZ-Oldenburger Vordrucke.

Steinhart, Annelore (2010): Die Projektmethode – Herausforderung oder lästiges Übel? In: Erziehungswissenschaft und Beruf 58 (1), S. 51–61.

Traub, Silke (2011): Selbstgesteuert lernen im Projekt? Anspruch an Projektunterricht und dessen Bewertung aus Sicht von Lehrenden und Lernenden. In: Zeitschrift für Pädagogik 57 (1), S. 93–113.

Vaupel, Dieter (2008): Projektmethodik II: Durchführung. Struktur geben und den Lernenden Verantwortung übertragen. In: Pädagogik (Weinheim) 60 (1), S. 24–27.

Walter, Günter (2008): Projekte. In: Kaiser, Astrid (Hrsg.): Lexikon Sachunterricht. 4. unveränd. Auflage. Baltmannsweiler: Schneider Verlag Hohengehren, S. 163.

Wasmann-Frahm, Astrid (2008): Lernwirksamkeit von Projektunterricht. Baltmannsweiler: Schneider Verlag Hohengehren.

Winter, Felix (2011): Leistungsbewertung – Eine neue Lernkultur braucht einen anderen Umgang mit den Leistungen der Schüler. Grundlagen der Schulpädagogik. Bd. 49. 4. Auflage. Baltmannsweiler: Schneider Verlag Hohengehren.

Wulfmeyer, Meike (2004): Ökonomische Bildung in Zeiten von Globalisierung. In: Kaiser, Astrid/Pech, Detlef (Hrsg.): Basiswissen Sachunterricht Bd. 6. Die Welt als Ausgangspunkt des Sachunterrichts. Baltmannsweiler: Schneider Verlag Hohengehren, S. 125–131.

Wöll, Gerhard (2011): Handeln: Lernen durch Erfahrung. 3. korrigierte Auflage. Baltmannsweiler: Schneider Verlag Hohengehren

Wulfmeyer, Meike (2005): Ökonomie mit Kindern – Ein Konzept zum handlungsorientierten Lernen in der Grundschule. In: http://www.widerstreit-sachunterricht.de; Ausgabe Nr. 4/März 2005, Abruf: 4.2.2011.

Zipf, Jürgen (2004): Medien als neue Dimension des Weltzugangs. In: Kaiser, Astrid/Pech, Detlef (Hrsg.): Basiswissen Sachunterricht Bd. 4. Lernvoraussetzungen und Lernen im Sachunterricht. Baltmannsweiler: Schneider Verlag Hohengehren, S. 94–103.

Verzeichnis der verwendeten unveröffentlichten Projektberichte

Albers, Wiebke (2010): JadeWeserPort. unveröff. Ms., Oldenburg.

Beeskow, Lina Lea (2011): „Naturkatastrophe in Japan, wir wollen helfen!“ unveröff. Ms., Oldenburg.

Blatt, Lukas (2011): Das Problem der Neonazis in Verden. unveröff. Ms., Oldenburg.

Brüggemann, Marlen (2010): Schokolade – warum hat sie so verschiedene Preise? unveröff. Ms., Oldenburg.

De Groot, Svenja (2010): Verkehrsprobleme vor der Schule. unveröff. Ms., Oldenburg.

Goblet, Anne Marleen Julie (2010): Die Südumgehung in Göttingen. unveröff. Ms., Oldenburg.

Goetz, Nadine (2010): Kaugummis auf dem Schulgelände. unveröff. Ms., Oldenburg.

Groen, Kristina (2011): „Wir wollen eine Streuobstwiese!“ unveröff. Ms., Oldenburg.

Grube, Franziska (2010): Atomkraft – nein danke? unveröff. Ms., Oldenburg.

Grünker, Yvonne (2010): Essgewohnheiten in verschiedenen Ländern als Ausgangspunkt für interkulturelles Lernen. unveröff. Ms., Oldenburg.

Hänßler, Julia (2011): Abschiebung. unveröff. Ms., Oldenburg.

Heitz, Melanie (2011): Gedenken an Holocaust in Leer. unveröff. Ms., Oldenburg.

Janssen, Mareike (2010): Amphibienwanderung in Ofenerdiek. unveröff. Ms., Oldenburg.

Karnowsky, Stefanie (2011): „Pallas-Unglück“. unveröff. Ms., Oldenburg.

Kaufeld, Dorothea (2011): Sind Müllsammelaktionen sinnvoll? unveröff. Ms., Oldenburg.

Knips, Caroline (2011): Wasserverschmutzung durch landwirtschaftliche Betriebe. unveröff. Ms., Oldenburg.

Knorr-Hahnenfeld, Carolin (2011): Wir retten den Tante-Emma-Laden. unveröff. Ms., Oldenburg.

Mensching, Sabrina (2011): Blutbuchen im Neubaugebiet. unveröff. Ms., Oldenburg.

Müller, Alexandra (2011): Castortransport im Wendland. unveröff. Ms., Oldenburg.

Neumann, Carina (2011): Fluglärm. Der Flughafen „Berlin Brandenburg International“. unveröff. Ms., Oldenburg.

Poelmann, Marlen (2010): Verkehrssicherheit im Bereich der Grundschule. unveröff. Ms., Oldenburg.

Post, Marlene Kaja (2011): Der Streitfall um den Bau der „Oldenburger Schlosshöfe“. unveröff. Ms., Oldenburg.

Preukschas, Anika (2011): Projekt: Ganztagsschule. unveröff. Ms., Oldenburg.

Raabe, Solveigh (2010): Erdbeben in Haiti. unveröff. Ms., Oldenburg.

Rohloff, Hauke (2011): Atomkraft. Ein Projekt in der Grundschule. unveröff. Ms., Oldenburg.

Schalla, Malin (2011): Massentierhaltung. unveröff. Ms., Oldenburg.

Schlobohm, Svenja (2011): Einführung einer verkehrsberuhigten Zone im Umfeld unserer Schule. unveröff. Ms., Oldenburg.

Spekker, Petra Frauke (2010): Geplanter Stellenabbau im Volkswagenwerk Emden. unveröff. Ms., Oldenburg.

Strodthoff-Schneider, Eike-Thea (2011): Sportplatz oder Biogasanlage? unveröff. Ms., Oldenburg.

Würtz, Carolin (2011): Wir erstellen eine Schülerzeitung zum geplanten Bau der A20. unveröff. Ms., Oldenburg.

Literaturliste zu Projektinhalten

Abschiebung

Heinold, Hubert (2003): Recht für Flüchtlinge. Ein Leitfaden durch das Asyl- und Ausländerrecht für die Praxis. Frankfurt a.M.: Loeper Literaturverlag.

Atomkraft / Castortransport

Giest, Hartmut (2004): Die Umweltfrage als epochaltypische Schlüsselfrage. In: Kaiser, Astrid/Pech, Detlef (Hrsg.): Basiswissen Sachunterricht Bd. 6. Die Welt als Ausgangspunkt des Sachunterrichts. Baltmannsweiler: Schneider Verlag Hohengehren, S. 90–96.

Hocke, Peter/Grunwald, Armin (2006): Wohin mit dem radioaktiven Abfall? – Perspektiven für eine sozialwissenschaftliche Endlagerforschung. Berlin: Ed. Sigma.

Müller, Michael (1999): Der Ausstieg ist möglich. Eine sichere Energieversorgung ohne Atomkraft. Bonn: Dietz Verlag.

Muller, Richard (2009): Physik für alle die mitreden wollen. Über Atomkraft, schmutzige Bomben, Weltraumforschung, Solarenergie und die globale Erwärmung. Köln: Fackelträger Verlag.

Rubner, Jeanne (2007): Das Energiedilemma. Warum wir über Atomkraft neu nachdenken müssen. München: Pantheon Verlag.

Spahn-Skrotzki, Gudrun (2010): Bildung zur Verantwortung gegenüber dem Leben. Fächerübergreifender Unterricht als Weg zu verantwortlichem Handeln im ökologischen und bioethischen Kontext. Kempten: Klinkhardt.

Biogas

Bundesministerium für Umwelt, Naturschutz und Reaktorsicherung (2010) (Hrsg.): Bildungsmaterial für die Grundschule – Erneuerbare Energien. Handreichung für Lehrkräfte. Berlin: Conrad.

Lahl, Uwe (2009): Ölwechsel – Biokraftstoff und nachhaltige Mobilität. Berlin: Rhombos Verlag.

Landesinstitut für Schule und Weiterbildung (1997): Mehodensammlung. Anregung und Beispiele für die Moderation. Bönen: Druck Verlag Kettler.

Erdbeben/Tsunami

Brückner, Helmut/Brill, Dominik (2009): Der Tsunami von 2004: fünf Jahre danach. In: Geographische Rundschau 61 (12), S. 4–10.

Domres, Bernd/Reichert, Christian/Schneider, Götz/Smolka, Anselm/Zschau, Jochen (2001): Erdbeben. In: Merz, Bruno/Plate, Erich J. (Hrsg.): Naturkatastrophen. Ursachen – Auswirkungen – Vorsorge. Stuttgart: Schweizbart, S. 47–82.

Engel, Max/Kelletat, Dieter/Scheffers, Anja (2009): Die Entwicklung der Tsunamiforschung nach der Katastrophe vom 26. Dezember 2004. In: Geographische Rundschau 61 (12), S. 12–18.

Hidajat, Ria (2006): Wie entsteht eine Naturkatastrophe? In: Praxis Geographie 36 (12), S. 4–6.

Kopp, Heidrun/Weinrebe, Wilhelm (2009): Ursachen von Tsunamis: ein Überblick. In: Geographische Rundschau 61 (12), S. 20–27.

Müller, Manfred J. (2000): Naturkatastrophen als geophysikalische Vorgänge. In: Geographie heute 21 (183), S. 2–9.

Fluglärm

Bundeszentrale für gesundheitliche Aufklärung (2006a): Lärm und Gesundheit. Köln: Bundesministerium für Gesundheit.

Bundeszentrale für gesundheitliche Aufklärung (2006b): Zu viel für die Ohren. Vom schützenden Umgang mit Lärm. Köln: Bundesministerium für Gesundheit.

Kloepfer, Michael (2006): Leben im Lärm? Risikobeurteilung und Regulation des Umgebungslärms im Verkehrsbereich. Berlin u. a.: Springer Verlag.

Holocaust

Adorno, Theodor W. (1970): Erziehung zur Mündigkeit. In: Kadelbach, Gerd (Hrsg.): Erziehung zur Mündigkeit. Frankfurt am Main: Suhrkamp Verlag.

Becher, Andrea (2006): – eingesammelt – Ein Unterrichtsprojekt zum „Lernen an Biographien“ im Sachunterricht der Grundschule. In: Pech, Detlef/Rauterberg, Marcus/Stoklas, Katharina (Hrsg.): Möglichkeiten und Relevanz der Auseinandersetzung mit dem Holocaust im Sachunterricht der Grundschule. In: http://www.widerstreit-sachunterricht.de; Beiheft 3, Abruf: 22.6.2011, S. 17–34.

Becher, Andrea (2008): Holocaust und Nationalsozialismus im Sachunterricht thematisieren. Konsequenzen aus einer qualitativ-empirischen Studie zu Vorstellungen von Kindern. In: http://www.widerstreit-sachunterricht.de; Ausgabe Nr. 11/Oktober 2008, Abruf:14.2.2011.

Beck, Gertrud (1998): Der Holocaust als Thema für die Grundschule. In: Moysich, Jürgen/Heyl, Matthias (Hrsg.): Der Holocaust. Ein Thema für Kindergarten und Grundschule? Hamburg: Reinhold Krämer Verlag, S. 110–119.

Dagan, Batsheva (1998): Wie können wir Kindern helfen, über den Holocaust zu lernen? Ein psychologisch-pädagogischer Zugang. Warum, was, wie und wann? In: Moysisch, Jürgen/Heyl, Matthias (Hrsg.): Der Holocaust. Ein Thema für Kindergarten und Grundschule? Hamburg: Reinhold Krämer Verlag, S. 36–53.

Eimers, Enno (1993): Kleine Geschichte der Stadt Leer. Leer: Verlag Schuster.

Hempel, Marlies (2004): Krieg und Frieden. Ein Schlüsselthema im Sachunterricht. In: Kaiser, Astrid/Pech, Detlef (Hrsg.): Basiswissen Sachunterricht Bd. 6. Die Welt als Ausgangspunkt des Sachunterrichts. Baltmannsweiler: Schneider Verlag Hohengehren, S. 82–89.

Hensmann, Menna (2008): Een Markt tho Lehr up Galli. 500 Jahre Markt- und Stadtgeschichte. Stadt Leer (Hrsg.). Leer: Rautenberg Druck.

Kramer, Margarete (2008): Der Gallimarkt in Leer. Ein Gang durch seine Geschichte. Oldenburg: Isensee Verlag.

Pech, Detlef (2004): Lernen in Konfrontation mit dem Grauen? Zur Auseinandersetzung mit dem Holocaust in der Grundschule. In: Kaiser, Astrid/Pech, Detlef (Hrsg.): Basiswissen Sachunterricht Bd. 6. Die Welt als Ausgangspunkt des Sachunterrichts. Baltmannsweiler: Schneider Verlag Hohengehren, S. 145–151.

Pech, Detlef/Becher, Andrea (2005): Holocaust Education als Beitrag zur Gesellschaftlichen Bildung in der Grundschule. In: Cech, Diethard/Giest, Hartmut (Hrsg.): Sachunterricht in Praxis und Forschung – Erwartungen an die Didaktik des Sachunterrichts. Bad Heilbrunn: Klinkhardt, S. 87–102.

Krötenwanderung

Klingenberg, Konstantin (2007): Nachts sind alle Kröten grau – Arbeitsmaterialien zu Amphibien und ihren Lebensräumen. In: Praxis der Naturwissenschaften – Biologie in der Schule 56 (3), S. 32–36.

Müll

Baumeister, Ute (2004): Mein Müll, dein Müll, unser Müll. Ein Beitrag zur elementaren Umwelterziehung. In: Förderschulmagazin (5), S. 19–22.

Fromme, Stefan/Grafe-Bunzenthal, Angelika/Kaiser, Sabine (1999): Erarbeitung und Umsetzung eines Müllkonzeptes. In: Grundschule 31 (2), S. 36/38–39.

Heyer, Iris (2002): Lernen im Recycling-Informations-Zentrum. Ein Lernort für das Thema Müll/Abfall/Recycling. In: Schulmagazin 5 bis 10, 70 (2), S. 8–11.

Jörgens, Helge/Jörgensen, Kirsten (2000): Von der Abfallbeseitigung zur Kreislaufwirtschaft. Abfallpolitik in der Bundesrepublik Deutschland. In: Geographische Rundschau 52 (6), S. 4–8.

Müller, Georgine (2000): Aktion „Saubere Schule". Projektorientierter Unterricht zum Thema Müll. In: Schulmagazin 5 bis 10, 68 (4), S. 41–44.

Scheuer, Rupert (2007): Kunststoffe – Die wahren Verpackungskünstler. In: Grundschulunterricht 54 (10, Sonderheft), S. 7–16.

Verkehr

Spitta, Philipp (2005): Praxisbuch Mobilitätserziehung. Unterrichtsideen, Projekte und Material für die Grundschule. Baltmannsweiler: Schneider Verlag Hohengehren.

Vonolfen, Wilhelm (1954): Der Verkehrsunterricht. Handbuch für Erzieher. Dortmund: Verkehrs- und Wirtschaftsverlag

Wasserverschmutzung

Klöpffler, Walter/Grahl, Birgit (2009): Ökobilanz (LCA). Ein Leitfaden für Ausbildung und Beruf. Weinheim: Wiley-VCH Verlag.

Miram, Wolfgang/Scharf, Karl-Heinz (1997) (Hrsg.): Biologie heute SII. Ein Lehr- und Arbeitsbuch. Hannover: Schroedel Verlag.

Internetadressen für Lehrpersonen zur Sachrecherche

zusammengestellt von:

Wiebke Albers, Lina Lea Beeskow, Lukas Blatt, Marlen Brüggemann, Anne Marleen Julie Goblet, Nadine Goetz, Kristina Groen, Svenja de Groot, Franziska Grube, Yvonne Grünker, Julia Hänßler, Melanie Heitz, Mareike Janssen, Astrid Kaiser, Stefanie Karnowsky, Dorothea Kaufeld, Caroline Knips, Carolin Knorr-Hahnenfeld. Sabrina Mensching, Alexandra Müller, Carina Neumann, Marlen Poelmann, Marlene Kaja Post, Anika Preukschas, Hauke Rohloff, Malin Schalla, Svenja Schlobohm, Melanie Simon, Petra Frauke Spekker, Eike-Thea Strodthoff-Schneider, Carolin Würtz

Abschiebung

http://www.rechtslexikon-online.de/Abschiebung.html (Abruf: 18.7.2011)

http://www.aktivgegenabschiebung.de/abschiebung/ (Abruf: 18.7.2011)

http://www.aktivgegenabschiebung.de/wer-traegt-die-kosten-der-abschiebung/ (Abruf: 18.7.2011)

http://www.aktivgegenabschiebung.de/abschiebungsrelevante-gruende-des-auswaertigen-amtes/ (Abruf: 18.7.2011)

http://www.geblieben.net/infoschulen/Hier_geblieben.pdf (Abruf: 18.7.2011)

http://www.aufenthaltstitel.de/stichwort/abschiebung.html (Abruf: 18.7.2011)

http://www.aufenthaltstitel.de/auslg.html#49 (Abruf: 18.7.2011)

http://www.bundesrecht.juris.de/aufenthg_2004/ (Abruf: 18.7.2011)

Amphibienschutz

NABU Oldenburg (2010): Amphibienschutz im Oldenburger Land. Unter: http://www.nabu-oldenburg.de/wasser/n_amphibien.php (Abruf: 15.3.2010)

WWF (2006): Hintergrundinformation. Arten am Abgrund. Unter: http://www.wwf.de/fileadmin/fm-wwf/pdf_neu/HG_Arten_am_Abgrund_12_06.pdf (Abruf: 18.3.2010)

Armut

Krammberg, Sarah (2007): BWL: Fixe und variable Kosten: Wo liegt der Unterschied? Unter: http://www.sekada-daily.de/aktuelles/tipp/bwl-fixe-und-variable-kosten-wo-liegt-der-unterschied.html (Abruf: 5.2.2010)

Mingenbach, Hans-Michael/Dreyer, Manfred (2003): Kinder- und Jugendarmut in Deutschland. „Ohne Moos nix los." Unter: http://www.jugendrotkreuz.de/service/materialien/#c1170 (Abruf: 10.3.2010)

Atomkraft

Greenpeace e.V. (2004): Wie funktioniert ein AKW? Unter: http://www.greenpeace.de/themen/atomkraft/atomkraftwerke/artikel/wie_funktioniert_ein_akw/ (Abruf: 30.03.2011)

http://www.kernenergie.ch/de/akw-technik.html (Abruf: 17.6.2011)

Norddeutscher Rundfunk (2011): Hintergrund. Wenn der Reaktorkern schmilzt. Unter: http://www.tagesschau.de/ausland/kernschmelze102.html (Abruf: 30.03.2011)

NTV Nachrichtenfernsehen GmbH (2011): Von Atomen, Wasserdampf und Strom. Wie funktioniert ein AKW? Unter: http://www.n-tv.de/mediathek/bilderserien/wissen/Wie-funktioniert-ein-AKW-article2846626.html (Abruf: 30.03.2011)

Südwestrundfunk/ Westdeutscher Rundfunk (2011): Planet Schule – Kernkraftwerk Spezial. Unter: http://www.planet-schule.de/sf/spezial/spezial_kernkraft.php (Abruf: 30.03.2011)

Tagesschau (2011): Kernschmelze in Fukushima. Unter: http://www.tagesschau.de/ausland/fukushima126.html (Abruf: 29.6.2011)

Umweltbundesamt (2008): Kraftwerke in Deutschland mit einer elektrischen Brutto-Leistung ab 100 MW nach Energieerträgen. Unter: http://www.udo-leuschner.de/energie-chronik/080407d2.htm (Abruf: 30.03.2011)

Autobahnbau der Küstenautobahn A20

http://www.a22-nie.de (Abruf: 3.3.2011)

http://www.a22-jetzt.de/a22_information/waruma22.html (Abruf: 18.7.2011)

http://www.pro-a22.com (Abruf: 3.3.2011)

http://www.strassenbau.niedersachsen.de/live/live.php?navigation_id=21139&article_id=78526&_psmand=135 (Abruf: 3.3.2011)

http://de.wikipedia.org/wiki/Bundesautobahn_22 (Abruf: 3.3.2011)

Castortransport

Libuda, Chris (2010): Sichere Sache oder gefährliche Irrwege? Unter: http://www.tagesschau.de/inland/atomkraft204.html (Abruf: 10.2.2011)

Robin Wood (2011a): Statt längere Laufzeiten – früher abschalten! Unter: http://www.robinwood.de/Laufzeiten.187.0.html (Abruf 5.3.2011)

Robin Wood (2011b): Gorleben – als Atommüll–Lager nicht geeignet. Unter: http://www.robinwood.de/Gorleben.155.0.html (Abruf: 5.3.2011)

Rust, Henning (o. J.): Fragen und Antworten. Unter: https://www.x-tausendmalquer.de/index.php?id=83 (Abruf: 13.2.2011)

Tagesschau (2011): Wieder ist eine Kernschmelze möglich. Angst vor atomarer Katastrophe in Japan. Unter: http://www.tagesschau.de/ausland/fukushima158.html (Abruf: 14.3.2011)

Erdbeben / Tsunami

Aufmkolk, Tobias/Liebsch, Hilmar (2011): Planet Wissen – Erdbeben. Unter: http://www.planet-wissen.de/natur_technik/naturgewalten/erdbeben/index.jsp (Abruf: 18.7.2011)

http://www.tsunami-alarm-system.com/phaenomen-tsunami/phaenomen-tsunami-entstehung.html (Abruf: 18.7.2011)

Tagesschau (2010): Wie entsteht ein Erdbeben. Unter: http://www.tagesschau.de/ausland/erdbeben316.html (Abruf: 18.7.2011)

ZDF (2011): Katastrophe in Japan. So entsteht ein Tsunami. Unter: http://www.zdf.de/ZDFmediathek/beitrag/video/1281424/So-entsteht-ein-Tsunami#/beitrag/video/1281424/So-entsteht-ein-Tsunami (Abruf: 18.7.2011)

Ernährung

Bayerisches Staatsministerium für Umwelt, Gesundheit und Verbraucherschutz: Gemeinsam essen und Tischkultur erleben. Unter: http://www.grundschulernaehrung.bayern.de/pdf/b2.pdf (Abruf: 10.2.2010)

Fuchs, Christoph: Tischsitten weltweit. Unter: http://www.eventio.ch/_downloads/All-C_Tischsitten_weltweit_1.pdf (Abruf: 8.2.2010)

Jungbluth, Nils/Emmenegger, Mireille (2004): Ernährung und Umwelt: VerbraucherInnen können viel zur Entlastung der Umwelt beitragen. Unter: http://www.esu-services.ch/cms/fileadmin/download/jungbluth-2004-umweltfolgen-ernaehrung.pdf (Abruf: 20.2.2010)

Vorpahl, Bernd-W./Dietz-Müller-Veeh, Frauke/Seifried, Klaus/Veihelmann, Christiane (2007): Essgewohnheiten. Materialien für 5.–10. Klassen. Unter: http://www.bzga.de/infomaterialien/archiv/essgewohnheiten/ (Abruf: 18.7.2011)

Wagenhofer, Erwin (2005): We Feed the World – Essen global. Unter: http://www.bpb.de/files/UL7PPX.pdf (Abruf: 16.2.2010)

Fluglärm

http://www.berlin-airport.de/DE/BBI/DasProjekt/zukunftschoenefeld.html (Abruf: 5.3.2011)

http://www.berlin-airport.de/DE/BBI/DasProjekt/Zahlen_Daten_Fakten.html (Abruf: 5.3.2011)

http://www.waldblick-gegen-flugrouten.de/artikel/buendnis-berlin-brandenburg-gegen-neue-flugrouten-gegruendet/ (Abruf: 5.3.2011)

Pezzei, Kristina (2011): Wut im Anflug. Protest gegen BBI Fluglärm. Unter: http://www.taz.de/1/berlin/fluglaerm-bbi/artikel/1/wut-im-anflug-1/ (Abruf: 5.3.2011)

Globales Lernen

Bundesministerium für wirtschaftliche Zusammenarbeit und Entwicklung (2007): Orientierungsrahmen für den Lernbereich Globale Entwicklung im Rahmen einer Bildung für nachhaltige Entwicklung. Unter: http://www.bne-portal.de/coremedia/generator/unesco/de/Downloads/Hintergrundmaterial__national/Orientierungsrahmen_20f_C3_BCr_20den_20Lernbereich_20Globale_20Entwicklung.pdf (Abruf: 2.2.2010)

http://www.weltweit-wichteln.org/Materialien_zum_Download.3.0.html (Abruf: 14.2.2010)

Jäger, Uli (2003): Globalisierung – Ängste und Kritik. Unter: http://www.bpb.de/files/DHZK6R.pdf (Abruf: 11.3.2010)

Kaminski, Hans/Eggert, Katrin/Koch, Michael: Unterrichtseinheit „Globalisierung". Unter: http://www.handelsblattmachtschule.de/seiten/material_einheiten.php?ue=2&na=3120 (Abruf: 11.3.2010)

Riedel, Katja (2007): Deutschland. Vom Aus- zum Einwanderungsland. Unter: http://www.focus.de/wissen/bildung/Geschichte/migration/tid-7159/deutschland_aid_70422.html (Abruf: 15.3.2010)

Seils, Christoph (2007): Ende der Abschreckung. Unter: http://www.zeit.de/online/2007/27/einwanderung-fachkraefte?page=all (Abruf: 15.3.2010)

Terre de hommes: Das Papiertütenspiel. Unter: http://www.terredeshommes.de/content/themen/globales_lernen/materialien/files/UB_papiertuetenspiel_2006.pdf (Abruf: 15.2.2010)

Wenkel, Rolf (2002): Deutschland braucht Einwanderer! Unter: http://www.dw-world.de/dw/article/0,,321665,00.html (Abruf: 15.3.2010)

Holocaust

http://www.stolpersteine.com/start.html (Abruf: 14.2.2011)

http://www.wissen.de/wde/generator/wissen/ressorts/geschichte/index,page=1049956.html (Abruf: 14.3.2011)

Jade-Weser-Port

http://www.jadeweserport.de/ (Abruf: 12.3.2010)

Konsumprobleme

(siehe auch Ernährung)

Brünjes, Wolfgang (2003): Jacke wie Hose. Kleidung als Agenda21-Thema. Unter: http://www.globaleslernen.de/coremedia/generator/ewik/de/Downloads/Unterrichtsmaterialien/Agenda_2021_20-_20Kleidung_20-_201._20Jacke_20wie_20Hose.pdf (Abruf: 11.03.2010)

Massentierhaltung/Nutztierhaltung

Deutscher Tierschutzbund e.V. (a): Schweine – Haltung und Verhalten. Unter: http://www.tierschutzbund.de/fileadmin/mediendatenbank_free/Broschueren/Schweine_Haltung_und_Verhalten.pdf (Abruf: 8.3.2011)

Deutscher Tierschutzbund e.V. (b): Rinder – Haltung und Verhalten. Unter: http://www.tierschutzbund.de/fileadmin/mediendatenbank_free/Broschueren/Rinder_Haltung_und_Verhalten.pdf (Abruf: 8.3.2011)

Deutscher Tierschutzbund e.V. (c): Die Haltung von Legehennen. Unter: http://www.tierschutzbund.de/fileadmin/mediendatenbank_free/Broschueren/Haltung_von_Legehennen.pdf (Abruf: 8.3.2011)

Duden – Deutsches Universalwörterbuch (2007): Massentierhaltung. Unter: http://www.duden.de/definition/massentierhaltung (Abruf: 19.3.2011)

http://eur-lex.europa.eu/LexUriServ/LexUriServ.do?uri=OJ:L:2006:033:0001:01:DE:HTML (Abruf: 19.3.2011)

Pressestelle der Polizeiinspektion Cloppenburg/Vechta (2011): Dinklage – Ferkelstall brannte, 550 Ferkel verendet. Unter: http://www.presseportal.de/polizeipresse/pm/70090/1762363/polizeiinspektion_cloppenburg_vechta (Abruf: 19.3.2011)

Südwestrundfunk/Westdeutscher Rundfunk (2010): Planet Schule – Auf der Suche nach munteren Kühen und Schweinen. Unter: http://www.planet-schule.de/sf/php/02_sen01.php?sendung=7429 (Abruf: 19.3.2011)

Weber, Martin (2005): Kein Herz für Lucie. Unter: http://www.grundrecht-leben.de/downloads.htmlvideos (Abruf: 21.3.2011)

Müll

Bundesministerium für Umwelt, Naturschutz und Reaktorsicherheit (2007): Gesetz zur Förderung der Kreislaufwirtschaft und Sicherung der umweltverträglichen Beseitigung von Abfällen. Unter: http://bundesrecht.juris.de/bundesrecht/krw-_abfg/gesamt.pdf (Abruf: 18.7.2011)

Bundesministerium für Umwelt, Naturschutz und Reaktorsicherheit (2008): Verordnung über die Vermeidung und Verwertung von Verpackungsabfällen. Unter: http://bundesrecht.juris.de/bundesrecht/verpackv_1998/gesamt.pdf (Abruf: 18.7.2011)

Bundesministerium für Umwelt, Naturschutz und Reaktorsicherheit (2010): Kurzinfo Abfallwirtschaft. Unter: http://www.bmu.de/abfallwirtschaft/kurzinfo/doc/3981.php (Abruf: 18.7.2011)

Umweltbundesamt (2008a): Stellenwert der Abfallverbrennung in Deutschland. Unter: http://www.umweltdaten.de/publikationen/fpdf-l/3649.pdf (Abruf: 18.7.2011)

Umweltbundesamt (2008b): Abfallwirtschaft. Entsorgungsverfahren. Unter: http://www.umweltbundesamt.de/abfallwirtschaft/entsorgung/index.htm (Abruf: 18.7.2011)

Neofaschismus

Speit, Andreas/Röpke, Andrea (2010): Geschäfte aus der Gruft. Unter: http://www.taz.de/1/politik/deutschland/artikel/1/geschaefte-aus-der-gruft/ (Abruf: 18.3.2011)

Woock, Joachim (2011): Neue Stolpersteine für Verden. Unter: http://www.kreiszeitung.de/nachrichten/landkreis-verden/verden/neue-stolpersteine-verden-1118276.html (Abruf: 18.3.2011)

Neues Einkaufszentrum

Bruggmann, Guido (2005): Einführung in die Projektmethode. Unter: http://www.gute-schule.ch/PDF/Brosch%9Fre%202005%20WEB-Version.pdf (Abruf: 21.7.2011)

http://www.beschwerdechor.de (Abruf: 21.7.2011)

http://www.buergerbegehren-ol.de/ece.html (Abruf: 1.3.2011)

NWZ inside (2011): Einkaufszentrum wird in Oldenburg eröffnet. Unter: http://www.nwz-inside.de/News/Dein-Revier/Oldenburg/Einkaufszentrum-wird-in-Oldenburg-eroeffnet,16987 (Abruf: 21.7.2011)

Ölpest

http://www.ndr.de/land_leute/norddeutsche_geschichte/pallasindexseite100.html (Abruf: 18.7.2011)

http://www.nordseeinsel.de/amrum.htm#pallas (Abruf: 18.7.2011)

Schokolade

http://www.chocosuisse.ch/web/chocosuisse/de/documentation/facts_figures.html (Abruf: 22.2.2010)

Umgehungsstraße in Göttingen „Südspange“

Bürgerinitiative Göttinger Süden (2010). Unter: http://www.bi-goettinger-sueden.de/ (Abruf: 23.2.2010)

Göttinger Tagesblatt (2009): Südspange Göttingen. Unter: http://www.wiki-goettingen.de/index.php?title=S%C3%BCdspange_G%C3%B6ttingen (Abruf: 23.2.2010)

Stadt Göttingen (2010a): Variantenabwägung. Unter: http://www.goettingen.de/pics/medien/1_1237983591/1418_Variantenabwaegung_2009_03_12.pdf (Abruf: 23.2.2010)

Stadt Göttingen (2010b): Variante 4A bis 4C. Unter: http://www.goettingen.de/pics/medien/1_1237983613/Variante_4A_bis_4C.pdf (Abruf: 23.2.2010)

Umweltprobleme

Bundesministerium für Umwelt, Naturschutz und Reaktorsicherheit (2010): Erneuerbare-Energien-Gesetz (EEG) 2009. Unter: http://bundesrecht.juris.de/eeg_2009/BJNR207410008.html (Abruf: 18.7.2011)

Verkehrsprobleme/Mobilität

Curdt, Erwin (2001): Curriculum-Modell zur Neuorientierung der Integration fächerübergreifender Lernbereiche – Integration von Themenbereichen zur „Mobilität" in die Rahmenrichtlinien ausgewählter Fächer. Unter: http://www.curriculummobilitaet.de/fileadmin/curriculum/downloads/langfassung_01-10-26.pdf (Abruf: 17.3.2010)

Wasserverschmutzung

Bundesministerium für Umwelt, Naturschutz und Reaktorsicherheit und Bundesministerium für Ernährung, Landwirtschaft und Verbraucherschutz (2008): Nitratbericht 2008. Unter: http://www.bmu.de/files/pdfs/allgemein/application/pdf/nitratbericht_2008.pdf (Abruf: 18.7.2011)

Europäischer Rat der Junglandwirte (2002): Tierische Ausscheidungen können die Umwelt belasten. Unter: http://www.ceja.educagri.fr/all/enseignant/livret%204/elevde_7.pdf (Abruf: 18.7.2011)

http://www.labbe.de/zzzebra/index.asp?themaid=521&titelid=4696 (Abruf: 18.7.2011)

http://www.oekolandbau.de/kinder/bio-erleben/was-heisst-bio/wo-gehts-lang-immer-der-nase-nach/ (Abruf: 10.3.2011)

http://www.vsr-gewaesserschutz.de (Abruf: 24.2.2011)

NWZ online (2010): Gülle verschmutzt Gewässer im westlichen Niedersachsen. Unter: http://www.nwzonline.de/index_regionalausgaben_artikel.php?id=2311835& (Abruf: 18.7.2011)

VSR-Gewässerschutz (2010): Messfahrt vom VSR-Gewässerschutz belegt: Massentierhaltungen führen zur Nitratbelastung der Ems. Unter: http://www.vsr-gewaesserschutz.de/resources/PE+2010+4.pdf (Abruf: 24.2.2011)

Wirtschaftskrise

Volkswagen Media Service (2008): Das Volkswagen Werk in Emden. Pressemitteilung vom 31.12.2008. Unter: http://www.volkswagen-media-service.com/medias_publish/ms/content/de/pressemitteilungen/2008/12/31/das_volkswagen_werk0.standard.gig-oeffentlich-keit.html (Abruf: 3.2.2010)